選擇的自由

Free to Choose

40週年　紀念版

A Personal Statement

Milton Friedman | Rose Friedman
米爾頓・傅利曼 | 羅絲・傅利曼

著

羅耀宗

譯

經濟趨勢 26

選擇的自由（40週年紀念版）

作　　　者　米爾頓‧傅利曼（Milton Friedman）
　　　　　　羅絲‧傅利曼（Rose Friedman）
譯　　　者　羅耀宗
責 任 編 輯　林博華
行 銷 業 務　劉順眾、顏宏紋、李君宜

總 編 輯　林博華
發 行 人　凃玉雲
出　　版　經濟新潮社
　　　　　104台北市民生東路二段141號5樓
　　　　　電話：(02) 2500-7696　傳真：(02) 2500-1955
　　　　　經濟新潮社部落格：http://ecocite.pixnet.net
發　　行　英屬蓋曼群島商家庭傳媒股份有限公司城邦分公司
　　　　　台北市中山區民生東路二段141號11樓
　　　　　客服服務專線：02-25007718；25007719
　　　　　24小時傳真專線：02-25001990；25001991
　　　　　服務時間：週一至週五上午09:30-12:00；下午13:30-17:00
　　　　　劃撥帳號：19863813；戶名：書虫股份有限公司
　　　　　讀者服務信箱：service@readingclub.com.tw
香港發行所　城邦（香港）出版集團有限公司
　　　　　香港灣仔駱克道193號東超商業中心1樓
　　　　　電話：852-25086231　傳真：852-25789337
　　　　　E-mail: hkcite@biznetvigator.com
馬新發行所　城邦（馬新）出版集團Cite (M) Sdn Bhd
　　　　　41, Jalan Radin Anum, Bandar Baru Sri Petaling,
　　　　　57000 Kuala Lumpur, Malaysia
　　　　　電話：603-90578822　傳真：603-90576622
　　　　　E-mail: cite@cite.com.my
印　　刷　一展彩色製版有限公司
初 版 一 刷　2008年3月1日
二 版 一 刷　2021年12月7日

城邦讀書花園
www.cite.com.tw

ISBN：978-626-95077-5-7
定價：500元

版權所有‧翻印必究
Printed in Taiwan

〈出版緣起〉

我們在商業性、全球化的世界中生活

經濟新潮社編輯部

跨入二十一世紀，放眼這個世界，不能不感到這是「全球化」及「商業力量無遠弗屆」的時代。隨著資訊科技的進步、網路的普及，我們可以輕鬆地和認識或不認識的朋友交流；同時，企業巨人在我們日常生活中所扮演的角色，也是日益重要，甚至不可或缺。

在這樣的背景下，我們可以說，無論是企業或個人，都面臨了巨大的挑戰與無限的機會。

本著「以人為本位，在商業性、全球化的世界中生活」為宗旨，我們成立了「經濟新潮社」，以探索未來的經營管理、經濟趨勢、投資理財為目標，使讀者能更快掌握時代的脈動，抓住最新的趨勢，並在全球化的世界裏，過更人性的生活。

之所以選擇「**經營管理—經濟趨勢—投資理財**」為主要目標，其實包含了我們的關注：「經營管理」是企業體（或非營

利組織）的成長與永續之道；「投資理財」是個人的安身之道；而「經濟趨勢」則是會影響這兩者的變數。綜合來看，可以涵蓋我們所關注的「個人生活」和「組織生活」這兩個面向。

這也可以說明我們命名為「**經濟新潮**」的緣由─因為經濟狀況變化萬千，最終還是群眾心理的反映，離不開「人」的因素；這也是我們「以人為本位」的初衷。

手機廣告裏有一句名言：「科技始終來自人性。」我們倒期待「商業始終來自人性」，並努力在往後的編輯與出版的過程中實踐。

每個地球人不可不讀的書

吳惠林（中華經濟研究院研究員）

「天下沒有白吃的午餐」這句話，當代人幾乎都能琅琅上口，其原始出處雖有爭議，但它之所以能膾炙人口，無疑歸功於米爾頓・傅利曼（1912.7.31～2006.11.16）這位1976年諾貝爾經濟學獎得主、有「20世紀最偉大的自由經濟學家」美譽的經濟學大師。由於傅利曼在給大眾的通俗文章中引用，這句話才風靡全球，這同時也突顯出傅利曼在公眾中享有極高的聲譽。

傅利曼獲頒諾貝爾獎，足證其學術成就之高，但他之所以享譽全球、對人類有極大的貢獻，卻是在公共政策領域上對「自由經濟理念」的大力傳布、推廣之故。他在這方面不但著作等身，而且風塵僕僕到各國對國家領導人和普羅大眾耳提面命。為了發揮更大影響力，傅利曼在1968年11月與海勒（W. Heller）舉行公開大辯論，也有一段時間在《新聞週刊》（*Newsweek*）與薩繆爾遜（P. A. Samuelson，凱因斯學派最主要大將，1970年第二屆諾貝爾經濟學獎得主）紙上論戰，被薩

繆爾遜稱為「經濟學界的鰻魚」。

經濟學界鰻魚的情操

這個比喻鮮活地點出了傅利曼的自由經濟觀點在當時屬於少數，但卻頗富攻擊力，有如遠洋漁業捕魚者，為了維持所捕獲魚群的新鮮，必須放入幾條鰻魚與魚群相鬥。這也顯示出傅利曼處境的艱難，但他為真理「義無反顧、勇往直前」，隻身力戰群雄。

除了以文章、演講、辯論宣揚自由經濟理念外，傅利曼更深入政治、專制獨裁國度與領導人對談，或充當經濟顧問，將經濟自由灌輸在政策決策者腦中，最有名的當推他在1970年代充當智利軍政府獨裁者皮諾契特（Augusto Pinochet, 1915-2006）的顧問，促使智利致力於推動市場自由化策略。但也因為如此，傅利曼在1976年被宣布榮獲諾貝爾經濟學獎時，引發史無前例的抗議風波。

舉斯德哥爾摩大學經濟學系和瑞典商業學院的教師及研究員的抗議信為例，內容是：「儘管傅利曼在經濟學理論方面有一些成就，但他完全不理會他所推薦的經濟政策所帶來的後果……。他和他的芝加哥學派，做了巴西和阿根廷的軍事獨裁者之顧問，也替智利軍人政權擬出一條經濟政治路線。……這一切不但指出了皇家科學院的政治幼稚病，也完全抹煞了傅利曼

的得獎資格。……」

　　除了有這種書信抗議外，頒獎那天，場內有一人示威，場外更有四千人示威，創下截至該年為止，共75年諾貝爾獎頒獎典禮受到破壞的先例，且因為示威者擋道，典禮後的國王傳統晚宴也首度延遲開席。雖然受到如此激烈抗議，傅利曼仍堅持其藉機轉變獨裁者理念的做法，繼續擔任各國政要的諮詢顧問，最著名的就是與中共經改初期的關鍵人物趙紫陽之交往。

　　為何傅利曼敢於干犯眾怒，冒著「為虎作倀」的罪名持續幫軍事獨裁者擬定經改政策？在傅利曼夫婦1998年出版的對話式自傳《兩個幸運的人》（*Two Lucky People*）的第24和26兩章，對該事件的始末，有非常詳細的記載和辯解。我的理解是，傅利曼相信「經濟自由的結果將促成政治自由」，在智利，皮諾契特將軍接受人民的裁決（公民投票），安排於1989年12月進行總統選舉，軍事執政團把政權交給自由選舉產生的政府，恢復了真正的政治自由，而新民主政府繼續執行自由市場經濟政策，也終究實現了「自由市場經濟在自由社會中健全運作」的終極目標。

堅信自由經濟最能造福人群

　　傅利曼之所以有如此的勇氣，乃在其對自由經濟或市場經濟的堅信，堅信這種制度對人類的福祉最有助益。為了促進人

類福祉，他不辭辛勞地從事自由經濟的佈道工作，並將他的完整理念在1962年作了統整，以《資本主義與自由》（*Capitalism and Freedom*）這本書呈現，那是一本以一般讀者為目標的書。

由於當時那些深恐政府的規模擴大，以及深恐福利國家和凱因斯思想的得勢會危及自由和繁榮者，是被居於相當多數的同輩知識分子視為怪異分子的少數團體，因而該書受到漠視，沒有任何一份全國性的主要刊物對之評論，出版18年也才賣出40幾萬本。但到1980年，當這一本《選擇的自由》（*Free to Choose*）出版時，情況卻大為改觀。這由傅利曼在《資本主義與自由》的〈1982年版序言〉中可清楚得知。

傅利曼這樣寫著：「過去25年來學術氣候轉變之大，可由我的妻子和我合著的《選擇的自由》一書所受到非常不同的待遇得到證明。《選擇的自由》一書刊行於1980年，在思想上直接承襲《資本主義與自由》。《選擇的自由》得到所有主要刊物的評論，而且通常是具有特色的長篇評論。《書摘》不僅摘述該書，而且以它為封面作號召。《選擇的自由》出版後的第一年就在美國賣出40萬冊精裝本，1981年初並印行普及版，而且已被譯成12種外國文字。

我們認為這兩本書被接受程度的不同，不在於品質的差別。事實上，較早的那本較著重哲學思想，也較抽象，因此是較為基本的。而《選擇的自由》，如同我們在該書的序言所說的，『較多精微實例，較少理論架構』，《選擇的自由》補足

了，而非取代了《資本主義與自由》。從表面上看，讀者對這兩本書有不同的接受程度，可以歸功於電視的力量。《選擇的自由》是根據我們在公共電視台同名的節目而設計的，原本也是要伴隨該節目的推出來銷售。毫無疑問，電視影集的成功，突顯了該書的卓越。

這種解釋相當膚淺，因為電視節目本身的存在和成功，正可證明學術氣候的改變。在1960年代，從未有人來找我們製作像《選擇的自由》這樣的電視節目；這樣的節目即使有贊助者的話，也必定很少。如果真的製作出這樣的節目來，觀眾也一定少得可憐。因此，《選擇的自由》所得到的不同待遇，以及電視影集的成功，正是輿論氣候改變的當然結果。雖然我們這兩本書的論調依然稱不上知識的主流，但至少現在已得到知識分子的尊重，而在廣大的讀者群中幾乎要被視為傳統的作品了。」

輿論氣候的大轉變

傅利曼又說：「輿論氣候的改變，來自經驗，而非理論或哲學。蘇聯和中國曾經是知識階級的大希望之所寄，如今很明顯地已經被唾棄了。英國的費邊社會主義曾經對美國的知識分子產生極大的影響，也早已身陷困境。回頭看看美國，一向熱衷於大政府的知識分子，其中大部分又為民主黨的支持者，在

經過了越戰，特別是甘迺迪和詹森兩位總統所扮演的角色後，已感到大失所望。許多偉大的改革計畫，諸如國民住宅、支援工會、學校的種族融合、合併學區、聯邦對教育的補助、反歧視運動，這些過去代表福利的旗幟，如今已多化為灰燼。和其他人一樣，鼓吹改革計畫的經濟學家，他們的袖珍本著作也受到通貨膨脹和高稅率的衝擊。是以上這些現象，而不是理論書籍洋洋灑灑陳述出來的理念，解釋了1964年高華德（Barry Goldwater）的大敗，到1980年雷根（Ronald Reagan）的大勝之間的轉變。高華德和雷根提出了相同的計畫，也傳達了相同的訊息，卻遭到截然不同的命運。

那麼，像本書一樣的同類書籍，它們所扮演的是什麼角色？就我看，有兩層意義。首先，是提供了自由討論的題目。如同我們在《選擇的自由》一書的序言中寫到：『唯一能真正說服你的人是你自己。你必須讓這些議題自在地在心中翻動，咀嚼這許許多多的論點，讓這些論點去喧騰鼓動，經過一段長時間之後，把你的偏好轉化為堅定的信仰。』

其次，也是較為基本的是，在環境必須做轉變之前，保有開放的選擇空間。在私人行事中，尤其是在政府的體制中，都存在著一種巨大的慣性，這種慣性可以說是維持現狀的殘暴。只有在面臨危機時──不管是實際發生的還是預期到的危機──才能產生真正的改變。一旦危機發生，應付危機所採取的行動，是依當時社會廣為流傳的理念而定。我相信這就是我們

的基本功能；亦即，對應於現存的政策，發展出不同的方案，使這些方案持續存活且具可行性，直到它們從政治上的不可能採行，變為政治上的不可避免。」

《選擇的自由》補足《資本主義與自由》

經由傅利曼的自述，我們已經知道《資本主義與自由》與《選擇的自由》兩本書是互補而非替代性的，而《資本主義與自由》雖也討論了 12 項社會重大議題，但因較偏向哲理、抽象、具原創性和嚴謹，較難被普羅大眾接受，因而沒達成傅利曼「以一般讀者為目標」的理想。而這本《選擇的自由》因脫胎於電視節目腳本，藉由日常生活中諸多實例以平易近人的文字撰寫，結結實實打動了凡夫俗子的心坎。

這本《選擇的自由》共分十章，由「市場力量」開始，再談「管制」的專橫，接著剖析 1930 年代世界經濟大恐慌的真相，第 4 章以「從搖籃到墳墓」為題解剖「社會福利」的迷思，第 5 章探討「公平、正義」這個弔詭課題，第 6~8 章分別對「學校教育」、「消費者」，以及「勞工」的福祉是否應由政府負責作翻案式解剖，第 9 章針對「通貨膨脹」這隻怪獸的出現及消除作探索，最後一章總結時代潮流向「人的自由和經濟自由」兩個觀念攜手並進，並在美國產生了十分豐碩的成果。

傅利曼在 1980 年時認為，美國人正在覺醒，也再度認清

「受到過度管理的社會很危險」，也了解「好目標會被壞手段搞砸」，而「依賴人的自由，根據他們本身的價值去控制自己的生活，是充分實現偉大社會的完整潛力，最牢靠的做法」。所以，傅利曼以「也幸好，身而為人，我們仍然能夠自由選擇應該走哪條路──是否繼續走政府愈來愈大的路，還是喊停和改變方向」，作為全書結語。

不過，傅利曼雖慶幸美國人有自由選擇的權力，但他在1993年2月於《資本主義與自由》1982年版的〈中文版作者序〉中，卻提出了震撼人心的警語。

經濟自由倒退

傅利曼寫道：「我很高興，《資本主義與自由》中文版能在台灣發行。雖然該書英文第一版發行於三十年前，但書中所揭櫫的理念乃是永恆的。那些理念適用於三十年前，也適用於今日的環境，而就某些層次言，可說更切合當前的局勢，政府干預市場的年代已因輿論而有所改變；當年批判政府干預屬於極端且激進的論點如今已廣被接受。儘管如此，政府干預的行為並未隨著觀念的改變而同等變化。

相反地，在美國和其他西方國家，政府的角色自1960年代以來，非但沒有減弱，且有增強之勢，今天的政府花掉國民所得的一大部分，採取更多的管制，且更細膩地干預到個人生

活。

最重大的行為變革發生在原本是共產主義的國家,包括蘇聯和其衛星國,以及中共。那些國家試圖以自由市場取代中央集權控制,來獲取最大可能的利益,位處於西半球的我們對這些發展深感得意。共產主義的瓦解使我們相信,我們正在進行的任何事情都是正確的。其實不然,似乎我們正努力走向五十年前的共產主義國家之形態,而共產主義國家正在努力走向七十五年前我們所處的國家之形態。

我對台灣的了解不深,因此我不敢說台灣的情形是否亦如上述的西方國家之態勢。然而,以美國為例,我確信反轉目前的方向且改行縮小政府規模和減少侵犯個人事務是極為迫切的做法。我們的行為有必要配合我們所說的話。

在台灣發行《資本主義與自由》也許像是運送煤炭到電氣化的城市,因為台灣過去四十年來遵循本書所闡釋的理念,已經變成二十世紀的經濟奇蹟之一,一如香港、新加坡、二次大戰後二三十年的西德,以及過去二十年來的智利。不過,這樣的成果並不是說本書的理念就不相干了。美國和其他已開發國家的例子顯示,一旦透過市場機能贏得繁榮之後,常有強烈傾向走向社會主義國家之形態,要維持市場機能的運作可能比導入市場機能來得困難。我非常希望本書的發行能夠幫助台灣保有、且擴大其人民的自由和經濟的自由。」

「政策買票」在台灣有效

傅利曼的這篇序文一字不漏地搬到《選擇的自由》中文版作為序文更為適合，因為此時的台灣就像傅利曼說的美國和其他已開發國家一樣：「一旦透過市場機能贏得繁榮之後，常有強烈傾向走向社會主義國家之形態，要維持市場機能的運作可能比導入市場機能來得困難。」

我們常看到朝野兩大黨的總統候選人，為了贏得總統大位，競相加碼不斷提出「利多政策」來討好選民。這些候選人之所以膽敢如此公然「政策買票」，就是看準台灣選民們喜歡「社會福利」等政策。果真如此，不是正曝露出台灣人民對「社會福利等利多政策是糖衣毒藥」的無知嗎？如果台灣人民都能有幸讀到這本《選擇的自由》，就不可能認同這種政策，也就不會準備飽嘗苦果了。所以，《選擇的自由》中譯本在總統大選投票日前夕在台灣出版，正是台灣之福，更是台灣人民的醍醐灌頂清涼劑呢！

不朽的名著沒有時效問題

值得一提的是，《選擇的自由》剛在美國出版時，台灣長河出版社的中譯本也隨即在1982年面世，但距離現在，已將近有40年了，而正如自由經濟學前輩夏道平先生在其《人的行為》

譯著的修訂版譯者序中,一開頭就說的:「不朽的名著,沒有『時效』問題,因而也沒有『過時』的翻譯;有的,只是無常的『時運』。」他恭維米塞斯(Ludwig von Mises, 1881-1973)大作的話語,也同樣適合傅利曼夫婦的這本《選擇的自由》。

不論是《選擇的自由》或《資本主義與自由》,所談的其實就是「國家與政府的適當角色如何扮演?」我們最後就從根本來省思此課題。

在任何社會,尤其是在一個「自由」社會裏,主體應是活生生的「個人」,由於個人在求取「自利」過程中必須與別人交往,而且在發揮自由意志的行為中,難免會彼此妨害到對方的行為,為了免於此種妨害,或者降低妨害的程度,乃有必要由個人一起「自願」地組成國家,以政府的力量來維護個人的自由,使個人免於受到外來的敵人和自己同胞的侵犯。政府所用的工具是(公正而合理的)法律,而以軍力維護國防,以警力維持治安,以司法強制私人契約的履行,最後的目標則在保護每一個人的生命財產之安全及自由。

國家和政府應是「長成的」

對於政府和國家任務的此種認知,是典型信奉自由經濟者的信念,在此種認知下,個人應該要問「我和我的同胞,如何能利用政府」來幫助我們分擔個人的責任,來達到我們各自的

標的,更重要的是,如何來保護個人自由?伴隨這個問題而來的另一個問題是:如何避免我們創造出來該保護我們的政府,反成摧毀我們的個人自由之怪獸?

畢竟,政府本是個無機組織,將之運作者仍然是凡人,既然是凡人就有私心在,而由於運作政府這個組織有著極大的「權力」,一旦集中在某人身上,極易成為威脅個人自由的利器,因為人性使然,很難抵抗權力滋味的誘惑,更難避免被權力所腐化,而且如阿克頓公爵(Lord Acton, 1834-1902)所言:「絕對的權力代表絕對的腐化」。傅利曼更在1962年時就提醒我們:「雖然支配權力的人,最初可能出自於善意,甚至起初也未因自己可以運作的權力而腐化,但是終究會對人產生致命的吸引力,終而將其改頭換面。」

政府是一種工具和媒介

傅利曼就是在《資本主義與自由》的〈導論〉中明確這樣告誡世人的,他在該文的一開頭就對美國最有名且頗受愛戴,但被暗殺的約翰・甘迺迪的名言提出質疑。那是甘迺迪總統在就職演說中說的:「不要問你的國家能為你做什麼,但問你能為你的國家做什麼?」而這兩句話常常被有權力的人引用來對下屬耳提面命。

傅利曼納悶地問說:「我們這個時代對這兩句話的爭論居

然是放在句子的出處，而非其內容。」他認為這兩句話都未能表達出一個自由社會中自由人理想的公民和政府之間的關係。因為以父權的口吻說道：「你的國家能為你做什麼」隱含了政府是保護者，而公民則是被保護者，這和自由人認為必須為自己的命運負責的看法是衝突的。而「你能為國家做什麼」這種社會組織觀點的看法，則隱含了政府是主人或神祇，而公民則是僕人或崇拜者。

傅利曼進一步告訴世人，對自由人來說，國家是由個人組成的集合體，並非高於個人的事物。自由人所引以為傲的是共同的文化遺產，並忠於共同的傳統。自由人將政府視為一種工具和媒介，而非恩典和禮物的施予者，或是被盲目崇拜和需要服侍的主人或神祇。除了公民個別奮鬥的共同目的外，自由人也不認為有什麼國家的目的。

極權是自由的一大威脅

傅利曼又說，自由有如一株珍奇脆弱的植物。我們的心智告訴我們，歷史也證實了，極權是自由的一大威脅。政府的存在對於保護我們的自由是必要的，政府是一種工具，可借用來實踐我們的自由；但是，如果將權力集中在政客手上，那麼也會對自由造成威脅。

那麼，我們如何能從政府的保證中得到好處，而且又能避

免政府對自由的威脅呢？傅利曼給的答案是美國憲法中的兩大原則，一是政府的規模必須加以限制，二是政府的權力必須加以分散。不過，傅利曼也坦白地說，實際上，人們一再地違反這些原則，而宣稱違反原則的內容為箴言。主因出在廣大人民的「無知」。

傅利曼的這本《選擇的自由》就是讓這兩大原則得以實現和維持的一盞明燈和利器，當然是包括台灣人民在內的所有地球人都必須一讀的寶書。

目次

1990年版序

十年前，《選擇的自由》（*Free to Choose*）一書初版上市時，我們相當樂觀，所以將最後一章定名為「風起雲湧」（The Tide Is Turning）。我們認為，思潮正從信奉集體主義，轉為信奉個人主義和私人市場。我們不敢夢想鐵幕內外的浪潮，竟然變得那麼激烈。

十年前，世界上許多人相信社會主義是可行的，甚至是前途最看好的制度，能夠用來促進物質的繁榮和人的自由。今天，放眼全球，相信這件事情的人寥寥可數。的確，仍然有人對社會主義懷有充滿理想色彩的信念，但只限於西方象牙塔的一些斗室和若干最落後的國家。十年前，許多人深信，以自由的私人市場為基礎的資本主義，是個有嚴重瑕疵的體系，沒辦法造就廣泛分享的繁榮和人的自由。今天的世俗認知，則認為資本主義是唯一能夠做到這些事情的制度。

《選擇的自由》一書的命題既然已經成為世俗認知，它是不是已經過時，不再需要了？當然不是。世俗認知或許已經改變，世俗實務卻不然。資本主義國家的政治領導人，見到其他國家的社會主義崩垮而歡呼喝采，可他們本身卻依舊偏愛社會

主義的解決方法。這顯然只懂皮毛，尚未深入到骨子裏。

　　儘管十年來學界和一般輿論環境丕變，但是那些號稱資本主義國家的政府，在消除近數十年來激增的社會主義實務方面，表現得和共產主義國家的政府一樣落後。我們的所得中，用於挹注政府支出的比率——據稱是代我們花用——不但沒有大幅下降，許多國家甚至繼續增加。在美國，1980 年的比率是40%，1988 年是42%，低於1986 年的高點44%。錯綜複雜的法令規定排山倒海而來，用以控制我們的生活，始終沒有緩和的跡象：1980 年，記錄所有法令規定的《聯邦公報》（*Federal Register*）新增87,012頁；1988 年新增53,376頁。以美國獨立宣言（Declaration of Independence）的用語來說，我們的政府繼續設立「大量的新辦公室」，並且派出「大批官員騷擾我們的人民和侵吞我們的財物」。

　　《選擇的自由》第2 章分析的國際貿易限制已告增加，而非減少；物價和工資受到的一些限制，特別是匯率管制，已經取消或者減少，但其他的措施又加了進去。我們從搖籃到墳墓的社會安全制度，範圍更擴大了，比以前更需要著手改革（第4 章）；我們的學校體系也是一樣（第6章）。為「保護消費者」和「勞工」而設立的機構其發揮的效果，繼續和心懷善意的原始支持者的本意相反（第7 章和第8 章）。在上述和其他的領域，過去的做法所產生的動能，還是壓過了思潮變移的效果。

　　通貨膨脹率的確大有改善，全球都已見下滑——美國從遠

高於10%，跌到低於5%。但我們還沒有降服通貨膨脹，本書第9章對通貨膨脹的成因、結果和矯正方法所做的分析依然有效並合乎時宜，因為我們相信最近通貨膨脹下降只是曇花一現的現象。

會發生大變化的地方，不在已完成者，而是在將來。未來幾年，自由私人市場激增的可能性，將遠遠超過十年前。因此，一本探討自由私人市場如何運作、它有什麼優點，以及如何掃除障礙以便更有效運作的書，今天比十年前更有必要一讀。

書中一些特定的數字和參考資料，確實過時老舊，但我們覺得，最好一字不改地重新印行本書。徹底地修訂內容，納入最新的資訊，把後來浮現的新問題收錄進來，固然值得去做，但我們的狀況不再適合，所以結論是，保留原文，比表面膚淺的更新要好。但願偶爾置身於不同的時代，不致干擾讀者對書中意旨的理解。

十年前，許多讀者展讀這本書，覺得它像烏托邦和不切實際的願望。我們相信，今天許多新讀者翻閱同樣這本書，會認為它有如一張藍圖，可用於推進切合實際的變化。因此，我們樂見Harcourt Brace Jovanovich 出版公司發行新版《選擇的自由》。浪潮雖已經轉向，但還不是我們迫切需要的滔滔巨浪，足以確保人類的自由將有光明的未來。

米爾頓與羅絲・傅利曼

1990 年1 月4 日

序言

　　本書有一對父母：我們以前所寫的書，1962 年出版的《資本主義與自由》（*Capitalism and Freedom*），以及和本書同名，也稱作「選擇的自由」的電視節目。電視節目將於1980 年在美國公共電視台（Public Broadcasting Service）連續播出十個星期。

　　《資本主義與自由》探討「競爭型資本主義──大量的經濟活動透過在自由市場運作的私人企業進行的組織──做為經濟自由的體系，以及政治自由的必要條件，所扮演的角色」。在此過程中，它定義了政府在自由社會中應該扮演的角色。

　　《資本主義與自由》一書說：「我們的原則，並不是畫下一成不變的界線，指出我們個別透過純粹的自願性交易，難以或不可能達成的事，應該借重政府之力到什麼程度。請政府出面干預的任何提案，都必須開立一張資產負債表，一一列出優點和缺點。我們的原則告訴我們，哪些項目應該放在某一邊，哪些項目應該放在另一邊，而且，它們給了我們某種基礎，知道如何判斷不同項目的重要性。」

　　為了給這些原則增添血肉，並且說明它們如何運用，《資

本主義與自由》檢討了特定的議題——例如貨幣與財政政策、政府在教育上扮演的角色、資本主義與歧視，以及減輕貧窮。

《選擇的自由》一書比較不那麼抽象，較為具體。讀過《資本主義與自由》的讀者，將看到貫穿兩本書的哲學，在這裏鋪陳得更加完整——本書列述更多的精微實例，比較少理論架構。另外，這本書也受到政治學所用的一種嶄新方法的影響。這種方法主要來自經濟學家——安東尼·唐斯（Anthony Downs）、詹姆斯·布坎南（James M. Buchanan）、高登·圖洛克（Gordon Tullock）、喬治·史蒂格勒（George J. Stigler）和蓋瑞·貝克（Gary S. Becker），以及其他許多人，他們在政治領域的經濟分析上，展開令人眼睛為之一亮的研究。《選擇的自由》將政治體系視為經濟體系的對稱。兩者都被視為市場，結果是由追求自身私利（廣義而言）的人們之間的互動決定的，而不是由參與者覺得有利於全民福祉的社會目標所決定。這一點隱含在全書的字裏行間，並於最後一章明白點出。

電視節目觸及的主題和本書相同：本書的十章對應於電視節目的十集，連名稱（最後一章除外）都相同。但是電視節目和書籍畢竟是非常不同的東西——各有本身的特點。書中的許多內容，礙於電視節目的時間限制，不得不刪除或者一筆帶過。而且，書的論述比較有系統和透徹。

1977 年初，我們應賓州伊利（Erie）的公共電視台WQLN總裁羅伯·齊特斯特（Robert Chitester）之邀，著手製作電視

節目。齊特斯特想像力豐富，工作勤奮，也執著於自由社會的價值，才使這個電視節目可能實現。在他的建議之下，米爾頓自1977年9月到1978年5月間，對不同的聽眾發表了十五場公開演說，接著安排問答時間，全場錄影。威廉・朱萬諾維奇（William Jovanovich）同意由哈考特布雷斯朱萬諾維奇出版公司（Harcourt Brace Jovanovich）行銷錄影帶，並且慷慨預付版稅，提供拍製演說所需的資金。目前這套錄影帶正由哈考特布雷斯朱萬諾維奇出版公司發行。演講稿則成了設計電視節目的素材。

系列演說還沒有結束，齊特斯特已經籌集到足夠的資金，供我們製作電視節目。我們選了倫敦的影像藝術公司（Video-Arts），認為它的資格條件最符合。經過幾個月的初步規畫，1978年3月開始錄製，1979年9月完成。

影像藝術公司的Anthony Jay、Michael Peacock和Robert Reid，在電視節目的初期設計過程扮演了關鍵性的角色，其後繼續擔負重要的督導工作。

在大部分的攝製和剪輯過程中，五位專業人士始終與我們共事：電視節目製片人Michael Latham；導播Graham Massey；副製片人及主研究員Eben Wilson；助理導播兼製片秘書Margaret Young；以及製片經理Jackie Warner。在他們的耐心指導和嚴格要求下，我們登堂入室，踏進製作電視紀錄片這門深奧的藝術。他們也以嫻熟的技巧和友善的態度，克服種

種困難。我們在陌生且複雜世界的冒險，由於他們，成了令人感動和愉快的經驗，而不是像其他人的情況，很容易演變成一場噩夢。

他們堅持簡潔有力且清楚易懂，逼得我們重新思考原來的許多構想，刪除不必要的內容，只留下精華。我們和他們，以及來自不同國家錄製工作人員的討論——這個計畫最讓人欣喜的部分之一——有助於我們認清本身推理的弱點，促使我們尋找更進一步的證據。從電視嚴格的時間限制脫身而出之後，我們才能在這本書充分利用那些討論的成果。

我們要感謝愛德華・班菲爾德（Edward C. Banfield）和大衛・傅利曼（David D. Friedman），他們讀了整部初稿；也要感謝喬治・史蒂格勒、亞倫・德瑞克特（Aaron Director）、西山千明（Chiaki Nishiyama）、科林・康伯爾（Colin Campbell）和安娜・舒華茨（Anna Schwartz）。羅絲瑪麗・康伯爾（Rosemary Campbell）花很多時間在圖書館核對事實與數字。本書謬誤在所難免，但不能怪她，因為我們自己也做了一些查對的工作。十分感謝米爾頓的秘書葛羅莉亞・華倫坦（Gloria Valentine）脾氣好又能幹。最後，要感謝哈考特布雷斯朱萬諾維奇出版公司的協助，有些人不知其名，但要特別謝謝威廉・朱萬諾維奇、凱洛・希爾（Carol Hill）和我們的編輯佩琪・布魯克斯（Peggy Brooks）。

電視以戲劇性的手法呈現某一主題，面對觀眾動之以情。

它深深抓住你的注意力。可是，我們仍然覺得，要收到教育和說服的效果，書籍仍然是比較好的工具。書的作者能夠深入探討某些議題——不必受限於滴答作響的時鐘。讀者可以停下來思考，翻閱溫習前面的內容，不會因為電視螢幕上不斷轟炸的情緒訴求而分心。

在一個晚上（或甚至十個一小時的晚上）就被說服的人，並沒有真正被說服。另一個晚上，他聽了持相反觀點的另一個人的談話，很容易又會改變主意。唯一能真正說服你的人是你自己。你必須讓這些議題自在地在心中翻動，咀嚼這許許多多的論點，讓這些論點去喧騰鼓動，經過一段長時間之後，把你的偏好轉化為堅定的信仰。

米爾頓・傅利曼

羅絲・傅利曼

於佛蒙特州艾利（Ely）

1979 年 9 月 28 日

「經驗應該教會我們，在政府出自一番好意時，要特別提高警覺，設法保護自身的自由。生而自由的人，天生總是時時留意，力抗邪惡的統治者侵犯他們的自由。自由面對的比較大危害，是熱心、善意、不求甚解的人，不知不覺中偷偷侵犯自由。」

——大法官路易士・布朗戴斯（Louis Brandeis）

「歐姆斯泰德控告合眾國」案（*Olmstead* v. *United States*），

277 U.S. 479（1928 年）

導論

自從歐洲人開始移居新世界以來，美洲就發揮磁吸作用，吸引一些性喜冒險犯難、渴望逃離暴虐統治，或者只是想為自身和子女尋找更美好生活的人。

美國掀起獨立戰爭及建國之後，原來的涓涓細流，蔚為浩浩長河，成了十九世紀的一股洪潮——千百萬人忍受不了悲慘的生活和殘暴的統治，以及被自由和富裕的希望所吸引，摩肩接踵橫渡大西洋，而跨越太平洋的人數則較少。

他們抵達之後，並沒有發現遍地是黃金；生活並不容易。他們確實找到可以淋漓盡致發揮才華的自由和機會。大部分人辛勤工作，運用巧思，節儉度日，加上運氣不錯，實現了不少願望和夢想，進而鼓勵親朋好友加入他們的行列。

美國的故事，就是經濟奇蹟和政治奇蹟的故事。這些奇蹟能夠發生，是實踐兩套觀念的結果——它們都在同一年，也就是1776年，化為文字。相當奇妙的巧合。

第一套觀念收錄在《國富論》（*The Wealth of Nations*）。蘇格蘭人亞當斯密（Adam Smith）因為這本巨著，奠定其現代經濟學之父的地位。《國富論》分析市場體系可以如何結合個人

追求自身目標的自由，以及在經濟領域必要的廣泛攜手合作，而生產出食物、衣服和房屋。亞當斯密的卓見，在於認為交易雙方可以同蒙其利，而且，**只要是完全出於自願而合作，除非雙方都受益，否則交易不會發生**。在每個人都能受益的情況下，不必假借外力、脅迫、違背自由，他們就會攜手合作。就像亞當斯密所說的，這是為什麼「只顧私利」的個人，「被一隻看不見的手引導著並最終增進了社會的利益，雖然這最終的結果並非出於其個人的意願。不過，個人以私利為出發點的行為並不總是不利於社會的。相反地，個人因追逐私利而促進社會利益的效果，比個人刻意去促進社會利益的效果更大。我不曾見過裝模作樣，聲稱為公眾利益而努力的人，真做了多少好事」❶。

第二套觀念形諸湯瑪斯・傑弗遜（Thomas Jefferson）起草的美國獨立宣言（Declaration of Independence），藉以表達他的同胞普遍的見解。他們根據人人有權追求自身價值的原則，宣布成立新國家。這是歷史上第一個依照這種原則建立的國家。宣言說：「我們認為，這些真理其理至明：人人生而平等，造物主賦予他們不可剝奪的權利；其中包括生存、自由和追求幸福。」

或者，像約翰・彌爾（John Stuart Mill；譯註：十九世紀的英國哲學家與經濟學家）在大約一百年後，用比較極端和徹底的方式所說的：

　　人可以個別或集體地干涉他人的行動自由，唯一的理由是為了自
衛。……只有基於避免危害他人的目的，才可以不顧文明社群中
任何人的意願，對他正當地行使權力。他自身的利益，不管是物
質的，還是精神的，並不是充分的理由。……任何人需要服從社
會的行為，只限於和別人有關的那一部分。在只和自己有關的部
分，他的獨立權利是絕對的。個人對他自己、他的肉體和心靈，
擁有無上的主權。❷

　　美國的歷史，大抵致力於實踐獨立宣言的原則——從奴隸
制度之爭（最後以流血內戰解決），到後來試圖增進機會的平
等，以及最近嘗試取得成果的平等都是。

　　經濟自由是政治自由的基本要件。不靠脅迫或中央指令，
便能促使人們攜手合作的話，就可望縮減需要運用政治權力的
領域。另外，自由市場藉由分散權力，可以沖抵政治權力集中
的任何可能傾向。把經濟和政治權力交給同一批人，肯定會形
成專制暴政。

　　十九世紀的英國和美國，結合經濟和政治自由，因而出現
黃金盛世。美國的繁榮甚至更甚於英國。它從一片空白開始經
營——比較少談階級和身分；政府對人民的限制比較少；有一
塊更肥沃的土地，孕育出活力、衝勁和創新；一塊杳無人煙的
大陸等著征服。

　　自由能夠產生豐饒的果實，農業是最戲劇性和最明顯的例
子。獨立宣言發布時，不到三百萬原籍歐洲和非洲的移民（不

計印地安原住民）落居東岸一塊狹長的土地。農業是經濟活動的主力。當時需要動用二十分之十九的勞工，才能養活全國的人民，並有剩餘可供出口，交換外國的產品。今天，養活二億二千萬人，只需不到二十分之一的勞工，更有農產剩餘，使美國成為舉世最大的單一糧食出口國。

是什麼原因造成這個奇蹟？顯然不是靠政府的中央指令——今天，採用中央指令的俄羅斯和它的附庸國、中國大陸、南斯拉夫和印度，農業除了雇用四分之一到二分之一的勞工，更經常仰賴美國農業，才能避免發生大規模的饑荒。美國在農業迅速擴張的期間，政府大部分時候扮演微不足道的角色。政府供應土地——但那本來是不毛之地。十九世紀中葉以後，政府贈與土地興建大學，並且經由政府出資提供的服務，傳播資訊和科技。但是毫無疑問地，農業革命的主力，是在對所有人（可恥的奴隸制度是唯一例外）開放的自由市場中，主動積極運作的私人。來自世界各地的數百萬移民，可以選擇務農或經商，自由地為自己工作，或者依雙方同意的條件，受雇於他人。他們可以自由實驗新技術——實驗失敗時承受風險，成功時享受利潤。政府對他們的協助少之又少。更重要的是，他們遭遇的政府干預少之又少。

1930 年代的經濟大蕭條期間和之後，政府才開始扮演重要角色。它主要的作為是限制產量，用人為的力量推高價格。

農業生產力的成長，有賴於自由精神所激發的工業革命。

此後，新機器促使農業起了革命性的發展。反過來說，工業革命有賴於農業革命所釋出的人力。工業和農業攜手並進。

亞當斯密和傑弗遜都知道權力集中在政府手中，對平民百姓是一大危害；他們認為，保護公民不受專制高壓政府的迫害，是永不止息的需求。這是維吉尼亞權利宣言（Virginia Declaration of Rights; 1776 年）和美國權利法案（United States Bill of Rights; 1791 年）的目標；也是美國憲法規定權力分立的目的；也是英國的法律結構從十三世紀頒布大憲章（Magna Carta）一直到十九世紀末發生的變化，其背後的推動力量。在亞當斯密和傑弗遜看來，政府的角色是裁判員，不是參與者。傑弗遜的理念，在他的第一次總統就職演說（1801 年）中發表：「明智儉約的政府，應該防止人民相殘，應該放手任由他們管理本身從事的工作和追求進步。」

說來矛盾，經濟和政治自由獲得的成功，反而減低了它對後世思想家的吸引力。十九世紀末大受限制的政府，擁有極少的集中權力，很難危害平民百姓。但是相對而言，它也擁有極少的權力，很難幫助好人做好事。我們這個不完美的世界，依然存在著許多邪惡。社會的進步使得殘餘的邪惡格外令人厭惡。人總是將有利的發展視為理所當然。他們忘了強大的政府將危及自由。他們被更強大的政府能做的好事所吸引──但前提是政府的權力必須落在「正確」的人手裏。

到二十世紀初，這些觀念開始影響英國政府的政策。美國

的知識分子也漸漸接受這個觀念，但在1930年代初的經濟大蕭條之前，對政府的政策幾無影響。我們會在第3章提到，經濟大蕭條是政府在貨幣領域未善盡職責所造成的——自共和國肇建以來，這一直是政府的職掌。但不管那時或現在，人們並沒有追究政府該負的責任。相反地，一般普遍認為，經濟蕭條是自由市場資本主義失靈造成的結果。這個迷思，導致一般大眾加入知識分子的行列，改變他們對個人和政府相對責任的看法。本來人們強調個人應該為自身的命運負起責任，現在變成強調個人有如馬前卒，慘遭自己無法控制的力量打擊。本來人們認為政府應該擔任裁判員，防止個人彼此脅迫，現在改為覺得政府應該當起父母，所負責任是脅迫某些人去幫助其他人。

這些看法左右了半個世紀來美國的發展。於是，各級政府日漸壯大，權力也從地方政府和地方控制，移轉到中央政府和中央控制。政府假藉社會安全與平等之名，做了愈來愈多從某些人口袋裏掏錢，交給其他人的事情。政府推動一個又一個政策，「管理」我們「從事的工作和追求進步」。這和傑弗遜所言恰好背道而馳（第7章）。

這些發展原本是出於一番善意，但還有自利心態在大力鼓動。即使是最支持福利國家概念的人，也坦承結果令人失望。政界和市場一樣，似乎也有一隻看不見的手，卻往亞當斯密所說的反方向去運作：只顧藉著增進政府干預，追求實現公益的個人，「被一隻看不見的手所引導，去促進」私利，「而這並

非他的本意」。接下來各章，在我們檢視政府運用力量的幾個領域時，這個結論會一而再，再而三浮現——不管是為了社會安全（第4章）或平等（第5章），為了推廣教育（第6章），為了保護消費者（第7章）或勞工（第8章），還是為了避免通貨膨脹和促進就業（第9章），無一例外。

用亞當斯密的話來說，到目前為止，「當每個人有志一同，毫不間斷，始終致力於改善本身的處境時……不管政府多麼鋪張浪費和犯下多大的錯誤，公共和國家，以及私人富饒的原始原則，都強大到足以維持萬事萬物自然而然邁向進步。就像動物生命未知的原則，不管染患什麼疾病，或者醫生開出的處方多麼荒謬，往往能夠恢復組織結構的健康與活力」❸。到目前為止，是亞當斯密那隻看不見的手強大到足以克服政界看不見的手所製造的傷害。

根據近年來的經驗——成長減緩和生產力下降——我們難免懷疑，如果繼續把更多的權力交給政府，授權一群「公務員」代表我們，花用我們的所得中愈來愈高的比率，那麼私人的慧心巧思能否持續克服政府控制所製造的傷害，不無疑問。規模愈來愈大的政府，遲早——也許比許多人預期的要早——將摧毀自由市場創造的繁榮，以及獨立宣言所揭櫫的自由。

我們還不到積重難返的地步。我們仍然是自由人，可以選擇是要繼續加快步伐，走上海耶克（Friedrich Hayek）為他那本影響深遠的著作取名的「到奴役之路」（road to serfdom），

還是要更嚴格地限制政府，並且更依賴自由人之間出於自願的
合作，以達成我們的目標。我們的黃金時代會宣告結束，退回
大部分人類一向置身其中，且今天仍然如此的專制和悲慘之境
嗎？或者，我們有改弦易轍、從經驗中學習，以及受益於「自
由復生」的智慧、遠見和勇氣？

　　如果我們想要作出聰明的抉擇，那就必須了解我們所用體
系的根本原理，包括亞當斯密的經濟原理，用於解釋複雜、有
組織、運作順暢的體系，如何能在不依靠中央指令的情形下發
展和興隆、如何不需要靠脅迫便能相互協調（第1章）；以及傑
弗遜所表達的政治原理（第5章）。我們必須了解，為什麼試
圖以中央指令來取代合作，能夠造成那麼大的傷害（第2章）。
我們也必須了解，政治自由和經濟自由之間密切的關係。

　　幸好時移勢易，情況正在變化。美國、英國、西歐國家，
以及世界其他許多國家，愈來愈多人體認到大政府之害，也對
所採行的政策日益不滿。這個變化，不只反映在輿論上，也存
在於政治領域。我們選出的代表改唱不同的調子，甚至可能表
現不一樣的行為，在政治上愈來愈有利可圖。我們正經歷輿論
另一次重大的變化。我們有機會把輿論的改變，推向更為倚賴
個人積極主動和自願合作，而不是傾向極權集體主義的另一個
極端。

　　最後一章要探討，為什麼在理當民主的政治體系中，特殊
利益竟然凌駕於整體利益之上。我們要探討能做些什麼事，來

矯正我們的體系中存在的瑕疵，以免造成那種結果；我們可以
如何在限制政府的同時，要它繼續執行保家衛國、保護我們每
個人不受其他公民脅迫、仲裁爭議等基本的職能；以及對我們
應該遵循的規則取得共識。

第1章

市場的力量

The Power of the Market

　　每個人每天都用到不計其數的商品和勞務——吃的、穿的、住的，或者單純的享樂。我們想當然地認為，什麼時候要買，都能買到。我們不曾靜下心來想一想，有多少人曾在提供那些商品和勞務的過程中，以某種方式盡一分心力。我們不曾問過自己，街角的雜貨店（或者現在的超級市場）陳列架上怎麼會有我們想買的東西，大部分人如何能夠賺到錢去買那些商品？

　　我們自然而然會覺得，一定有個人發號施令，以確保「正確的」產品會生產「正確的」數量，並在「正確的」地方供應。這是協調許多人活動的一種方法——軍隊就是用這種方法。將軍下令給上校，上校下令給少校，少校下令給中尉，中尉下令給中士，中士下令給士兵。

　　但是這種指揮命令法，只是很小的組織能使用或者主要使用的方法。連最霸道的一家之主，也沒辦法完全訴諸命令，控

制家人的每一個行為。龐大的軍隊不可能真的完全依賴命令去採取行動。我們很難想像將軍能夠掌握所有必要的資訊,去指揮最低階士兵的每一個動作。士官兵在指揮鏈的每一步,都必須斟酌衡量他的指揮官可能沒有掌握到的特定狀況的資訊。命令必須以自願性合作來互補;自願性合作是比較不明顯和細微,卻相當根本的技巧,可用以協調大量的人類活動。

照理說,俄羅斯是依賴命令來組織的大型經濟體——中央計畫經濟——的標準實例。事實卻非如此。俄羅斯經濟的每一個層級,都有自願性合作來和中央計畫互補,或者沖抵它的僵固性——有時合法,有時非法。❶

就農業來說,國營農場的全職勞工可以利用閒餘時間,在小小的私有土地上種植糧食和飼養牲畜,供自己使用,或在相當自由的市場上銷售。這些私有土地占全國農地的1%不到,卻據稱供應蘇聯總農業產出的近三分之一(用「據稱」一詞,是因為國營農場的一些產品,可能暗中被當作私有土地的作物而出售)。

在勞動市場上,個人很少奉命做特定的工作;從這個角度來說,勞工根本不受到中央指令約束。反之,不同的工作訂有不同的工資,個人可以提出申請——很像資本主義國家的做法。受雇之後,日後可能遭到解雇,或者離職另謀個人喜愛的工作。但是誰可以在哪裏工作,受到諸多的限制,而且當然了,法律禁止任何人當雇主——卻有不計其數的地下工廠,形

成廣大的黑市。以強制性的力量為主，要配置大量的勞工，實務上根本行不通；完全壓制私人的創業活動顯然也辦不到。

蘇聯各種不同工作的吸引力，往往取決於是否有機會去做法律未置可否的事，或者從事非法的兼職工作。莫斯科居民的家用品壞了，找國營修理廠來處理，可能得等上數個月之久。但他可以找兼職者效勞——那個人很可能在國營修理廠工作。壞掉的家用品馬上就會修好；兼職者賺到一些外快。皆大歡喜。

這些自願性市場儘管和官方的馬克思主義意識形態牴觸，卻欣欣向榮，因為取締它們的成本太高。政府是可以禁止私有土地，但1930年代的饑荒，非常清楚地提醒他們需要付出多大的代價。蘇聯經濟現在稱不上是高效率的典範，但是少了自願性的成分，它的效能會更低。柬埔寨最近的悲慘經驗告訴我們，徹底消除市場，需要付出多高的成本。

正如沒有一個社會完全根據指揮命令原理在運作，也沒有一個社會完全透過自願性合作。每個社會都含有若干指揮命令的成分，形式有許多種，例如可能像軍隊徵兵那麼直截了當，或者禁止買賣海洛英或環己胺磺酸鹽，或者法院命令被告停止或執行特定的行為。或者，在另一個極端，它們可能隱而不顯，例如對香菸課徵重稅，以抑制吸菸——如果不算是命令的話，可以說是我們之中的一些人對其他人發出的暗示。

它們的混合方式差異很大——自願性交易可能是暗中進行

的，由於居於主流地位的指令型要素太過僵化而欣欣向榮，或者自願性交易是組織的主流原則，輔以程度不一的指令型要素。暗中進行的自願性交易，或許可以防止指令型經濟崩潰，協助它吱吱嘎嘎地往前走，甚至獲得若干進步。它對高壓專制幾無損傷；高壓專制是居於優勢地位的指令型經濟所依賴的基礎。相反地，居於優勢地位的自願性交易經濟，本身有潛力促進繁榮與自由。繁榮或自由的潛力也許無法發揮出來，但我們曉得，除非自願性交易是居於優勢地位的組織原則，否則沒有一個社會能夠達成繁榮和自由。但我們需要趕緊補上一句：自願性交易不是繁榮和自由的充分條件。這至少是到目前為止，歷史給我們的教訓。以自願性交易為主導的許多社會，並沒有取得繁榮或自由，但其達成的程度，遠高於獨裁社會。不過，自願性交易是繁榮和自由的必要條件。

經由自願性交易攜手合作

有個有趣的故事，叫做「小鉛筆的家譜」（I, Pencil: My Family Tree as Told to Leonard E. Read）❷，它用戲劇性的方式，生動地說明自願性交易如何促使千百萬人彼此合作。李德先生（**Mr. Read**）以「鉛筆——所有的男孩和女孩，以及能讀會寫的成人所熟悉的普通木頭鉛筆」的身分，用一句很有意思的話開始述說他的故事：「沒有一個人……知道如何把我造出

來。」他接著提起製造一枝鉛筆需要的所有東西。首先,木頭來自一棵樹,「長在加州北部和俄勒岡州的直紋雪松」。砍倒樹木和把木材運到鐵路支線,需要「鋸子和貨車,以及繩索,和……其他無數的工具」。製造這些東西需要用到許多人和數不清的技能:「採礦,煉鋼,加工製成鋸子、斧頭、電動機;種植大麻,經由各個階段,製成粗大結實的繩索;伐木營地需要的床舖和餐廳,……伐木工人喝的每一杯咖啡,都有不計其數的人參與製造!」

李德先生繼續談到把木材送到鋸木場,相關的工作包括將木頭鋸成板條,以及將板條從加州運到賓州的威爾克斯巴里(Wilkes-Barre)。講故事的那枝鉛筆就是在那裏製造的。到現在我們只談到包覆鉛筆的木頭。其實,「鉛」心根本不是鉛。那是錫蘭開採的石墨,經過許多道複雜的加工程序,才做成鉛筆的筆心。

鉛筆頂端的那個金屬包頭,是黃銅做的。「想想開採鋅和銅的所有這些人,」他說,「以及擁有一技之長,從這些大自然的產物製造出閃閃發亮黃銅片的那些人。」

我們所說的橡皮擦,業內稱之為「塞子」(the plug)。大家都以為那是橡膠,李德先生卻告訴我們,橡膠只用於接合,擦拭的功能其實是「硫化油膏」(Factice)執行的。這種像橡膠的產品,是用荷屬東印度(現在的印尼)的油菜子油和氯化硫反應而製成。

講完所有這些事情之後，鉛筆說：「我先前說過，世界上沒人知道如何把我造出來，還有人想要反駁嗎？」

參與生產鉛筆的成千上萬人，沒有人是因為想要一枝鉛筆而做他的事。其中一些人不曾見過鉛筆，也不曉得要用它來做什麼。每個人看待自己的工作，都視之為取得所要商品和勞務的一種方式──也就是我們生產商品和勞務，是為了取得我們想要的「鉛筆」。每當我們去商店買鉛筆，都是拿我們所做的一丁點服務，去交換成千上萬人中的每一人，對生產鉛筆所貢獻服務的極小一部分。

鉛筆會生產出來，這件事更令人驚訝不已。我們找不到一個人坐在中央辦公室，對這成千上萬人發號施令。憲兵絕對不會執行上級沒給的命令。這些人住在許多地方，講不同的語言，信奉不同的宗教，甚至可能彼此仇視──可是這些差異都不會阻止他們攜手合作，共同生產一枝鉛筆。這件事是怎麼發生的？亞當斯密兩百年前就給了我們答案。

價格扮演的角色

亞當斯密所著《國富論》的關鍵卓見極其簡單：如果雙方自願進行交易，那麼除非雙方相信他們會從中獲益，否則交易不會發生。大部分經濟謬論都起於忽視這個簡單的見解，起於傾向假設一塊餅固定那麼大，一方有所失，另一方才有所得。

　　就兩個人之間的簡單交易來說，亞當斯密的關鍵卓見很容易理解。但要了解如何能夠促使住在世界各地的人攜手合作，以增進各自的利益，卻困難許多。

　　價格體系是不需要中央指揮命令，不需要人們相互交談或彼此喜歡對方的一種機制。當你購買鉛筆或者每天要吃的麵包，並不知道鉛筆或小麥是白人或黑人、中國人或印度人做的或種的。因此，價格體系允許人們在生活的某段期間心平氣和地合作，至於其他各方面，則各做各的事。

　　亞當斯密的才氣，在於他發現從買賣雙方自願性的交易──簡單的說，就是自由市場──產生的價格，可以協調千百萬人的活動；他們各自追求本身的利益，所作所為卻使每個人過得更好。各自追求本身利益的許多人，所作所為得到的結果，不是出於他們的本意，經濟秩序卻能在那種結果中出現，這在當時是叫人搖舌不下的觀念，直到今天依然如此。

　　價格體系運作得很好，非常有效率，大部分時候，我們根本不知道有它存在。我們從來不知道它運作得有多好，直到它遭遇阻礙，不再運作為止，而即使在那個時候，我們也很少看出問題的根源。

　　1974 年，石油輸出國家組織（OPEC）實施石油禁運之後，加油站突然之間大排長龍。1979 年春夏，伊朗爆發革命之後也是如此。這正是最近活生生的實例。這兩次，來自海外的原油供給極不穩定。但是完全依賴進口石油的德國或日本，加

油站卻沒有大排長龍。雖然美國本身生產不少石油，汽車卻在加油站大排長龍，原因只有一個：因為政府主管機關的法律，不允許價格體系運作。法令把某些地區的價格壓得過低，而如果價格高一點，加油站供給的汽油數量，將會等於消費者在那個價格願意購買的數量。供給是依據法令，分配到全國不同的地區，而不是回應從價格反映出來的需求壓力。結果，有些地區供應過剩，其他地區則供應不足，加油站大排長龍。數十年來，價格體系能夠確保每一位消費者依本身的方便，在等候最少的情況下，選擇一家加油站購買汽油。現在，價格體系的順暢運作，被官僚的即興之舉破壞了。

　　價格在經濟活動的組織上，執行三項功能：第一，它們傳遞資訊；第二，它們提供誘因，鼓勵採用成本最低的生產方法，因而將可用的資源用於價值最高的目的；第三，它們決定誰獲得多少產品——即所得的分配。這三項功能緊密相關。

資訊的傳遞

　　假設不管出於什麼原因，鉛筆的需求增加——也許是因為嬰兒潮世代到了就學年齡。零售商店發現它們賣出的鉛筆增多了，於是它們向批發商訂購更多的鉛筆。批發商再向製造商訂購更多的鉛筆。製造商會訂購更多的木材、更多的黃銅、更多的石墨——用來生產鉛筆的各種原料都要採購。為了誘使供應商生產更多這些產品，它們必須用更高的價格去買。價格提高

會促使供應商增雇人力，以滿足更高的需求。要增雇更多勞工，它們必須支付更高的工資或者提供更好的工作環境。漣漪就這樣形成更廣的圈子，一波波往外擴散，將資訊傳遞給世界各地的人，讓他們知道鉛筆的需求升高——或者，講得更精準一點，是他們生產的某種產品，因為他們可能不知道也不需要知道的理由，需求正在增加。

價格體系只傳遞重要的資訊，而且只傳給需要知道的人。舉例來說，木材生產商不必知道是不是因為嬰兒潮世代到了就學年齡，或者因為多了一萬四千張政府的表單必須用鉛筆填寫，而使鉛筆的需求增加。他們甚至不必知道鉛筆的需求已經增加。他們只需要知道有人願意花更多錢買木材，而且價格上漲可能持續夠長的時間，值得設法滿足這個需求。這兩個資訊都由市場價格提供——第一個是由目前的價格，第二個是由未來交貨的價格。

資訊的傳遞要有效率，一個大問題是，確保資訊用得到的每一個人都收到，不需要使用資訊的人，「收件」籃不致堆滿那些資訊。價格體系會自動解決這個問題。傳遞資訊的人，有那個誘因去找出用得到它的人，而且他們所處的地位辦得到。能夠利用資訊的人，也有誘因去得到它，而且他們所處的地位辦得到。鉛筆製造商會和賣他所用木材的人接觸。而且，他總是試著另找其他的供應商，希望買到更好的產品或更低的價格。同樣地，木材生產商會和他的顧客保持聯繫，而且總是試

著另闢新客源。另一方面,目前不從事這些活動,而且將來不考慮從事的人,對木材的價格不感興趣,所以不予理會。

近來,由於有組織的市場和專業化的通訊設施問世,對於經由價格傳遞資訊大有助益。瀏覽《華爾街日報》之類的報紙每天刊出的報價,是相當有趣的一件事,更別提其他無數的專業出版品。這些價格幾乎立即反映世界各地發生了什麼事情,例如某個遙遠的銅生產大國爆發革命,或者因為其他某個原因,銅的生產中斷。銅的市價會因此立即竄升。想知道內行人預期銅的供給將受影響多長的時間,只需要看同一版的期貨交易價格即可。

即使是《華爾街日報》的讀者,也不是對所有的報價都感興趣。他們大可不必理會其他的價格數字。《華爾街日報》不是出於利他精神,或者因為該報體認到它對經濟的運轉十分重要,而提供這些資訊的。它也是在價格體系的引導之下,提供這些資訊,而這些資訊又進一步促進價格體系的運作。它已經發現,公布這些價格數字——根據不同的價格群組傳遞給它的資訊——能使發行量擴大,或者提高獲利。

價格不只從終端購買者傳遞資訊給零售商、批發商、製造商和資源的擁有者;它們也反方向傳遞資訊。假設一場森林大火或者罷工,使得木材的供應量減少,木材的價格會上漲。這件事告訴鉛筆製造商,少用木材才划算,而且,除非鉛筆能賣到更高的價格,否則生產和以前一樣多的鉛筆並不划算。鉛筆

的產量減少，將會促使零售商收取更高的價格。價格上漲會告訴最後的使用者，鉛筆寫得更短再丟，或者改用自動鉛筆才划算。同樣地，他不需要知道為什麼鉛筆變得更貴，只要知道變貴了就行。

凡是阻礙價格自由表達供需情況的事情，都會干擾資訊傳遞的準確性。以私營獨占（private monopoly；一家生產商或生產商組成的卡特爾〔cartel〕控制了一種特定商品）為例來說，它不會阻礙資訊透過價格體系傳遞，卻會扭曲所傳遞的資訊。1973 年石油卡特爾調高油價為四倍，傳遞了非常重要的資訊。但它傳遞的資訊並沒有反映原油供給突然減少，或者突然發現和未來的石油供給有關的新技術知識，或者石油和其他能源相對供應力的實體或技術特性。它傳遞的資訊，只說一群國家達成協議，同意維持價格在某一水準以及瓜分市場。

美國政府針對石油和其他的能源所作的價格管制，又使得OPEC 卡特爾所造成之影響的資訊，未能準確傳遞給石油的使用者。其結果是，美國的消費者並未因價格上漲而節約用油，因而強化了OPEC 卡特爾的力量，並且需要在美國引進重大的指令方案，以分配稀有的供給（由能源部於1979 年支出約100億美元和雇用二萬人做這件事）。

和扭曲價格體系同樣重要的是，這一陣子，政府是干預自由市場體系的主要來源——經由關稅和限制國際貿易的其他措施；在國內則是採行價格管制或者影響個別商品價格，包括工

資（參考第2章）；政府管制特定的行業（參考第7章）；所採行的貨幣和財政政策導致不規律的通貨膨脹（參考第9章）；以及許許多多的其他措施。

通貨膨脹不規律的一大不利影響，就是在透過價格傳遞資訊時，引進干擾因素。舉例來說，如果木材價格上漲，木材生產商沒辦法知道那是不是因為通貨膨脹使得所有的價格都上漲，或者是因為現在木材相對於其他產品，需求比價格上漲之前增加，或者供給比價格上漲之前減少。對生產組織來說，重要的資訊主要是和相對價格有關——一種產品的價格和另一種產品的價格比較。高通貨膨脹，尤其是變動大的通貨膨脹，會在無意義的干擾中淹沒那類資訊。

誘因

除非利害相關人有誘因，根據資訊去採取行動，而且是正確的行動，否則準確資訊的有效傳遞就會浪費掉。告訴木材生產商，說木材的需求已經升高，對他並沒有好處，除非他有某種誘因，願意生產更多的木材，而對木材價格的上漲有所反應。自由價格體系的美妙之一，是帶來價格的資訊，同時也提供誘因，刺激利害相關人對那個資訊有所反應，以及這麼做的手段。

價格的這個功能，和第三個功能——決定所得的分配——關係密切，而且，不把那個功能納入考慮的話，就沒辦法加以

解釋。生產者的所得——從他的活動得到的——是由出售他的產出所獲得的收入金額,和為了生產它而支出的金額,兩者的差距決定的。兩者相抵之後,他的生產數量將會是再多生產一點,所增加的成本會和所增加的收入一樣多。不過,價格上漲會使這個「邊際」(margin)發生變動。

大體來說,他的產量愈多,生產成本愈高。他必須去尋找比較難找或者地點比較偏遠的木材;他必須雇用技術比較差的工人,或者支付較高的工資,從其他的行業吸引技術熟練工人。但現在產品的價格上漲,所以他能承擔較高的成本,因此既提供增加產出的誘因,也提供這麼做的手段。

價格也提供生產者誘因,不只根據產出需求的資訊去行動,也用效率最高的方式去生產產品。假設有一種木材變得稀少,所以比其他的木材要貴。鉛筆製造商經由第一種木材的價格上漲,得到那個資訊。由於他的所得也是取決於銷售收入和成本的差異,所以他有少用那種木材的誘因。以不同的例子來說,伐木工人使用鏈鋸,還是手鋸比較節省成本,取決於鏈鋸和手鋸的價格、每一種工具需要使用的勞工數量,以及不同類別勞工的工資。經營伐木業務的企業有那個誘因,去取得相關的技術知識,並且結合價格所傳遞的資訊,力求將成本壓到最低。

或者,用個更奇特的例子,來說明價格體系的微妙之處。OPEC 卡特爾 1973 年策動的油價漲勢,導致操作鏈鋸的成本提

高,所以稍微改變均勢,對手鋸有利。如果這聽起來牽強附
會,不妨想想利用柴油貨車相對於利用汽油貨車,把木頭運出
林地,前往鋸木廠受到的影響。

　　將這個例子往前推進一步,在容許發生的範圍內,油價的
上漲,會使耗用較多石油的產品,相對於耗用較少石油的產
品,成本提高。消費者會有從一種產品改用另一種產品的誘
因。最明顯的例子,是從大型車改用小型車,從利用石油取
暖,改用煤或木頭取暖。再談更遠的影響:假使木材的相對價
格因為生產成本升高,或者用木材作為替代能源的需求增加而
上漲,鉛筆的價格隨之上漲,會給消費者節省使用鉛筆的誘
因!類似的例子不勝枚舉。

　　走筆至此,我們從生產者和消費者的角度,談過了誘因的
影響。但它也適用於勞工和其他生產資源的擁有者。木材的需
求增加,往往會使伐木工人的工資上漲。這發出了訊號,表示
那種勞工的需求高於以往。工資上漲給了勞工根據那個資訊採
取行動的誘因。有些勞工本來對當伐木工人不感興趣,或者正
從事別的行業,現在可能選擇當伐木工人。進入勞動市場的年
輕人,可能有更多當上伐木工人。在這個領域,政府透過最低
工資(舉例來說),或者工會透過限制入行,強行干預的結
果,可能會扭曲所傳遞的資訊,或者可能阻礙個人根據那個資
訊自由採取行動(參考第8章)。

　　和價格有關的資訊——不管那是不同行業的工資、土地的

租金,還是資金投入不同用途得到的報酬——不是決定如何使用特定資源時,唯一的相關資訊。它甚至可能不是最重要的資訊,尤其是談到如何使用一個人本身的勞力時。那方面的決定,還需要看一個人本身的興趣與能力——這便是傑出經濟學家艾爾佛烈德‧馬歇爾(Alfred Marshall)所說的,包括金錢和非金錢在內,一種職業的整體得失。從工作得到的滿足,或許可以彌補工資偏低的缺憾。相反地,比較高的工資或許可以彌補工作令人不愉快的感覺。

所得的分配

我們說過,每個人經由市場得到的所得,取決於他從出售商品和勞務獲得的收入,以及生產那些商品和勞務而負擔的成本,兩者之差。收入主要包括我們擁有的生產資源(productive resource)的直接給付——我們提供勞力、土地、建築或其他資本的給付。至於創業家(例如鉛筆製造商),只是形式不同,實質上是一樣的。他的所得也是取決於他擁有的每一種生產資源各有多少,以及市場對那些資源所提供的服務,訂定的價格多寡。不過就他來說,他擁有的主要生產資源,可能是籌辦事業、協調事業所用的資源、承擔風險等各方面的能力。他也可能擁有事業所用的其他一些生產資源,這一來,他的一部分所得,是來自它們所提供服務的市場價格。現代公司的存在,並不會改變上面所說的種種。我們用不是那麼嚴謹的方

式，談到「公司的所得」或「事業」的所得。這是比喻性的語言。公司是它的所有人（股東），以及股東資本以外的資源、它所購買的服務，這些要素之間的中間機構。只有人才有所得，而所得是從他們擁有的資源經由市場而來。他們擁有的資源，可能是公司的股票、債券、土地，或者他們個人的能力。

在美國之類的國家，主要的生產資源是個人的生產能力——也就是經濟學家所說的「人力資本」（human capital）。美國經由市場交易所創造的所有所得，約四分之三屬於受雇職工的薪酬（工資、薪水和加給），剩下的約有一半是農業和非農業事業業主的所得，這種所得混合了個人勞務的給付和所持有資本的給付。

實體資本（physical capital，指工廠、礦場、辦公大樓、購物中心；公路、鐵路、機場、汽車、貨車、飛機、船隻；水壩、煉油廠、發電廠；房屋、電冰箱、洗衣機，以及其他無數物品）的累積，在經濟成長中扮演缺之不可的基本角色。少了這方面的累積，我們所享受的經濟成長可能永遠不會發生。不好好維護傳承下來的資本，一個世代的所得，到了下個世代便會消失不見。

但是人力資本（以知識和技能的提升，以及健康和壽齡改善的形式出現）的累積，也扮演缺之不可的基本角色。而且兩者彼此強化。實體資本提供工具給人去工作，使人的生產力遠高於從前。而人發明新形式的實體資本、學習如何使用和從實

體資本得到最大的效果，以及以愈來愈大的規模，綜合運用實體資本和人力資本的能力，使得實體資本的生產力提高。實體資本和人力資本都必須加以維護和汰換。談到這一點，人力資本比實體資本要困難且花錢——這是人力資本報酬率上升速度遠比實體資本快的主要原因。

我們每個人擁有的每一種資源，數量的多寡，一部分是機運使然，一部分是自己或別人選擇的結果。機運決定我們的基因，經由它們，影響我們的身心能力。機運決定我們誕生其中的家庭和文化環境類型，以及因此影響我們發展身心能力的機會。機運也決定我們從父母或其他捐贈者繼承而得的其他資源。機運可能摧毀或者增進我們本來擁有的資源。但是個人選擇也扮演著重要的角色。我們決定如何運用自己的資源，是否勤奮工作或輕鬆度日，踏進某個職業或另一個職業，從事某種活動或另一種活動，儲蓄或支出——這些選擇可能影響我們是否揮霍資源，或者改善和添增它們。我們的父母、其他捐贈者、可能和我們沒有直接關係的千百萬人所做的類似決定，會影響我們繼承而得的資源。

市場對我們的資源所提供的服務所訂的價格，也受到機運和選擇這個令人迷惑的組合所影響。法蘭克辛納屈（Frank Sinatra）的聲音，在二十世紀的美國讓人覺得深具價值。如果他碰巧生在二十世紀的印度和活在那裏，是不是一樣很受重視？獵人和捕獸人的技巧，在十八和十九世紀的美國非常有價

值，在二十世紀的美國，價值卻會減退許多。1920年代，棒球球員的技巧，獲得的報酬遠高於籃球球員；到了1970年代，兩者的境遇倒轉過來。這些都和機運與選擇有關——我們舉的例子，主要是勞務消費者所作的選擇，決定了不同項目的相對市場價格。但我們的資源提供的服務，經由市場獲得的價格，也取決於我們自身的選擇——我們選擇定居在哪裏、我們如何選擇運用那些資源、我們選擇資源為誰效力等等。

每一個社會，不管它如何組織，總有人對所得的分配感到不滿。所有的人都難以理解，為什麼我們的所得低於看起來並不比我們更值錢的人——或者為什麼我們的所得高於其他那麼多人，而他們的需要似乎和我們一樣大，能力、貢獻也似乎不比我們差。更遠的田野，草看起來總是比較翠綠——於是我們怪罪現有的體系。在指揮命令型的體系中，嫉妒和不滿是指向統治者。在自由市場體系中，目標則對準市場。

其中一種結果，是試圖將價格體系的這個功能（分配所得）從其他的功能（傳遞資訊和提供誘因）分離開來。近數十年來，美國和主要倚賴市場的其他國家，政府的不少作為是著眼於改變市場產生的所得分配，以取得不同但更公平的所得分配。目前有強大的輿論施壓往這個方向走得更遠。第5章將更詳細討論這個動向。

不管我們如何期盼，如果不同時用價格去影響所得的分配（即使不能完全決定所得的分配），那麼根本不可能以價格去傳

遞資訊和提供誘因。如果一個人的所得，不是取決於他的資源
提供服務所獲得的價格，那麼他有什麼誘因，必須去尋找價格
資訊，或者根據那個資訊採取行動？如果雷德・亞戴爾（Red
Adair）不管有沒有從事撲滅油井大火的危險工作，所得都一
樣的話，為什麼他要做那麼危險的工作？他也許覺得那種事情
刺激有趣而做一次，但會把它當作主要的活動嗎？如果不管你
有沒有努力工作，所得都一樣的話，為什麼要努力工作？如果
你不能從所賣的東西得到任何利益，何必努力尋找非常重視你
所賣東西的買主？如果累積資本得不到任何報酬，會有人把現
在能夠享受的事物延到以後嗎？何必存錢？目前的實體資本要
如何靠個人的自制而建立起來？如果維護資本得不到報酬，人
何不把累積或繼承而得的任何資本揮霍殆盡就算了？如果價格
受到阻礙，不能影響所得的分配，價格就完全沒有用。唯一的
備選方法是指令型經濟。這時必須有一個主管當局，決定誰生
產什麼和生產多少。必須有個主管當局決定由誰掃街，誰管理
工廠，誰當警察，以及誰當醫生。

　　價格體系的這三個功能關係密切，也以不同的方式，明白
表現在共產主義國家。這些國家的整個意識形態是基於所謂的
資本主義剝削勞工，以及馬克思的名言，「各取所需，各盡所
能」社會的相關優越性。但由於純指令型經濟沒辦法運作，所
以它們不可能把所得和價格完全分離開來。

　　至於實體資源（土地、建築等），它們可以走到極端，將

實體資源納為政府的財產。但這麼做的後果,是缺乏誘因去維護和改善實體資本。當某樣東西屬於大家共有,結果將是沒有人擁有它,而且沒有人有直接的利益去維護或改善它的狀況。這是為什麼蘇聯的建築和美國的國民住宅一樣,蓋好之後一兩年便破敗老舊;國營工廠的機器老是故障,需要一再修理;人民必須到黑市找人來維修個人使用的資本。

談到人力資本,共產主義政府沒辦法做得像實體資源那麼絕,但它們曾經嘗試過。即令是它們,也不得不允許人民擁有自己到某種程度,並且放手允許他們自行做決定,也必須允許價格影響和引導那些決策,以及決定賺取的所得。共產國家當然扭曲了那些價格,阻礙它們成為自由市場價格,卻無力消滅市場的力量。

指令型制度缺乏效率至為明顯,所以俄羅斯、捷克、匈牙利和中國等社會主義國家的計畫人員,投入不少時間,探討如何加強利用市場以組織生產。在東方和西方經濟學家都出席的一場會議上,我們聽到匈牙利一位馬克思主義經濟學家的精彩談話。他對亞當斯密看不見的手有了新的見解——可說是驚人之論,只是在知識的成就上,有點了無新意。但他試著將它改良,希望利用價格體系傳遞資訊和以很高的效率來組織生產,卻不用於分配所得。不用說,他的理論是失敗了,正如共產主義國家在實務上失敗了。

市場——更廣泛的觀點

　　一般認為，亞當斯密的「看不見的手」，是用於商品或勞務的金錢買賣。但經濟活動絕不是人類生活的唯一領域。許多人在各自追求本身利益的同時，也攜手合作，結果使人類的生活出現了複雜的結構，而這不是他們的本意促成的。

　　以語言為例來說，語言是個複雜的結構，不斷在變化和發展。它有完善的秩序，卻沒有一個中央機構來計畫它。沒人決定什麼字詞應該收進語言，文法的規則應該如何訂定，哪些字詞應該是形容詞，哪些是名詞。法蘭西學院（French Academy）的確試圖控制法語的變化，但為時已晚。它在法文已經成為高度結構化的語言之後很久才設立，主要的功能是批准非它所能控制的變化。其他的語言設有類似機構者少之又少。

　　語言是怎麼發展的？和經濟秩序經由市場發展的方式很像——出於個人自願性的互動；在這方面，是尋求觀念、資訊或閒談的交換，不是彼此交易商品和勞務。人給某個字詞賦予某種意義，或者在需要的時候，加進某些字詞。文法的使用，發展了出來，後來更約定成俗，訂成規則。想要相互溝通的兩個人，就他們使用的字詞取得共識，對雙方都有好處。隨著愈來愈多的人發現相互溝通有其好處，一種共通的用法便會散播開來，並且收進辭典加以定義。這個過程，沒有任何脅迫，沒有任何中央計畫人員有權發號施令；但近來公立學校體系扮演起

重要的角色，企圖將語言的使用標準化。

另一個例子是科學知識。各種學科所形成的結構——物理、化學、氣象、哲學、文史、社會、經濟——不是任何人慎重決定之後的產物。就像托普西（Topsy），「自個兒成長」。它們之所以這樣，是因為學者覺得這樣很方便。它們不曾固定下來，會隨著不同的需求出現而變化。（譯註：托普西是《湯姆叔叔的小屋》中被賣作奴隸的小女孩。）

任何學科的成長和經濟市場的發展相當類似。學者相互合作，因為他們發現這樣對彼此有利。別人的研究，他們覺得有用就會接受。他們彼此交換研究心得——經由口語溝通、傳閱未發表的論文、在期刊上發表文章和著書。他們的合作是全球性的，和經濟市場一樣。獲得其他學者的尊重與嘉許，和在經濟市場得到金錢報酬的功能很像。想要博得尊重的渴望，希望研究得到同行的接納，引領學者們將他們的活動投入科學上有效率的方向。當一個學者將別人的研究發揚光大時，整體就大於個體的總和。他們的研究又成為進一步發展的基礎。現代物理學正是觀念自由市場的產物，就像現代汽車是商品自由市場的產物。同樣地，這方面的發展也受到政府介入很大的影響，尤以近來為烈；政府影響可用的資源和需要的知識種類。不過，政府扮演的是次要的角色。沒錯，我們看到一個矛盾：許多學者強烈主張經濟活動應由政府採取中央計畫的方法，但他們看得很清楚，知道科學領域如果由中央政府來計畫，將危害科學的

進步,以及從上而下,排定優先順序,而不是由個別科學家去
探究摸索,自願性地形成優先順序。這種做法相當危險。

　　一個社會的價值、它的文化、它的社會習俗,所有這些,
都以相同的方式,透過自願性交易、自發性合作而發展出來。
於是一個複雜的結構,經由嘗試錯誤、接納和拒絕,逐步演
化。舉例來說,沒有一位君主曾經下令加爾各答居民聆聽的音
樂種類,應該和維也納居民欣賞的音樂大相逕庭。這兩種差異
很大的音樂文化,是在沒有任何人「計畫」的情形下,經由類
似於生物進化的社會演化,所發展出來的──但是當然了,個
人主權(individual sovereigns)或甚至民選政府,可能以支持
某位音樂家或某種音樂的方式,影響社會演化的方向,就像富
人的作為那樣。

　　自願性交易產生的結構,不管是語言或科學發現,還是音
樂風格或經濟體系,都會發展出本身的生命。它們有能力在不
同的情況中,以許多不同的形式現身。自願性交易可以在某些
方面產生一致性,並且結合其他方面的多樣性。這是難以捉摸
的微妙過程;它的一般性運作原則相當容易明白,但具體結果
卻很少能夠預見。

　　這些例子可能不只指出,自願性交易的範圍很廣,而且,
「自利」(self-interest)的概念也必須被賦予寬廣的意義。用狹
隘的眼光執著於經濟市場,只會導致我們用狹隘的方式,把自
利解釋成短視的自私,好像一心一意只關心立即的物質報酬。

經濟學被貶為由完全不切實際的「經濟人」(economic man)，導出不著邊際的結論；這個「經濟人」不過是一部計算機器，只對金錢刺激有反應。這可是大謬不然的說法。自利不是短視的自私。不管那是什麼，它是參與者感興趣的事、他們重視的事、他們追求的目標。科學家致力推進個人主攻學科的範疇，傳教士努力點化異教徒為虔誠的信徒，慈善家盡力救助窮人——他們都在追求自己眼裏的利益，而這是他們根據本身的價值，判斷而得的。

政府的角色

政府從哪裏進入這幅畫面？在某種程度內，政府是自願性合作的一種形式；人們選擇經由政府機構，以達成某些目標，因為他們相信那是達成目標的最有效手段。

最明顯的例子，是人們可以自由選擇住在某個地方政府管轄的區域內。你決定住在某個社區，而不住另一個社區，部分原因是根據當地政府提供的服務種類。如果它做的事，是你反對的，或者不願意付錢，而且這些事情多於你喜歡和願意付錢的事，你大可用腳投票，搬到別的地方去住。只要有其他的選擇存在，就有競爭——數量有限卻真實的競爭。

不過，政府不只是這樣。這個機構也被認為是獨占了強制性力量的合法使用權，或者威脅動用強制性力量。透過這個手

段，我們其中一些人可以合法地對其他人強制採行限制措施。這個比較基本的政府角色，在大部分社會已經急遽改變，而且任何時候，不同的社會都有很大的差異。本書其餘部分將用不少篇幅，談談近數十年來政府在美國的角色如何發生變化，以及它的活動造成什麼樣的影響。

我們想要先略微探討一個非常不一樣的問題。在社會中，如果其成員身為一個個人，或家庭、自願性團體的一員，或有組織的政府之公民，他渴望有最大的選擇的自由，那麼應該允許政府扮演什麼樣的角色？

亞當斯密兩百年前給這個問題提出的答案，說得再好不過了：

> 因此，將所有的優惠或限制制度完全消除，明顯且簡單的自然自由系統（system of natural liberty）便會自行建立起來。每個人，只要不違反法律，都可以全然自由自在用自己的方式，追求本身的利益，並且以本身的勤奮和資本，去和其他任何人或人群競爭。當局完全卸除責任，不必總是受到無數謬見的影響，以及在沒有一個人的智慧或知識足以勝任的情形下，嘗試把事情做好；不必去監督個人是否努力，以及將他們導向最適合社會利益的工作。根據自然自由系統，當局只需扛起三項責任；這三項責任真的很重要，而且一目瞭然，一般人都能理解。第一項責任是保護社會不遭其他獨立社會行使暴力和入侵；第二項責任是盡可能保護社會的每個成員不遭其他成員的侵害或壓迫，或者嚴正執行司法正義的責任；第三項責任是建立和維護若干公共建設與若干公

共機制，因為建立和維護它們不符合任何個人或少數一些個人的
利益；建立和維護它們所得的利潤，不可能償還任何個人或少數
個人所花的費用，但它對偉大社會所作的貢獻，可能經常遠高於
所投入的費用。❸

　　前兩項責任相當清楚明白：保護社會中的個人，不受來自
外部或內部其他公民的脅迫。除非有這種保護，否則我們不能
真正自由地選擇。歹徒持械搶劫，給我選擇：「要錢還是要
命」，沒人會說那是自由的選擇，或者其後的交易是出於自願。

　　我們當然會在本書一再看到，說一個機構（特別是政府機
構）的目的，「應該」是服務，這是一回事；描述該機構實際
服務的目的，又是另一回事。負責設立該機構的人，和負責實
際營運的人，意圖往往大相逕庭。同樣重要的是，取得的結果
經常和原來的期望大不相同。

　　我們需要軍隊和警察來防止外部與內部的脅迫。他們不見
得一定成功，而且他們擁有的權力，有時用在非常不同的目的
上。達成和維護自由社會的一大問題，正是在於如何確保，為
了維護自由而授予政府強制性的權力，只限於那個功能，並且
抑制它不致反過來威脅自由。我們的建國先賢苦心孤詣，制定
憲法來防止那個問題。我們卻傾向於視而不見。

　　亞當斯密所說的第二項責任，不只是保護人民，不受身體
脅迫的狹義警察功能；它包括「嚴正執行司法正義」。錯綜複
雜的自願性交易，或者持續很長時間的自願性交易，不可能都

沒有曖昧不明之處。這個世界找不到夠多的細字條文,事先規範每一種可能出現的意外狀況,並且精準描述每一個案例中交易各方需要擔負的義務。所以我們必須用某種方式去調解爭議。這種調解本身可以是自願性的,不需要政府插手。在今天的美國,大部分商業契約的相關爭議,都事先言明依照一定的程序,訴諸民間仲裁人解決。由於這方面的需求,一個包羅甚廣的民間司法體系日漸壯大。但是政府的司法體系,提供了最後對簿公堂的途徑。

政府扮演的角色,也包括採行一般性的規則──自由社會的公民參與經濟和社會遊戲,必須遵守的規則──以促進自願性的交易發生。最明顯的例子,是賦予私有財產意義。比方說,我擁有一棟房子。如果你駕駛私人飛機,從我家屋頂上方十呎通過,是不是「非法侵入」我的私有財產?一千呎呢?三萬呎呢?我的財產權止於何處,你的財產權起於何處,並沒有一個「自然」的界限。我們的社會對於財產的規則,取得共識的主要方式,是經由習慣法(common law)的發展,但是近來立法扮演了愈來愈重的角色。

亞當斯密說的第三項責任,引出了最棘手的議題。他本人認為第三項責任的應用範圍很窄。但從那以後,它就被人拿來當作合理化的藉口,推動極為廣泛的政府活動。依我們的看法,它談的是政府為了維護和強化自由社會,而肩負有其必要的責任;但它也被解釋成為無限延伸的政府權力自圓其說。

由於透過純粹的自願性交易生產某些商品或勞務的成本問題,「有其必要」的部分因此產生。拿亞當斯密在說明第三項責任時,直接列舉的一個簡單例子來說:城市的街道和公用道路可以透過私人的自願性交易提供,而以收費的方式支付興建成本。但是和興建及維護街道或公路的成本比起來,收費的成本往往高得多。因此這是「公共建設」,「建立和維護它們」可能不符合「任何個人……的利益……但它對偉大的社會」可能值得。

一個比較微妙的例子,和「第三人」效應有關。第三人並沒有參與特定的交易。「煙害」是個典型的例子。你的爐子冒出煤煙,弄髒了第三人的襯衫衣領。你在無意中對第三人造成成本。他願意出一個價格,允許你汙染他的衣領——但你根本不可能找到被你影響的所有人,或者他們根本不可能發現是誰汙染他們的衣領,因而要求你個別賠償他們,或者與他們達成個別的協議。

你的行為也可能對第三人造成有利的影響,而不是構成他們的成本。例如,你家的庭院造景美觀,路過的人無不駐足欣賞。他們願意花錢以飽眼福,但向觀賞你家美麗花卉的人收費是不可行的。

用技術性的詞彙來說,由於「外部」或「鄰域」(neighborhood)效應,不可能(也就是得花太高的成本)賠償受影響的人或者向受影響的人收費,以致於「市場失靈」;第

三人被迫進行非自願性的交易。

我們所做的幾乎每一件事情，都有若干第三人效應，不管多麼微小或者多遙遠。這一來，亞當斯密的第三項責任乍看之下，可能幾乎任何擬議中的政府措施都站得住腳。但是這裏面存有謬論。政府的措施也會產生第三人效應。「政府失靈」不比源於「外部」或「鄰域」效應的「市場失靈」輕微。而如果這種效應對市場交易來說很重要，它們也可能對旨在矯正「市場失靈」的政府措施很重要。私人行為造成的顯著第三人效應，主要來源是難以確認外部成本或效益。容易確認誰受到傷害或受益，以及程度多大時，我們可以相當直截了當地用自願性交易取代非自願性交易，或者至少要求個別賠償。如果由於你的疏忽，你開車撞到某個人，便得賠償他受到的傷害，即使那種交易出於非自願。如果很容易知道誰的衣領會被弄髒，那就有可能去賠償受影響的人，或者反過來，他們有可能付錢給你，希望你減少排放黑煙。

如果私人很難確認誰對誰製造了成本或效益，政府也一樣很難去確認。這一來，政府試著矯正問題，到頭來很可能弄巧成拙，愈弄愈糟，而不是愈弄愈好——對無辜的第三人造成成本，或者給予幸運的局外人利益。政府為了挹注它的活動，必須課稅，這件事本身會影響納稅人做什麼事——又會產生第三人效應。此外，不管為了什麼目的，政府的權力每次擴增，都會導致風險升高，使政府成為某些公民占其他公民便宜的管

道,而不是造福絕大多數的公民。政府採行的每一項措施,可以說都在背上裝了一支煙囪。

自願性的安排會使第三人效應遠比乍看之下要強。用個瑣碎的例子來說,在餐廳付小費這個社會習慣,可以確保你不認識或者不曾見過的人得到更好的服務,然後,另一群不知名的第三人的行為,又可以確保你得到更好的服務。不過,由於私人行為一定發生第三人效應,正好為政府採取行動找到充分的重要藉口。我們從濫用亞當斯密的第三項責任得到的教訓,不是政府的干預行動絕對站不住腳,而是舉證的責任應該落在主張政府干預的人身上。我們應該發展一種做法,務必檢視擬議中的政府干預行動,會造成什麼效益和成本,而且要求效益很明顯超越成本,才能採取干預行動。我們建議這麼做,不只是因為難以評估政府干預行動的隱藏成本,也因為有另一層考量。經驗告訴我們,一旦政府做了某件事,就很少會有結束的一天。政府所做的事可能不符合預期,但這麼一來,反而更有可能導致所做的事進一步擴張,給它更多的預算,而不是縮減規模或者放棄不做。

亞當斯密並沒有明白提到政府負有第四項責任——保護社群成員中無法被視為「能負責任」的個人。和亞當斯密的第三項責任一樣,這項責任也容易遭到很大的濫用。但那是無法避免的。

只有能負責任的個人,自由才是有意義的目標。我們不認

為瘋子或小孩可以擁有自由。我們必須設法在能負責任的個人和其他人之間畫一條界線，可是這麼做，會使我們終極的自由目標加入了根本上模稜兩可的因子。但我們不認為父母有權對子女為所欲為——打他們、殺他們，或者將他們賣去當奴隸。孩子是正在發展中的能負責任的個人。他們擁有本身的終極權利，不單單是父母的玩物。

亞當斯密的政府三項責任，或者我們的政府四項責任，真的「很重要」，卻絕不是他所說的「一目瞭然，一般人都能理解」。雖然我們沒辦法用機械化的方式，依據其中的某一項，判斷任何實際或擬議中的政府干預行動是理想或不理想，它們卻提供了一套原則，可供我們用來製作一張權衡利弊得失的資產負債表。即使採用最寬鬆的解釋，它們也會排除不少目前存在的政府干預措施——亞當斯密所反對，以及後來廢除，之後又以今天的關稅、政府訂定的價格及工資管制、限制加入各種職業，以及偏離他的「簡單的自然自由系統」等其他無數的形式重新現身的所有那些「優惠或限制制度」。（後面各章將討論其中許多措施。）

運作中的有限政府

今天的世界中，大政府似乎無所不在。我們很可能要問，當代是不是有一些社會，主要是透過市場，依賴自願性的交易

去組織它們的經濟活動，而且政府只限於執行我們所說的四項責任？

香港也許是最好的例子。這個蕞爾小島，緊鄰中國大陸，面積不到四百平方哩，人口約四百五十萬。人口密度之高，到了匪夷所思的地步——每平方哩人數是日本的14倍，美國的185倍。可是他們的生活水準，卻是全亞洲最高者之一，僅次於日本，或許也落後新加坡。

香港沒有關稅或者限制國際貿易的其他措施（除了美國和其他一些大國強加其上的一些「自願性」限制）。政府不指揮命令經濟活動應該如何進行，不訂最低工資法，不進行價格管制。居民可以自由向他們想要的人買東西，賣東西給他們想要的人，投資他們想要的事業，雇用他們想要的人，受雇於他們想要的人。

政府只限於在我們所說的四項責任上扮演重要的角色，而且是用狹義的方式去解釋。它執行法律和秩序，提供一條管道去制定行為準則，仲裁爭議，促進交通和通訊，以及監督貨幣的發行。它提供國民住宅給來自中國的難民。雖然政府支出隨著經濟成長而提高，但它占人民所得的比率，卻是世界上最低者之一。這一來，低稅負保存了誘因。企業家可以享受成功的效益，卻也必須承擔犯錯的成本。

有點諷刺的是，英國殖民地之珠香港，應該是自由市場和有限政府的現代典範。但是管理香港的英國官員，使它欣欣向

榮所遵循的政策，和母國所採行的福利國家政策卻大相逕庭。

香港是絕佳的當代例子，卻絕不是有限政府和自由市場社會實際運作的最重要實例。談到這一點，我們必須回溯十九世紀。一個例子是1867年明治維新之後三十年的日本。我們留到第2章再談。

另兩個例子是英國和美國。亞當斯密的《國富論》，很早就力主取消政府對產業和貿易施加的限制。七十年後，這場鬥爭終於得到勝利。1846年，英國廢除所謂的穀物法（Corn Laws）──這個法律對進口小麥和其他的穀物（grains，合稱為corn）課徵關稅和實施其他的限制措施。這個行動掀起完全自由貿易的序幕，達四分之三個世紀之久，直到第一次世界大戰爆發；它完成了數十年來邁向高度有限政府的一次轉型。以亞當斯密的話來說，這段期間讓英國的每一位居民「可以全然自由自在用自己的方式，追求本身的利益，並且以本身的勤奮和資本，去和其他任何人或人群競爭」。

英國的經濟成長相當快速。一般公民的生活水準急遽改善──使得狄更斯（Dickens）和其他當代小說家筆下那令人悚然心驚的其他人的窮困和不幸生活更加突顯。人口隨著生活水準提高而增加。英國在世界上的權勢和影響力與日俱增。政府支出占國民所得的比率卻下降──從十九世紀初接近國民所得的四分之一，減為1897年維多利亞女皇（Queen Victoria）登基二十五週年，英國國威如日中天時的十分之一左右。

美國是另一個亮眼的例子。當時是有徵收關稅沒錯。亞歷山大・漢彌爾頓（Alexander Hamilton）發表著名的《產業報告》（*Report on Manufactures*），闡明何以應該開徵關稅，試圖反駁亞當斯密自由貿易的主張──但明顯沒有成功。不過以現代的標準來說，美國的關稅相當低。政府也只採行了極少數的限制措施，阻礙國內或海外的自由貿易。在第一次世界大戰之前，美國幾乎是完全開放自由移民（但對來自東方的移民設有限制）。就像自由女神像（Statue of Liberty）的碑文所說的：

> 把你們擁擠的土地上，渴望呼吸自由，
> 受窮受累的芸芸眾生給我，
> 連同所有遺棄在你們海灘上的悲慘眾生，
> 那些無家可歸，四處漂泊的人送來，
> 我高舉明燈守候在這金色的大門！

數百萬移民聞風而來，這塊土地也吸納數百萬人。他們闖出了一片天地，因為人人能夠各展所長。

談到美國，一種迷思逐漸產生，它把十九世紀說成是強盜大亨、粗暴而無法無天的個人主義橫行的時代。冷血無情、獨占市場的資本家遭到指責，說他們剝削窮人、鼓動移民，然後殘酷無情地壓榨移民。華爾街（Wall Street）被形容成騙人錢財的商業街（Main Street），連堅毅的中西部農民也在那裏淌血；儘管普遍遭逢貧苦困難，他們還是活了下來。

其實，事實大不相同。移民繼續湧入。早來的人可能受騙

上當，但是很難想像，數百萬人接踵而至，為的是到美國遭人剝削？他們會來，是因為先他們一步的人，美夢大致已經實現。紐約的街道沒有鋪滿黃金，但是勤奮、節儉、冒險進取，帶來的報酬不是舊世界所能想像。新來者從東往西擴散。隨著他們的足跡，城市冒了出來，更多的土地有人耕種。這個國家愈來愈繁華，生產力愈來愈高，移民共享繁榮。

如果農民遭到剝削，為什麼人數會增加？農產品的價格的確下跌，但那是成功，而非失敗的表徵，反映了機械的開發、更多的土地被人開墾，以及通訊改善。所有這些，使得農業的產出快速增長。最後的證明則是農地價格穩定上漲──很難說這是農業成為夕陽行業的跡象！

據說鐵路業大亨威廉・范德比爾特（William H. Vanderbilt）曾對前來採訪的記者說出「民眾活該倒楣」一語，落實了為富不仁的指責不是空穴來風。但事實上，十九世紀的美國，公益慈善活動多不勝數。民間興辦的學校和大學急速增加；海外佈道活動爆炸性成長；非營利私立醫院、孤兒院，以及其他無數的機構如雨後春筍般設立。幾乎每一個公益慈善或公共服務組織，如愛護動物協會（Society for the Prevention of Cruelty to Animals; SPCA）、基督教青年會（YMCA）、基督教女青年會（YWCA）、印地安人權益促進會（Indian Rights Association）、救世軍（Salvation Army），都起源於那個時期。推動公益慈善活動時，採行自願合作的方式，效果不比從事生產、追求獲利

的活動差。

在公益慈善活動增多的同時，文化活動也大增，美術館、歌劇院、交響樂、博物館、公共圖書館，在大都市和邊陲城鎮紛紛設立。

從政府支出的多寡，可以衡量政府扮演的角色輕重。不談大規模的戰爭，從1800年到1929年，政府支出不超過國民所得的12%左右。其中三分之二是州政府和地方政府的支出，主要用於學校和道路。遲至1928年，聯邦政府的支出只占國民所得的3%左右。

美國的成功，經常被歸因於地大物博。這些當然有它們的重要性——但如果它們十分重要的話，要如何解釋十九世紀英國和日本，或者二十世紀香港的成功？

經常聽到有人說，無為而治的有限政府政策，適用於人煙稀少的十九世紀美國。但在都市化和工業化的現代社會中，政府必須扮演遠為強大，甚至居於主宰地位的角色。只要在香港待上一個小時，那種說法便不攻自破。

我們的社會是我們塑造的。我們可以打造想要的機構。物質和人的特質，會限制我們可用的選擇。但如果我們願意的話，沒有什麼事情能夠阻止我們建造一個社會，主要依賴自願性合作，去組織經濟和其他的活動；這個社會保存和擴張人的自由，抑制政府扮演的角色，要它繼續當我們的公僕，而不是搖身一變成為我們的主人。

第2章

管制之專橫

The Tyranny of Controls

亞當斯密在《國富論》一書，談到關稅和國際貿易遭受的其他限制時寫道：

> 一般家庭精打細算的做法，放大到整個國家，很少是愚蠢的行為。如果某個國家供應我們的商品比我們自己生產的還便宜，那麼最好是用我們本身享有某種優勢生產出來的一部分工業產品向它購買。……對每一個國家來說，廣大人民向售價最便宜的人買他們想要的任何東西，一定符合他們的利益。這個道理不言可喻，似乎不必荒謬到花任何工夫去證明所言不虛；要不是商人和製造商基於既得利益，發表似是而非的說法，混淆我們的普通常識，它也不會是個問題。就這件事來說，他們的利益和廣大人民直接抵觸。❶

這些話，現在和那個時候一樣正確。無論是國內交易，還是對外貿易，向最便宜的來源購買，以及賣給出最高價的人，絕對符合「廣大人民」的利益。可是「基於既得利益，發表似

是而非的說法」，使得我們能夠買賣的東西、可以向誰購買、可以賣給誰和根據什麼買賣條件、可以雇用誰和受雇於誰、可以住在什麼地方、可以吃什麼和喝什麼，我們受到的限制，多得叫人手足無措。

亞當斯密點名「商人和製造商基於既得利益，發表似是而非的說法」。在他那個時代，這些人可能是罪魁禍首。今天，他們有更多的同夥。其實，我們之中可說沒有一個人，不曾在某個領域「基於既得利益，發表似是而非的說法」。沃爾特・凱利（Walt Kelly）的連環漫畫主角波哥（Pogo）說過一句不朽名言：「我們見過了敵人，那就是我們自己。」我們譴責「特殊利益」，除非那是我們自己的「特殊利益」。每個人都認為，對他有好處的事，對國家也有好處──所以我們的「特殊利益」和別人不一樣。最後的結果是產生了有如迷魂陣般的種種限制和抑制措施，幾乎所有人的處境都比完全沒有限制時要糟。我們從照顧他人「特殊利益」的措施蒙受的損失，遠高於從照顧我們「特殊利益」的措施得到的利益。

國際貿易是最明顯的例子。若干生產商從關稅和其他限制措施得到的利益，被其他生產商，尤其是整體消費者蒙受的損失抵消還不夠。自由貿易不只會提升我們的物質福祉，也會促進各國之間的和平與和諧，以及刺激國內的競爭。

對外貿易受到的管制，擴延到國內的交易。它們和經濟活動的每一個層面糾葛不清。這些管制措施經常被視為是促進發

展和進步所必需,低度開發國家更常如此為自己辯護。比較
1867年日本明治維新之後和1947年印度獨立之後的經驗,可
以測試這種看法是否正確。它和其他的例子一樣,告訴我們:
國內外自由貿易是窮國提升國民生活福祉的最好方式。

　　近數十年來,美國激增的經濟管制,不只限制我們利用本
身經濟資源的自由,也影響到我們的言論、新聞和宗教自由。

國際貿易

　　人們常說,壞經濟政策反映了專家意見不一;如果所有的
經濟學家都給相同的建議,那樣的經濟政策就會是好的。經濟
學家的確經常意見不一,但是談到國際貿易卻不是這樣。自亞
當斯密以來,經濟學家不管對其他議題抱持的意識形態立場如
何,幾乎都一致認為,國際自由貿易符合貿易國家和全球的最
佳利益。可是各國依然盛行課徵關稅。唯一的主要例外,是英
國1846年廢除穀物法後,採行自由貿易約一個世紀;日本明治
維新後採行自由貿易三十年;以及今天的香港實施自由貿易。
整個十九世紀,美國一直課徵關稅,到了二十世紀,稅率調得
更高,尤其是依據1930年的史穆特－霍利(Smoot-Hawley)關
稅法。若干學者認為,不久之後的經濟大蕭條之嚴重,史穆特
－霍利關稅法需要負起部分的責任。後來一再達成的國際協議,
雖然把關稅降低,卻依然居高不下,可能高於十九世紀,但進

入國際貿易市場的產品種類變化很大，不可能做精確的比較。

今天，一如以往，支持關稅的聲浪高漲——美其名為「保護」。這是個好標籤，卻貼在爛理由上。鋼鐵生產商和鋼鐵工人力促對進口的日本鋼鐵設限。電視機生產商和他們的工人遊說達成「自願性協議」，限制日本、台灣或香港的電視機或零組件進口。紡織品、鞋類、牛、糖的生產商，以及其他無數人指責海外採取「不公平」競爭，要求政府拿出某些行動，「保護」他們。當然了，沒有一個團體是以赤裸裸的自身利益為訴求。每一個團體都大談「整體利益」，需要保障就業或者維護國家安全。除了傳統的進口設限理由，有必要提高美元兌馬克或日圓的匯價也加了進來。

自由貿易的經濟理由

消費者的聲音卻不曾提高。近年來，所謂的消費者特殊利益團體數量大增。但是你很難在新聞媒體或國會聽證會的紀錄上，找到他們火力全開，猛烈抨擊關稅或其他進口設限的紀錄，即使消費者是這些措施的主要受害人。自稱為消費者代言的人，關心的卻是別的事——我們將在第7章談到這件事。

個別消費者的聲音，淹沒在「商人和製造商」，以及他們的員工，「基於既得利益，發表似是而非的說法」形成的噪音中。結果嚴重扭曲這個議題。比方說，支持課徵關稅的人，把創造工作機會視為天經地義的理想目標，而不管那些受雇者做

些什麼事。這顯然是錯的。如果我們要的是就業，那麼要多少，就能創造多少——比方說，找人來挖洞，再把它們填好，或者做其他毫無用處的工作。工作有時本身就是報酬。但是大部分時候，我們得付出代價，才能得到想要的東西。我們真正的目標不只是工作，而是具有生產力的工作——能夠產生更多的商品和勞務供人消費的工作。

出口是好事，進口是壞事，是很少有人反駁的另一個謬論。其實不是這樣。我們賣到海外的商品，再也吃不到、穿不著，或者享受不到。我們吃來自中美洲的香蕉、穿義大利的鞋子、開德國的轎車、用日本電視機收看節目。我們的對外貿易能夠增加，是因為我們進口的緣故。出口是我們獲得進口貨需要支付的代價。亞當斯密看得十分清楚，知道一國人民利用出口，交換盡可能多的進口數量而獲益，或者換另一種方式來說，從盡可能少出口，賺錢購買進口貨而得利。

我們所用的那些自欺欺人的詞彙，反映了這些錯誤觀念。「保護」的意思其實是指剝削消費者。「有利的貿易收支」，真正的意思是指出口多於進口——賣到海外的商品總值高於從海外進口的商品價值。在你家裏，你一定希望用比較少的錢買到比較多的東西，而不是反過來；可是在外貿上，這會被說成是「不利的收支帳」。

主張實施關稅的論點，用來撥動一般大眾心弦，最大的情感訴求，是所謂需要保護美國勞工的高生活水準，不受日本、

韓國或香港勞工「不公平」競爭的傷害，因為他們願意接受低廉許多的工資。這個論點，什麼地方錯了？我們不正是想保護美國人民的高生活水準嗎？

這個論點的謬誤，在於胡亂使用「高」工資和「低」工資等詞彙。高工資和低工資是什麼意思？美國的勞工領的是美元；日本的勞工領的是日圓。我們如何比較美元工資和日圓工資的高低？多少日圓等於一美元？是什麼因素決定匯率？

拿一個極端的例子來說。首先假設360日圓合一美元。在這個匯率（其實已經維持了好幾年），假設日本人生產和銷售的每一樣東西——電視機、汽車、鋼鐵，甚至黃豆、小麥、牛奶、冰淇淋——都比我們在美國能夠生產和銷售的價格低幾美元。如果我們實施自由國際貿易，那麼我們會試著向日本購買所有的商品。為關稅辯護的人說，極其恐怖的情況似乎就要發生——我們會被日本產品淹沒，卻沒辦法賣給他們任何東西。

在你驚恐萬狀，束手無策之前，不妨進一步分析。我們如何付錢給日本人？我們是給他們美元鈔票。他們拿到美元鈔票之後，怎麼處理？我們已經假設一美元兌360日圓，日本產銷的每一樣東西都比較便宜，所以他們在美國市場上，沒什麼想買的東西。如果日本的出口商願意把美元鈔票燒掉或者埋起來，對我們來說再好不過了。我們拿綠油油的鈔票，就能換到各式各樣的商品，而那些鈔票，我們能夠大量生產，成本很低。我們勢必擁有最叫人驚歎不已的出口工業。

　　日本人賣我們有用的商品，當然不是為了得到沒用的紙，拿來埋藏或燒掉。他們和我們一樣，希望憑自己的努力，能夠交換真實的東西。如果一美元兌360日圓的時候，日本所有的商品都比美國便宜，出口商就會試著脫手美元，希望一美元能夠換得360日圓，好買比較便宜的日本商品。但有誰願意買他們的美元？對日本出口商來說是真的事，對日本其他每個人來說也是真的。如果360日圓在日本能買到的東西，多於一美元在美國能買到的東西，那麼沒人願意拿360日圓去交換一美元。出口商發現沒人願意拿360日圓買他們手上的美元，會同意一美元換較少的日圓。美元兌換日圓的價格會下跌──跌到一美元只能換300日圓，或者250日圓，或者200日圓。從另一個角度來說，買一定數量的日圓，得花更多的美元。日本的商品是用日圓標價，所以它們的美元價格會上漲。反過來說，美國的商品是用美元標價，所以日本人用一定數量的日圓能買到的美元愈多，會讓日本人覺得用日圓買到的美國商品愈便宜。

　　美元兌換日圓的價格持續下滑，直到日本人向美國購買商品的美元價格，平均大約等於美國人向日本購買商品的美元價格。在那個價格，想用美元去買日圓的每一個人，會找到願意賣他日圓換得美元的人。

　　實際的狀況當然比這個假設性的例子要複雜。從事貿易的國家有許多，不只美日兩國，而且貿易往往是多個方向輾轉進行。日本人可能拿他們賺到的一些美元在巴西支出，巴西人又

可能在德國花用那些美元，德國人到美國花錢，如此無限延伸下去。但是原則相同。不管哪個國家的人民，賺美元主要是想拿去買有用的東西，不是把它藏起來。

美元和日圓不是只用於向其他國家購買商品和服務，也用於投資和贈與，使得情況更加複雜。整個十九世紀，美國幾乎每一年的國際收支帳都是赤字——這種「不利的」貿易收支，卻對每個人都有好處。外國人都想把錢投資到美國。例如英國人生產了商品之後，送來給我們，交換取得一些紙張——不是拿到美鈔，而是承諾日後連本帶息償還的債券。英國人願意把他們的商品給我們用，因為他們認為那些債券是很好的投資。大體來說，他們的看法是對的。他們投資債券獲得的報酬率，高於其他任何運用方式。我們也受益於外來的投資，因為這麼一來，我們的發展速度會比只能依賴本身的儲蓄要快。

二十世紀，主客易勢。美國公民發現，投資海外比起投資國內，運用資金的報酬率較高。於是美國把商品運往海外，交換取得債務憑證——指債券之類的東西。第二次世界大戰之後，美國政府以馬歇爾計畫（Marshall Plan）和其他援外計畫的形式，對海外提供贈與。我們把商品和勞務送到海外，藉以表示我們相信自己正對更和平的世界作出貢獻。這些政府的贈與，和民間的贈與相輔相成。民間的贈與來自公益慈善團體、教會支持的傳教活動、個人對海外親屬的照顧等。

這些複雜的發展，並沒有改變我們的假設性極端例子所得

到的結論。現實世界和那個假設性世界一樣,只要美元兌換日圓、馬克或法郎的價格,是在自由市場上由自願性交易所決定,就不會有國際收支帳的問題。高工資的美國勞工這群人,受到低工資外國勞工「不公平」競爭的威脅,這種說法根本不正確。如果海外發展出一種新產品或者改良後的產品,或者如果外國生產商能以更便宜的價格生產這些產品,特定的一群工人是可能受到傷害。但這和其他美國公司發展出新產品或改良後的產品,或者發現成本比較低的生產方法,對特定一群工人造成的影響沒有兩樣。這純粹是市場競爭在運作,也是美國勞工享有高生活水準的主要來源。如果我們希望受益於一個活力充沛、動能十足、深富創意的經濟體系,就必須接受這個世界需要不斷變化調整。設法緩和這些調整造成的衝擊,也許符合我們的期望。我們也已經採取許多措施來做這件事,例如實施失業保險,但我們在試著達成這個目標的同時,千萬不要破壞系統的彈性——那無異於殺雞取卵。總之,不管我們做什麼事,對外貿易和國內交易都應該一視同仁。

是什麼因素決定我們值得進口和出口的東西?美國勞工現在的生產力高於日本勞工。我們很難確定生產力到底高出多少——相關的估計值各不相同。但假設美國勞工的生產力是日本勞工的一倍半。這一來,美國人的工資能買到的東西,約為日本勞工工資的一倍半。要美國勞工去做效率不到日本勞工一倍半的任何事情,都是浪費。用一百五十多年前創造的經濟術語

來說，這就是**比較利益原則**（principle of comparative advantage）。
即使我們生產每一樣東西的效率都高於日本，真的去生產每一
樣東西卻不划算。我們應該集中心力，去做自己做得最好的事
情，也就是我們享有最大優勢的事情。

用個普通的例子來說明。如果一位律師的打字速度，是他
的秘書的兩倍，那麼他應該請秘書走路，自己來打字？要是他
的打字速度是秘書的兩倍快，但是當律師的能力比秘書好五
倍，那麼他繼續當律師，秘書繼續打信，對他和秘書都好。

另一個「不公平競爭」的來源，據稱是外國政府補貼它們
的生產商，好讓他們能以低於成本的價格在美國銷售產品。假
使有一國的政府提供了這種補貼（毫無疑問有些政府真的這麼
做），那麼，誰受到傷害，誰得到利益？外國政府要拿錢提供
補貼，就必須向它的國民課稅。出錢負擔補貼的人是他們。美
國消費者則得到好處。他們買到便宜的電視機、汽車，或者接
受補貼的任何東西。對這種回過頭來援助我們的計畫，我們需
要抱怨嗎？美國以馬歇爾計畫或者後來的對外援助形式，贈與
商品和服務給其他國家，是高尚的行為，而其他的國家以低於
成本的價格銷售商品和服務，贈與我們的間接形式，則是不高
尚的行為？外國國民大可指責他們的政府。他們必須降低生活
水準，才能造福美國的消費者、受補貼行業的本國業主或受雇
者。如果這種補貼是突然之間，毫無章法地實施，對生產相同
產品的美國產業業主和勞工無疑會造成不利的影響。但那是做

生意的正常風險之一。企業絕對不會抱怨遇上異常或出乎意料的事件，使它們獲得意外的收益。自由企業制度（free enterprise system）是獲利和虧損自負的制度。前面說過，任何措施如果目的是在緩和突然變動的調節適應過程，都應該一視同仁施用於國內外貿易。

總之，騷亂可能是暫時的。假設不管出於什麼理由，日本決定大力補貼鋼鐵。如果不另外課徵關稅或者實施配額，美國進口的鋼鐵勢必大增。這會壓低美國市場的鋼鐵價格，迫使鋼鐵生產商縮減產量，造成鋼鐵工人失業。另一方面，以鋼鐵為原料的企業，可以用比較便宜的價格進貨。這些產品的買主會有多餘的錢花在別的東西上面。其他產品的需求因此升高，生產那些產品的企業，雇用人數跟著增加。我們當然需要一段時間，才能吸收現在失業的鋼鐵工人。但是其他產業本來失業的工人，現在找得到工作，所以能夠抵消那方面的影響。就業人數並沒有淨損失，產出卻增加，因為原先生產鋼鐵的工人，現在可以去生產別的東西。

敦促開徵關稅以增進就業的人，也犯了只看問題一面的相同謬誤。假設我們對進口紡織品課徵關稅。這一來，國內紡織工業的產出和就業都增加。外國生產商不再能夠把紡織品賣到美國，賺進的美元減少。他們可以在美國花用的錢低於從前。於是美國的出口減少，與進口降低取得平衡。美國紡織工業的就業人數上升，出口工業的就業人數則減低。受雇者移轉到生

產力較低的用途,導致總產出降低。

著眼於國家安全的論點,例如欣欣向榮的國內鋼鐵工業,是國防之所必需,也不會更站得住腳。國防需要的鋼鐵,只占美國總用量的一小部分。而且,我們很難想像,完全自由的鋼鐵貿易,會摧毀美國的鋼鐵工業。接近供應和燃料來源,以及接近市場的優點,可以保證我們有個相當大的國內鋼鐵工業。其實,挺身迎擊外來的競爭,而不是躲在政府的貿易保護壁壘之後,很可能孕育出遠比今天更強和更有效率的美國鋼鐵工業。

假使不大可能發生的事情真的發生了,也就是所有的鋼鐵都向海外購買比較便宜。我們還是能夠找到別的方法,保護國家的安全。我們可以儲備鋼鐵。這件事做起來很容易,因為鋼鐵占用的空間相當小,也不會腐壞。我們可以保有一些備用的鋼鐵工廠,就像保有一些船隻那樣,萬一有需要,便能投入生產。我們當然還找得到其他的備案。一家鋼鐵公司決定興建新廠之前,它會研究調查做這件事的各種可能方式、可以考慮的地點,從而選出最有效率和最經濟的方案。可是在以國家安全為由,籲請對外國的補貼採取行動時,鋼鐵工業卻不曾對保護國家安全的各種可能方式,提出成本估計值。在他們做這件事之前,我們敢說,國家安全的論點,只是業界為了自身的利益提出的合理化藉口,卻不是對抗補貼的有力理由。

鋼鐵工業的高階主管和鋼鐵工會在以國家安全為由時,無疑總是發自真心誠意,振振有詞。真誠是被人高估的美德。我

們都能說服自己，相信對我們有好處的事情，對國家也有好處。我們不應該指責鋼鐵生產商提出這樣的說帖，要怪只能怪自己竟然聽信他們的話。

關於我們必須保衛美元，以防它兌換日圓、德國馬克、瑞士法郎等其他貨幣匯價下跌的論點又如何？這全然是杞人憂天製造出來的問題。如果匯率由自由市場決定，它們會落在市場成交的任何水準上。因此得到的美元兌日圓匯價，可能暫時低於依美國和日本商品各自的美元與日圓成本，所決定的應有水準。如果是這樣的話，發現這種情況的人，會有誘因去買進美元，抱牢一段時間，等到價格上漲再脫手獲利。美元被低估會使美國輸往日本的商品日圓價格下降，所以會刺激美國的出口；它也會提高日本商品的美元價格，所以會抑制美國從日本進口。這些發展會使美元的需求增加，因而矯正美元原來的低價。美元的價格如果自由決定，會和其他所有的價格一樣，發揮相同的功能。它傳遞資訊和提供誘因，促使人們根據那個資訊去行動，因為它會影響市場參與者賺取的所得。

那麼，為什麼要對美元的「疲態」發那麼大的脾氣？為什麼匯率危機一而再，再而三爆發？直接的理由是因為匯率不是在自由市場中決定的。各國中央銀行總是大力干預，以影響本國貨幣的價格。這個過程中，它們損失了國民龐大的金錢（1973年到1979年初，美國損失接近20億美元）。更重要的是，它們妨礙了這組重要的價格，無法執行它適當的功能。它們沒辦法

防止根本的經濟力量最後對匯率造成影響，卻能夠維持人為的匯率一段相當長的時間。結果，它們阻止了匯率跟隨根本的力量緩步漸進調整。於是小騷亂累積成大動亂，最後爆發大規模的匯率「危機」。

為什麼各國政府要干預外匯市場？因為匯率反映內部政策。美元相較於日圓、德國馬克、瑞士法郎疲態畢露，主要原因出在美國的通貨膨脹遠高於其他國家。通貨膨脹高，表示美元能在國內買到的東西愈來愈少。它在國外能買到的東西也變少，有什麼好讓我們大驚小怪的嗎？或者，日本人、德國人或瑞士人不願意拿那麼多本國貨幣去兌換美元，有什麼好奇怪的？但是各國政府和我們一樣，總是使出渾身解數，試圖掩飾或者沖銷本身的政策帶來的不良後果。造成通貨膨脹的政府，因此企圖操縱匯率。一旦所圖失敗，它就把內部的通貨膨脹怪罪到匯率下跌，而不承認因果關係應該倒過來講。

過去幾個世紀，談自由貿易和保護主義的浩瀚著作中，曾經主張課徵關稅的論點只有三個。它們在原則上可能有若干道理。

第一個是我們談過的國家安全論。雖然這個論點比較常是開徵特殊關稅的合理化藉口，而不是確實有力的理由，我們卻不能否認，偶爾可能有必要實施這個本來缺乏經濟生產力的措施。要擺脫「可能」一詞，明確斷定為了增進國家安全有必要實施關稅或其他的貿易限制措施，那就需要去比較以不同的方

式,達成特定安全目標的成本,而且至少舉證說明徵收關稅是成本最低的方式。實務上很少人做過這種成本比較。

第二個是「幼稚產業」(infant industry)論,例如漢彌爾頓曾經在他的《產業報告》提出這樣的說帖。這個論點說,一個具有潛力的產業,一旦建立起來,並在成長的痛苦期間得到協助,將來便有可能在全球市場上和其他國家的業者平等競爭。暫時性的關稅據稱有其必要,可用來保護處於幼稚期的潛力產業,幫助它成長乃至成熟,到時便能自力更生。即使那個產業建立起來之後能夠成功競爭,還是不能拿這件事來為初期的關稅保護辯護。只有日後能以其他某種方式,經由價格低於世界水準,或者經由擁有那個產業的其他某種利益,至少把補貼的成本撈回來,消費者當初補貼那個產業才划得來——徵收關稅的效果,等於由消費者給予補貼。但是在那種情況,補貼有其必要嗎?最早進入某個產業的業者,初期不都是發生虧損,但寄望日後能夠轉虧為盈嗎?畢竟,大部分公司草創之初都發生虧損。不管它們是踏進新產業,還是進入舊產業,都是這個樣子。或許可能有某個特殊的理由,可以解釋為什麼最早進入的業者不能回收初期的虧損,但整個社群仍然值得投資它。但我們肯定會往不同的方向去想。

幼稚產業論是個煙幕。所謂的幼稚產業,永遠長不大。關稅一旦開徵,便很少會取消。此外,這個論點很少用來為真正尚未誕生的幼稚產業發聲;這種產業雖然還沒現身,但或許可

以想像得到終有一天會誕生，而且，如果暫時給它們保護，可能
會存活下去。可是它們找不到發言人。幼稚產業論只用來為相當
老、有能力發揮政治壓力的幼稚產業，提供關稅保護找藉口。

　　主張關稅不能棄之不用的第三個論點，是「以鄰為壑」。
一個國家如果是某種產品的生產大國，或者可以和其他少數的
生產國家聯合起來，共同控制大部分的生產，或許就會利用它
的獨占地位，提高產品的價格（OPEC 正是當今明顯的例子）。
那個國家不必直接提高價格，只要間接對產品徵收出口稅——
出口關稅——就行。這麼做得到的效益，低於別人負擔的成
本，但從國家的觀點來說，卻有好處。同樣地，某種產品的主
要購買國——用經濟學的術語來說，擁有獨買力量（monopsony
power）——如果和賣方激烈討價還價，把價格壓得很低，也
許能從中得利。要做到這件事，一個方法是對進口產品課徵關
稅。因為賣方的淨收入是價格減去關稅，所以說是相當於買方
用比較低的價格購買。關稅實際上是由外國人支付（我們想不
到實際的例子）。實務上，這種國家主義方法，很可能引來其
他國家報復。此外，和幼稚產業論一樣，從實際的政治壓力產
生的關稅結構，事實上並沒有利用到任何獨占或獨買地位。

　　第四個論點，是漢彌爾頓提出，而且持續被人引用，直到
現在：如果其他所有的國家都奉行自由貿易，那麼自由貿易是
好事，但只要別國辦不到，美國也不能那麼做。不管是原則
上，還是實務上，這個論點都站不住腳。對國際貿易設限的其

他國家,的確傷害到我們。但它們也傷害自己。除了剛剛談過的三個論點,如果我們也以牙還牙而設限,只會更加傷害自己,也傷害他國。害人害己的競爭,很難作為合情合理的國際經濟政策處方。這種報復行動不但不能導致限制減少,更只會引來進一步的限制。

我們是個泱泱大國、自由世界的領導者。要求香港和台灣實施紡織品出口配額,以「保護」我們的紡織工業之名,而犧牲美國的消費者以及香港和台灣的勞工,實在有失我們的身分。我們大談特談自由貿易的優點,卻運用我們的政治和經濟力量,勸誘日本限制鋼鐵和電視機出口。我們應該片面採行自由貿易,但不是即刻去做,而是(比方說)以五年為期,依事先宣布的步調去做。

我們能夠採取的措施,極少比完全的自由貿易更能促進海內外的自由。我們不必以經濟援助之名,贈與外國政府(因此推廣社會主義),同時卻對它們生產的產品設限(因而阻礙自由企業),而應該改為採取一致且有原則的立場。我們大可向世界其他國家表示:我們相信自由,而且準備奉行不悖。我們不能強迫你也自由。但我們可以對所有的國家依平等的條件提供充分的合作。我們的市場對你開放,不課關稅或設定其他的限制。你能在這裏賣什麼,想在這裏賣什麼,儘管來。你能買什麼,想買什麼,儘管買。這一來,個人之間的合作將是全球性且自由的。

自由貿易的政治理由

　　脣齒相依是現代世界普遍性的特徵：經濟圈中，一組價格和另一組價格之間、一個產業和另一個產業之間、一個國家和另一個國家之間；更廣泛的社會中，經濟活動和文化、社會，與公益慈善活動之間；社會組織中，經濟安排和政治安排之間，經濟自由與政治自由之間，都彼此相互依賴。

　　國際圈也一樣，經濟安排和政治安排糾纏不清。國際間的自由貿易使得文化和機制不同的國家之間產生和諧的關係，正如國內的自由交易有助於信念、態度、利益不同的個人之間產生和諧的關係。

　　自由貿易的世界，和任何一個國家的自由經濟一樣，交易是在私人實體（private entities）之間進行。所謂私人實體，是指個人、企業、公益慈善組織。任何交易的條件，都由交易的各方一致同意。除非各方都相信他們能從交易中獲益，否則交易不會發生。這一來，各方的利益得到調和。合作是常態，衝突不常見。

　　政府插手干預之後，情況變得很不一樣。一國之內，企業可能尋求政府直接給予補貼，或者以關稅或其他的貿易限制形式提供補貼。它們訴諸政治壓力，以對別人構成成本的方式，逃避經濟壓力，以免競爭對手威脅到它們的獲利或者生存。一國政府為了本地企業的利益而干預，會激起其他國家的企業也請求該國政府協助，以反制外國政府採取的措施。民間的爭議

成了各國政府爆發爭議的原因。每一次的貿易談判，都成了政治角力事件。政府高階官員奔波世界各地，出席貿易會議。國與國間的摩擦發生。每一個國家的許多國民都對結果感到失望，最後覺得自己吃了虧。衝突是常態，合作不常見。

從滑鐵盧戰役到第一次世界大戰的那個世紀，是自由貿易對各國關係產生有利影響的鮮明例子。英國是世界上的領導國家，整個世紀之內，採行近乎完全的自由貿易政策。其他國家，尤其是西方國家，包括美國在內，也實施類似的政策，只是可能沒有那麼完全。不管住在哪裏，不管在同一個國家或不同的國家，人大體上可以用彼此同意的任何條件，和任何人自由買賣商品。甚至可能令今天的我們更吃驚的是，當時的人可以自由旅行全歐和世界許多地方，不需要攜帶護照和一再遭到海關檢查。他們可以自由遷徙，而且在世界很多國家，特別是美國，可以自由進入，成為居民和公民。

因此，從滑鐵盧到第一次世界大戰的那個世紀，是西方國家歷史上最和平的一段時期，只發生一些小型戰爭——令人印象最深刻的是克里米亞戰爭和普法戰爭（Franco-Prussian Wars）——當然還有美國的大規模內戰。美國爆發南北戰爭，是它偏離經濟和政治自由（仍然實施奴隸制）這個重要理念的結果。

現代世界中，關稅和類似的貿易限制，一直是各國發生摩擦的原因之一。但遠比這件事還麻煩的是，希特勒的德國、墨索里尼的義大利、佛朗哥的西班牙等集體主義國家，尤其是俄

羅斯和它的附庸國、中國等共產主義國家，以國家的力量干預
經濟既深且廣。關稅以及類似的限制，會扭曲價格體系可能傳
遞的訊號，但至少個人可以對那些被扭曲的訊號自由反應。然
而集體主義國家卻引進更為深入的指令成分。

　　大體上走市場經濟路線的國家，和集體主義國家的公民之
間，不可能進行完全的私人交易。其中一方必然有政府官員當
代表，政治考量不可避免。但如果市場經濟政府給公民最大的
可能空間，自行與集體主義政府達成協議，則摩擦可以降到最
低。試圖將貿易當作政治武器或政治措施，以促進與集體主義
國家的貿易，只會使難以避免的政治摩擦更加惡化。

自由國際貿易與內部競爭

　　國內競爭的程度，和國際貿易安排緊密相關。十九世紀末，
民眾高聲疾呼反對「托拉斯」和「獨占」，所以政府設立了州際
商務委員會（Interstate Commerce Commission），並且頒行謝爾
曼反托拉斯法（Sherman Anti-Trust Law），後來又輔以其他許多
立法行動，以促進競爭。這些措施，利弊互見。在某些方面，
它們有助於增進競爭，但在其他方面，卻帶來不好的影響。

　　但是這些措施，即使符合支持者的每一個期望，也不像取
消所有的國際貿易障礙那樣，能夠大力確保有效的競爭。美國
現在只有三大汽車製造商——其中之一還瀕臨破產邊緣——確
實讓人害怕會有獨占性訂價的局面出現。但如果允許世界各國

的汽車製造商來和通用汽車（General Motors）、福特（Ford）、
克萊斯勒（Chrysler）爭取美國買主的青睞，獨占性訂價的陰
影就會消散。

問題就這樣消失了。一國之內，如果政府不以關稅或其他
的某種手段或明或暗地提供協助，獨占企業很難站得起來。在
世界舞台上，企業幾乎不可能獨占市場。戴比爾斯（De Beers）
的鑽石獨占事業，是我們所知唯一成功的例子。少了政府的直
接協助，其他的獨占都沒辦法長久存在──OPEC卡特爾和之
前的橡膠與咖啡卡特爾，可能是最引人注目的例子。由政府支
持的這種卡特爾，大多難以持久。在國際競爭的壓力之下，它
們一一瓦解──我們相信，這樣的命運，也正等著OPEC。在
自由貿易的世界中，國際卡特爾會消失得更快。即使處於貿易
設限的世界，如果美國依自由貿易的原則，必要時片面行動，
也有可能消除內部發生顯著獨占的危險。

中央經濟計畫

到低度開發國家旅行，我們一而再、再而三對那些國家的
知識分子和西方許多知識分子對事實真相所持的看法，以及事
實真相之間的驚人對比，留下深刻的印象。

每個地方的知識分子，都把自由企業資本主義和自由市場
視為理所當然是剝削群眾的機制，而中央經濟計畫則是未來的

浪潮，將帶領他們的國家走上經濟迅速進步之路。我們很難忘記一位知名、十分成功、飽學多聞的印度企業家，聽到別人鉅細靡遺地批判印度的中央計畫時（他沒有聽錯），聲嘶力竭嚴厲反駁的情景。這個人的體格，正像是馬克思主義者筆下肥胖的資本家形象。他毫不含糊地告訴我們，像印度這麼貧窮的國家，政府就是必須管制進口、國內生產，以及分配投資——言下之意，是在所有這些領域給他特權，好讓他本身的財富源源不絕而來——以確保社會優先要務凌駕於個人的私利需求之上。他的說法，印度和其他地方的大學教授、其他的知識分子都有同感。

事實真相卻大相逕庭。我們發現，只要存在大量個人自由成分的地方，一般公民的物質享受都能有若干進步，而且將來還會再進步的希望普遍瀰漫。在那裏我們也發現，經濟活動主要是經由自由市場加以組織。而只要國家鉅細靡遺控制公民的經濟活動，也就是由詳細的中央經濟計畫掌控，平民百姓便成了政治囚徒，生活水準低落，幾無力量主宰本身的命運。國家可能繁榮昌盛，樹立起壯觀的紀念碑。握有特權的階級，物質享受可能十分充裕。升斗小民卻只是國家用來達成目的的工具，只讓他們勉強溫飽，好叫他們俯首聽命和維持合理的生產力。

最明顯的例子，是東德和西德的對比。它們本來屬於同一個國家，卻遭戰火撕裂。它們同文同種，技術能力和知識水平相同，卻分居兩個世界。何者市井繁華？何者必須築起高牆，

關住人民？何者今天必須派駐武裝警衛，外加惡犬、地雷，以及各種邪惡的裝置，以阻止勇敢、不顧死活的公民冒著生命的危險，脫離他們的共產主義天堂，奔向一牆之外的資本主義地獄？

那道牆的一邊，是燈火通明的街道和商店，擠滿神情快活、熙來攘往的人潮。有些人正在買從世界各地進口的商品，有些人則湧向無數的電影院或其他的娛樂場所。他們可以自由購買表達各種意見的報章雜誌。他們彼此交談，或者和陌生人談論任何主題，表達各式各樣的意見，卻不必頻頻回頭。如果你願意排隊等候一個小時，填好各種表格，等護照退還，走上幾百呎，你會和我們一樣，進入圍牆的另一邊。那裏的街道空無一人；城市灰敗而無生氣；商店的櫥窗暗淡無趣；建築物骯髒汙黑。經過三十多年，戰時的破壞還沒修復。我們發現，在東柏林短暫逗留的時間，唯一聽到歡笑或者有人活動的地方，是在娛樂中心。在東柏林待上一個小時，就足夠了解為什麼當局要築起高牆。

西德這個戰敗和飽受蹂躪的國家，不到十年，就成為歐洲大陸最強的經濟體之一，似乎是個奇蹟。這是自由市場的奇蹟。那個時候，經濟學家魯威格‧艾爾哈特（Ludwig Erhard）擔任德國的經濟部長。1948 年 6 月 20 日星期日，他同時推出新貨幣（即今天的德國馬克）和廢除幾乎所有的工資與價格管制。他喜歡這麼說：選在星期日採取行動，是因為法國、美國

和英國占領當局那天休假。由於他們的態度傾向管制，如果在他們上班的日子裏行動，占領當局肯定會撤消他的命令。他的措施像符咒一般發生了效果。幾天之內，商店擺滿了商品。幾個月之內，德國經濟嗡嗡作響。

連俄羅斯和南斯拉夫這兩個共產國家，也有類似的對比，只是沒有那麼強烈。俄羅斯是由中央緊密控制。它沒辦法完全廢除私有財產和自由市場，卻試著盡可能限制它們的範圍。南斯拉夫一開始也走相同的路子。但狄托（Tito）執政下的南斯拉夫，和史達林的俄羅斯分道揚鑣，急遽改弦易轍。它仍然是共產國家，卻刻意慎重實施分權和運用市場力量。大部分農地改歸私有，生產出來的作物在相當自由的市場出售。小型企業（員工少於五人）可以由私人擁有和經營。它們欣欣向榮，尤其是在手工藝業和觀光業。中大型企業則採員工合作社的形式，雖然是缺乏效率的組織，卻至少提供機會，允許個人負起責任和主動積極任事。南斯拉夫的居民並不自由。他們的生活水準遠低於鄰國奧地利或者其他類似的西方國家居民。可是感覺敏銳的旅人，從俄羅斯踏進南斯拉夫，一定會和我們一樣驚呼這裏是天堂。

中東的以色列雖然宣稱採行社會主義哲學和政策，政府也廣泛干預經濟，卻有活力充沛的市場部門，而這主要是對外貿易占重要地位的間接結果。它的社會主義政策阻滯了經濟成長，可是和埃及的國民相比，它的人民享有較多的政治自由，

生活水準也高出許多。埃及的國民受害於政治權力更為集中，以及政府對經濟活動施加更為僵化的管制。

遠東的馬來西亞、新加坡、韓國、台灣、香港和日本，都廣泛仰賴民間市場，經濟綻現榮景。它們的人民充滿希望。這些國家的經濟正在爆炸性成長。衡量這件事的最好方式，是1970年代末，這些國家的每人年所得從馬來西亞的700美元左右到日本的5,000美元左右不等。相形之下，高度依賴中央計畫的印度、印尼和共產中國，經濟停滯不前，政治高壓箝制。這些國家的每人年所得低於250美元。

為中央經濟計畫辯護的知識分子，讚揚毛澤東治下的中國，直到毛的接班人坦承中國的落後，並為過去二十五年缺乏進步歎息不已。他們用來推動國家現代化的一部分設計，是允許價格和市場扮演更重要的角色。這些方法也許能使這個國家從目前的低經濟水準大幅翻升──就像南斯拉夫那樣。但是只要政治仍然緊緊箝制經濟活動，而且私有財產的範疇十分有限，效益便會大打折扣。而且，把私人當家作主的精靈從瓶子裏面釋放出來，即使是這樣有限的程度，也會帶來政治問題，遲早可能引發當局的退縮反應，加緊退回獨裁統治。與此相反的結果，也就是共產主義崩潰，並由市場制度取而代之，這似乎遙不可及，但是像我們這種無可救藥的樂觀主義者，並不完全排除那種可能性。同樣地，一旦老邁的狄托元帥去世，南斯拉夫的政治將動盪不安，可能激起向獨裁統治傾斜的反應，或

者，遠為不可能發生的是，現有的集體主義結構崩解。

印度和日本的經驗對比格外具有啟發作用，值得詳加探討
——印度是在1947年獨立後的三十年內；日本的經驗不是發生
在現代，而是1867年明治維新之後的三十年內。經濟學家和社
會學家很少能像物理學家那樣，在測試假說時，採用十分重要
的對照實驗（controlled experiments）。但是這兩國的經驗，卻
產生了十分接近對照實驗的東西，我們可以用來測試經濟組織
方法差異的重要性。

除了兩者的時間落差達八十年，兩國在我們比較的期間之
初，其他所有的層面的處境十分類似。它們都有古老的文明和
圓熟的文化，人口高度結構化。日本實行的是封建結構，有大
名（封建時代的大領主）和農奴。印度則採行僵化的種姓制
度，婆羅門居於最高地位，賤民（untouchables）是最低的社
會階層，後來改稱為設籍階級（scheduled castes）。

兩國都經歷政治上的重大變化，政治、經濟和社會結構丕
變。兩國都有一批能幹、認真負責的領導人掌權。他們深深感
受到國家的榮耀，決心將遲滯不前的經濟改造為快速成長，將
他們的國家轉型成強權。

幾乎在所有的差異上，印度比日本居於更有利的位置。日
本以前的統治者，帶領國家幾乎完全與世隔絕。國際貿易和接
觸只限於一年來一艘的荷蘭船隻。獲准留下的極少數西方人，
只准在大阪港一座島嶼上的一小塊地方活動。超過三個世紀的

自我封閉，使得日本對外界世界一無所知，科學和技術遠遠落後西方，而且除了漢文，幾乎沒人能講或讀任何外國語言。

　　印度則幸運得多。它在一次世界大戰之前，已有相當高的經濟成長。兩次世界大戰之間，由於爭取從英國治下獨立，經濟成長停滯，但沒有陷入衰退。交通改善，消除了一再發生的地方性饑荒。許多領導人在西方先進國家受過教育，尤其是曾經到英國求學。英國的統治，留下能力和素質不錯的公務員、現代化的工廠，以及良好的鐵路系統。1867年的日本沒有這些東西。印度和西方相比，是技術落後國家，但差距不如1867年的日本和當時的先進國家那麼大。

　　印度的實體資源也遠比日本優異。日本唯一的實體優勢，大概就是靠海，因此交通便捷，漁獲豐富。其他方面，印度約為日本的九倍大，而且更大比例的土地相當平坦，進出方便。日本多山，只有靠海的狹長土地適合人居和耕種。

　　最後，日本必須自食其力。沒有任何外國資金投資日本；沒有一個外國政府或資本主義國家的外國基金成立財團，贈與或提供低利貸款給日本。它必須仰賴自有資金，挹注它的經濟發展。它的確有一次不錯的運氣。明治維新之初，剛好遇上歐洲的蠶絲奇缺無比，日本因此靠絲的出口賺得大量外匯。除此之外，日本並沒有重要的意外之財或有組織的資本來源。

　　印度的境遇則好得多。自從1947年取得獨立以來，便從世界其他地方獲得龐大的資源，主要出於贈與的形式。資金流入

持續到今天。

儘管1867年的日本和1947年的印度處境相近，結果卻南轅北轍。日本拆解了封建結構，社會和經濟機會惠及所有的國民。即使人口爆炸性成長，平民百姓的生活卻迅速改善。日本在國際政治舞台上，成了公認的強權。個人尚未取得充分的人權和政治自由，卻已經往那個方向大步邁進。

印度對於消除種姓障礙，只是嘴裏說說，實際上幾無進展。窮人和富人之間的所得與財富差距日益擴大，而不是縮小。和日本八十年前的情形一樣，印度的人口也爆炸性成長，平均每人的經濟產出卻不然，幾乎原地踏步。事實上，最窮三分之一人口的生活水準可能已經下降。英國結束統治之後，印度以身為全球最大的民主國家自詡，卻有一段時間淪為獨裁專制，限制言論和新聞自由。它有再次這麼做的危險。

什麼理由可以解釋兩國的結果不同？許多觀察家指出，原因出在不同的社會機制和人的特質。宗教禁忌、種姓制度、宿命哲學——所有這些，被說成是禁錮印度人民的傳統緊身衣。有人說，印度人缺乏事業雄心而且懶惰。相較之下，日本人被譽為勤奮、精力旺盛、熱切反應來自國外的影響，而且擁有不可思議的靈巧頭腦，擅長於將從外部學到的東西，改良之後滿足本身的需求。

這樣的描述，用在今天的日本人身上可能是正確的，在1867年卻不然。早年在日本住過的一位外國人寫道：「我們不

認為它（日本）會變得富有。除了氣候，雖然有大自然賦予的優勢，但人民喜好偷懶和享樂，妨礙它邁向富有。日本人是快樂的民族，稍微擁有一點東西就感到滿足，所以不可能得到很大的成就。」另一位寫道：「在世界的這個地方，西方所建立和認可的原則，似乎失去了它們原本具有的任何價值和生命力，註定成為不中用和敗壞的東西。」

同樣地，關於印度人的描述，對今天印度的某些人來說可能正確，甚至可能適用於大部分的印度人，但對移居其他地方的印度人絕對不正確。在非洲許多國家、在馬來亞、香港、斐濟群島、巴拿馬，以及最近的英國，印度人是成功的創業家，有時更是創業族群的主力。他們經常是帶動和促進經濟進步的發電機。在印度國內，只要有可能逃避政府管制那隻黑手的地方，就有事業雄心、幹勁和奮發向上的精神存在。

總之，經濟和社會進步不是取決於人民的特質或行為。每一個國家，都有少數一群人起帶頭作用，決定事件的發展途徑。在發展最快速和成功的國家中，少數具有事業雄心和願意冒險犯難的一些人已經往前衝刺，為隨後跟進仿效的人創造了機會，而且促使大多數人能夠提高他們的生產力。

令那麼多外界觀察家歎息不已的印度人特徵，其實不是導致印度缺乏進步的原因。只有在辛勤的工作和冒險犯難得不到報酬的情況下，人才會變得懶散和缺乏事業心。宿命哲學可以包容眼前停滯不前的狀況。印度並不缺乏人才，他們的素質可

以激發和引燃1867年後日本經歷的同樣經濟發展，或甚至德國和日本在二次大戰後的表現。印度真正悲哀的地方，在於它仍舊是充滿赤貧窮人的次大陸，而我們相信，它可以是個欣欣向榮、活力旺盛、日益昌隆和自由的社會。

我們最近看到一個很有意思的實例，說明經濟制度影響人的素質。中國共產黨取得政權後，湧進香港的中國難民引爆了香港驚人的經濟發展。他們給人奮發向上、深具事業開創雄心、節儉、勤奮，實至名歸的印象。近來紅色中國開放人民外移，又掀起新一波的移民潮——這些人來自同一個民族，文化傳承的根相同，卻是在共產黨統治三十年的環境中長大成人。雇用一些中國移民的幾家公司說，他們和早年進入香港的華人非常不同。新移民不夠積極主動，總要別人說一動，他們才做一動。他們懶惰且不合作。但是在香港的自由市場待上幾年，他們就會完全改變。

那麼，如何解釋1867年到1897年的日本和1947年迄今的印度不同的經驗？我們相信，理由和西德與東德、以色列與埃及、台灣與紅色中國的差異相同。日本主要是借重自願性合作和自由市場——仿效當時的英國。印度則借重中央經濟計畫——也是仿效當時的英國。

明治政府的確多方干預經濟活動，也在經濟發展的過程中扮演關鍵性的角色。它派出許多人到海外接受技術訓練，引進外國專家；在許多產業設立試驗工廠，也給其他產業無數補

貼。但它絕不去控制總數量、投資方向或者產出結構。政府只大力投資造船和鋼鐵工業，因為它認為這是建立軍力之所必需。政府保有這些產業，因為它們不吸引民間企業，而且需要政府大量補貼。這些補貼耗蝕日本的資源。它們妨礙而不是刺激日本的經濟進步。最後，國際條約禁止日本在明治維新之後三十年內徵收高於5%的關稅。這個限制後來證明對日本極其有利，但當時招致痛恨，並在條約限制到期後便調高關稅。

印度採取非常不同的政策。它的領導人視資本主義為帝國主義的同義詞，避之唯恐不及。他們著手推動一系列的俄式五年計畫，制定詳細的投資方案。有些生產領域保留給政府；其他領域則准許民間公司經營，但必須依照政府的計畫去做。他們用關稅和配額控制進口，用補貼控制出口。自給自足是他們的理想目標。不用說，這些措施導致外匯不足。於是政府實施詳細和廣泛的外匯管制──這成了無效率和特權的重要來源。政府管制工資和物價。興建工廠或者從事其他任何投資，必須取得政府的許可。稅無所不在，書面上訂得十分清楚，實務上卻是能逃則逃。各式各樣的走私、黑市、非法交易和稅一樣無所不在，這傷害法律的所有層面，但是其社會價值卻非常高，因為它們在某種程度內抵銷了中央計畫的僵固，迫切的需求得以得到滿足。

日本依賴市場，釋出了隱藏和意外的活力與腦力等資源。它阻止既得利益妨礙改革，並且強迫經濟發展必須符合嚴酷的

效率考驗。印度則一味依賴政府的管制，民間的主動進取精神為之氣餒，最後只好轉向浪費之路。它保護既得利益不受變革力量的影響，用官僚的批准取代市場效率，作為生存的標準。

從這兩個國家的家庭紡織和工廠紡織的經驗，可以說明政策上的差異。1867 年的日本和 1947 年的印度，家庭紡織業的規模都很大。在日本，外來的競爭對家庭產絲並沒有造成太大的影響，也許這是因為日本的生絲占有優勢，再加上歐洲欠收而進一步強化，但日本的家庭棉紡加工後來幾乎全部消失，接著是手工織棉布消失。日本的工廠紡織工業日益發達，起初只生產最粗糙和最低級的織物，接下來生產愈來愈高級的產品，最後成了主要的出口工業。

印度的手工織布則得到政府的補貼和市場保證，據稱是為了緩和轉型到工廠生產的痛苦。工廠生產逐漸成長，但遭到刻意壓制，以保護手織業。受到保護的行業自然會擴張。從 1948 年到 1978 年，手織機的數量大約增加一倍。今天，在數以千計的印度村落，手織機的聲音從清晨響到深夜。只要能和其他的行業公平競爭，手織業並沒有什麼不對的地方。日本仍然有生意興隆的手織業存在，生產高級豪華的絲和其他織物，但規模極小。印度的手織業繁榮興盛，因為得到政府的補貼。處境並不比操作手織機好的其他人，遭到政府課稅，目的是為了讓手織業者賺取高於自由市場的收入。

十九世紀初英國面對的問題，和日本數十年後，以及印度

一個多世紀後面對的問題完全相同。當時，英國的動力織布機有摧毀欣欣向榮的手織業之虞。於是政府任命一個皇家委員會，調查這個產業。它確曾考慮印度後來所採行的政策：補貼手織業，並且保證這個行業有它的市場。但它立即否定那種政策，理由是只會使得根本問題，也就是手織工人過剩，變得更糟——印度後來正是發生這種事。英國採取的解決方法和日本相同——忍一時之痛，允許市場力量運作，最後證明是有益的政策。❷

印度和日本的經驗對比相當有趣，因為它們不只十分清楚地顯示兩種組織方法產生的不同結果，也讓我們看到政府追求的目標和採取的政策之間缺乏關係。明治時期的新統治者，決心強化國力和國威，不認為個人自由有什麼價值。比起本身採行的政策，他們的目標和印度採行的政策比較吻合。印度的新領導人強烈倡導個人自由，和本身採行的政策比起來，他們的目標和日本的政策比較吻合。

管制和自由

雖然美國沒有採行中央經濟計畫，過去五十年來，政府在經濟中扮演的角色卻大幅擴張。從經濟面來說，那種干預的成本很高。我們的經濟自由受到的限制，有可能使兩個世紀以來的經濟進步戛然而止。從政治面來說，干預的代價也很高。我

們的人權自由大受限制。

美國仍然是高度自由的國家 —— 世界上最自由的大國之一。但是，以林肯（Abraham Lincoln）著名的「家庭紛爭」（House Divided）演說內容來說，「自己鬧分裂的家庭是站不起來的。……我不希望這個家垮掉，期望它停止分裂。它會只有一種制度，非此即彼」。他談的是奴隸制。帶有預言意味的這番話，同樣適用於干預經濟的政府。要是再干預更多，我們那分裂的家，會傾向集體主義的那一邊。幸好愈來愈多證據顯示，一般大眾正體認到這個危險，決定加以制止，並且扭轉政府愈變愈大的趨勢。

所有的人都受現狀影響。我們傾向於將眼前的狀況視為理所當然，視它為自然平常的狀態，尤其是在一連串緩步漸進的小變化之後。我們很難體會日積月累下來的效果有多大。我們需要運用想像力，站到舊框框外面，用嶄新的眼光去看目前的狀況。這樣的努力很值得。結果即使不令我們感到震撼，也令人驚訝不已。

經濟自由

經濟自由不可或缺的一環，是自由選擇如何運用我們的所得：花多少錢在自己身上，以及買什麼東西；儲蓄多少錢，以及用什麼形式存錢；送出多少錢，以及送給誰。現在我們的所得有40%以上，是聯邦、州和地方等各級政府代替我們花掉

的。我們之中的一人曾經建議訂個新的國定假日，稱之為「個人獨立紀念日——就是在一年當中的某天，我們不再為支付政府的開銷而工作……我們開始為了我們本身的需求和渴望，購買各自選擇的東西而工作」❸。在1929年，這個假日應該是落在林肯的生日2月12日；在今天，大概是落在5月30日；要是目前的趨勢持續下去，大約1988年時會和另一個獨立紀念日落在同一天——7月4日。（編按：這是因為自1929年以來，所得稅率長期而言是漸增的。）

關於政府代替我們花用多少所得一事，我們當然有發言的餘地。我們參與了政治程序，才有今天政府的支出達我們所得40%以上的結果。多數決是必要和理想的權宜之計。但它和你在超級市場買東西時的那種自由很不一樣。當你一年進投票所一次，十之八九，你選擇的是一包東西，而不是特定的項目。如果你和多數人的選擇一樣，你得到的不過是你喜歡的和反對的項目混在一起的結果，只是你覺得你反對的那些項目沒那麼重要而已。整體而言，你最後得到的，和你認為投票選擇的東西不一樣。如果你的看法和少數人一樣，那就必須服從多數決，並且等候你的看法占上風的那一天到來。不過，你每天在超級市場投票，得到的正是你投票選的東西，而且其他每個人也一樣。投票箱產生的是無異議的服從；市場產生的則是不必服從的無異議。這是為什麼我們應該盡可能只在「服從有其必要」的決策時，才使用投票箱的原因。

身為消費者，我們甚至沒辦法自由選擇如何花用所得扣掉稅款後剩下的那一部分。我們不能自由購買人工甘味環己胺磺酸鹽或苦杏仁素，不久之後可能連買糖精的自由也失去。醫生不能自由開立許多藥物給我們使用，即使他認為那些藥物治療我們病痛的效果最好，而且它們可能已在海外普遍供應。我們不能自由購買沒裝置安全帶的汽車，但暫時仍能自由選擇是不是要繫上安全帶。

經濟自由的另一個必要部分，是根據我們本身的價值，自由使用我們擁有的資源——只要我們完全出於自願，而且不訴諸武力以脅迫他人，我們可以自由踏進任何行業、參與任何企業、和任何人進行買賣。

今天，不先向政府官員申請許可或執照，你不能自由提供服務，去當律師、醫生、牙醫、水電工、理髮師、喪葬業者，或者從事其他許多行業。你不能根據你和雇主共同同意的條件自由加班，除非那些條件符合政府官員頒定的法令規定。

不先取得政府官員的許可，你不能自由設立銀行、經營出租汽車業務，或者銷售電力或從事電話服務，或者經營鐵路、大客車、航空運輸業務。

你不能自由在資本市場募集資金，除非填好證券管理委員會（SEC）規定的無數張表格，而且除非你滿足證管會的要求，在準備發行的公開說明書中，把你的前景描繪得暗淡無光，直到腦筋正常的投資人，仔細看過公開說明書後，不願投

資你的計畫為止。還有,取得證管會批准,可能得花上十萬美元以上——我們的政府聲稱要盡心竭力協助的小型企業,當然因此裹足不前。

擁有財產的自由,是經濟自由的另一個必要成分。我們確實擁有廣泛的財產所有權。一半以上的人住在自己名下的房子裏面。談到機器、工廠和類似的生產工具,情況卻很不一樣。我們自稱是自由私人企業社會、資本主義社會,可是談到企業的所有權,我們卻是約46%的社會主義者。擁有一家公司的1%股份,表示你有權取得它的1%獲利,而且必須在你持有的股票價值之內,分攤1%的虧損。1979年的聯邦公司所得稅,是超過10萬美元的全部所得必須課徵46%(低於前幾年的48%)。聯邦政府有權從每一美元的獲利抽取46美分,每一美元的虧損則分攤46美分(假使以前有盈餘可以沖抵那些虧損)。這等於聯邦政府持有每一家公司46%的股份——只是不能直接投票左右公司的經營方向而已。

我們需要遠比這本書還厚的篇幅,才有辦法把我們的經濟自由遭到的所有限制一一羅列,更別提詳細描述它們。上面的例子只用於點出限制措施多麼無孔不入。

人的自由

經濟自由受到限制,不可避免就會影響整體的自由,連言論和新聞自由等領域也不例外。

不妨看看摘自某石油和天然氣協會執行副總裁李‧葛瑞斯（Lee Grace）1977年所寫信函的內容。他針對能源立法寫了這麼兩段話：

> 眾所周知，比每千立方呎價格還重要的，是延續憲法第一條修正案，保障言論自由的問題。由於管理日增，老大哥愈盯愈緊，我們愈來愈膽小，不敢對虛假不實、胡作非為的行動，說出真相和我們的信念。害怕證管會的稽查、官僚的扼殺或政府的騷擾，是箝制言論自由的強大武器。
>
> （1977年）10月31日那期的《美國新聞與世界報導》（*U.S. News & World Report*）中，「華盛頓耳語」（Washington Whispers）單元指出：「石油業高階主管聲稱，他們接到能源部長詹姆士‧史勒辛吉（James Schlesinger）的最後通牒：『請支持政府計畫開徵的原油稅——否則就得面對更嚴苛的管理，以及可能採取行動，使石油公司解體。』」

他的說法，從石油業高階主管公開表現出來的行為，充分得到證實。參議員亨利‧傑克森（Henry Jackson）痛斥他們賺取「骯髒的利潤」時，沒有一位石油業高階主管敢挺身回話，甚至起身離開，拒絕再遭受人身攻擊。石油公司的高階主管私底下都強烈反對目前他們置身其中的複雜的聯邦管制結構，或者反對卡特總統擬議中的政府大幅擴大干預，但公開表示意見時卻輕描淡寫地認可政府的管制目標。

極少企業家認為，卡特總統所謂的自願性工資和物價管制，是平抑通貨膨脹理想或有效的方法。可是一位企業家接一

位、一家公司接一家，都在口頭上支持那個計畫，說它的好話，並且保證合作。只有少數一些人，例如前國會議員、白宮官員和內閣閣員多納德・倫斯斐（Donald Rumsfeld），有勇氣公開抨擊。脾氣乖戾，八十多歲的美國勞工聯合會及產業工會聯合會（AFL-CIO）前主席喬治・米尼（George Meany）也加入了他們的行列。

人想要自由講話，就應該承擔成本——如果講的話不受歡迎和遭到批評的話。這是絕對適當的。但是成本應該合理，不能失之過當。以著名的最高法院判決用語來說，自由的言論不應該有「寒蟬效應」（chilling effect）。可是毫無疑問，企業高階主管正在這種效應之下忍氣吞聲。

「寒蟬效應」不限於企業高階主管。它影響我們所有的人。學界的事情，我們再熟悉不過了。經濟學和自然科學系所的許多同事，都接受國家科學基金會（National Science Foundation）的補助；至於人文科學，則接受國家人文科學基金會（National Foundation for the Humanities）的補助；在州立大學教書的人，有一部分薪水來自州議會。我們相信，國家科學基金會、國家人文科學基金會，以及對高等教育的財稅補貼，都是不好的做法，應該終止。這無疑是學界中少數人的看法。但這些少數人，比願意公開發表聲明的人要多。

新聞媒體對政府的仰賴很深——政府不只是重要的新聞來源，其他許多日常的營運事務也取決於政府。以英國的一個著

名例子來說，倫敦《泰晤士報》（*Times*）是很好的一份報紙，幾年前，曾有一天遭某個工會阻止出刊，因為它準備發表一篇報導，談那個工會試圖影響報紙的內容。勞資爭議後來導致這份報紙完全關閉。我們說的這些工會，能夠運用這種力量，是因為政府給它們特別的豁免權。英國全國性的新聞記者工會（Union of Journalists）正在推動新聞記者的排外雇用制（closed shop），並且威脅要杯葛雇用非工會會員的報紙。理當給我們許多自由的國家，竟然發生這種事情。

至於宗教自由，美國的阿門宗派（Amish）農民基於宗教上的理由，拒絕支付社會安全（Social Security）稅──也拒絕接受社會安全給付──結果房屋和其他的財產遭到沒收。教會學校的學生被列為違反義務教育就學法的逃學者，因為他們的老師並沒有取得符合州規定的必要適任證書。

雖然這些例子只觸及皮毛，卻很能說明自由是一個整體的基本論述。任何事情，減低了我們生活中某部分的自由，就有可能影響其他部分的自由。

自由不是絕對的。我們活在脣齒相依的社會中。我們的自由受到若干限制是必要的，因為這樣才能避免遭受其他更糟的限制。但我們已經跨過那個點太多。今天我們迫切需要取消各種限制，而不是火上加油。

第3章

剖析經濟危機

The Anatomy of Crisis

1929 年年中開始的經濟大蕭條，規模之大，是美國前所未見的浩劫。1933 年經濟觸底之前，國民所得已經少掉一半。總產出減退三分之一，失業人數占勞動人口的25%，創空前紀錄。對其他國家來說，這次經濟蕭條也是不折不扣的一場災難。等到波及其他國家，每個地方的產出紛紛下滑、失業升高、饑荒和苦痛四處可聞。德國的希特勒因為經濟蕭條而掌握大權，為二次世界大戰埋下火種。日本主張建立大東亞共榮圈的軍閥勢力壯大。中國改革貨幣，加快超級通貨膨脹的最後腳步，蔣介石政權在劫難逃，共產黨則趁勢崛起。

在觀念的領域，那次蕭條說服一般大眾相信資本主義是不穩定的制度，將來勢必發生更嚴重的危機。民眾轉而相信已逐漸被知識分子接納的觀點：政府必須扮演更積極的角色；它必須插手干預，以沖銷不受節制的私人企業製造的不安定；它必須像一只擺輪，用來促進穩定和確保安全。民眾對私人企業和

政府應該扮演的適當角色看法改變，成了重要的催化劑，促使政府從那一天起直到今天快速成長，尤其是中央政府。

那次蕭條也使得專業經濟圈的意見起了深遠的變化。經濟大衰退粉碎了長期以來的信念——這種信念在1920年代很盛行，認為貨幣政策是強大的工具，可以促進經濟的穩定。然而經濟學者的意見幾乎倒向另一個極端，轉而認為「貨幣不重要」。二十世紀出色的經濟學家約翰・梅納德・凱因斯（John Maynard Keynes）提出取而代之的理論。凱因斯革命不止是奪得經濟專業的大旗，也提出吸引人的辯護理由，開出政府大力干預的藥方。

一般民眾和經濟學者意見的轉變，是對實際發生的事情了解錯誤所致。我們現在知道，當時也有少數人知道，經濟蕭條不是私人企業失靈造成的，而是政府在它本來就該負起責任的一個領域沒把事情做好——那個責任就是美國憲法第一條第八款所說的「鑄造貨幣，管理貨幣和外幣的價值」。很遺憾，正如我們將在第9章指出的，政府沒把貨幣管理好，不只過去如此，直到今天還是這樣。

聯邦準備制度的起源

1907年10月21日星期一，經濟開始衰退後約五個月，紐約市第三大信託公司尼克伯克信託公司（Knickerbocker Trust

Company）遭遇財務困難。隔天，這家銀行爆發「擠提」
（run），迫不得已只好關門停業（只是暫時性的措施；1908 年 3
月恢復營業）。尼克伯克信託停止營業，導致紐約其他信託公
司的擠提情況惡化，接著是全國其他地方也出現同樣的情形
——十九世紀時有所聞的銀行「恐慌」（panic）再次上演。

　　一個星期內，美國各地的銀行都以「限制支付」的方式，
因應「恐慌」。也就是說，它們宣布，想要提領存款的存款
人，銀行不再一經要求，馬上給付鈔票。有些州的州長或首席
檢察官透過法律途徑，許可限制支付的行為；其餘各州，則對
那種做法睜一隻眼閉一隻眼，即使銀行在技術上違反州銀行
法，仍舊准許它們繼續營業。

　　限制支付有助於避免銀行倒閉，並且結束擠提風潮。但這
種做法對商業的運轉造成嚴重的不便。限制支付使得硬幣和鈔
票短缺，私人流通的木質鎳幣和法定貨幣的其他暫時替代物也
一樣缺乏。在流通貨幣短缺的最高峰，需要用 104 美元的存款
去買 100 美元的鈔票。恐慌和限制加起來，經由它們對信心和
高效率經營商業的直接影響，以及迫使貨幣數量減少的間接影
響，使得那次經濟衰退演變成美國到那時為止所經歷過，最嚴
重的一次衰退。

　　但是嚴重衰退的階段為期短暫。1908 年初，銀行恢復正常
支付。幾個月後，經濟開始復甦。衰退總共只持續十三個月，
嚴重衰退的階段只占其中的一半左右。

這段戲劇性的事件，是促成1913年頒行聯邦準備法（Federal Reserve Act）的主因。它將貨幣和銀行領域的一些行動納入政治範疇。羅斯福（Theodore Roosevelt）總統的共和黨政府設立全國貨幣委員會（National Monetary Commission），由著名的共和黨參議員尼爾森‧歐李奇（Nelson W. Aldrich）領導。在威爾遜（Woodrow Wilson）總統的民主黨政府執政期間，著名的民主黨國會議員、後來當上參議員的卡特‧葛拉斯（Carter Glass）改寫並重新包裝這個委員會的建議。因此產生的聯邦準備制度（Federal Reserve System），成了此後美國重要的貨幣主管機關。

「擠提」、「恐慌」和「限制支付」等名詞到底是什麼意思？它們為什麼會像我們所說，產生那麼深遠的影響？聯邦準備法的立法者提議如何防範類似的事件重演？

銀行擠提是指許多存款人同時想把他們的存款以現金的形式「提領」（withdraw）出來。擠提的原因可能出於謠傳，也可能是事實，導致存款人擔心銀行資金週轉失靈，無法履行它的義務。這表示，每個人都想提出「自己的」錢，以免全部泡湯。

我們很容易理解，為什麼擠提會使週轉失靈的銀行倒得更快。但為什麼擠提會導致負責任且資金週轉正常的銀行出問題？答案和英語中最容易產生誤導作用的一個字有關——「存款」（deposit）。實際上它是指對銀行的求償權。你把錢「存」

進銀行的時候，很可能以為銀行是將你的那些鈔票「存」到銀行金庫裏，妥善保管，直到你要求把錢提出來為止。其實銀行並不是那麼做的。真那麼做的話，銀行要從哪裏賺得收入來支付各項費用，還有給付利息給存款人呢？銀行可能把一些鈔票存進金庫當作「準備」（reserve）。其餘的錢則借給某人，並向借款人收取利息，或者拿去購買能夠生息的證券。

如果和一般的做法一樣，你存的不是錢，而是其他銀行的支票的話，那麼你的往來銀行甚至手上沒錢可以存進金庫。它只對另一家銀行握有請求兌現權，而這種權利通常不會行使，因為其他銀行也對它握有類似的請求兌現權。每一百美元的存款，所有的銀行加起來也只有幾美元的現金放在金庫。我們實施的是「部分準備銀行制度」（fractional reserve banking system）。只要每個人都相信他一定能提出自己的存款，而只在真正有需要的時候才來提領，這套制度便會運作得很好。一般來說，新的存款大約會等於將領走的現金，因此銀行少量的準備就足以應付暫時性的差異。但如果每個人都試著同時領出現金，情況就很不一樣——恐慌可能發生，就像在人擠人的戲院，有人大喊「失火了」，大家都奪門而逃那樣。

單單一家銀行發生擠提，可以向其他銀行調度資金，或者要求借款人還款來應付。借款人或許能從其他的銀行提款，償還他們的貸款。但如果銀行擠提風潮蔓延開來，所有的銀行加起來也沒辦法用這種方式應付擠提。銀行金庫裏面的現金，根

本不夠滿足所有存款人提款的要求。此外，從金庫取領現金來
應付廣泛的擠提，會使存款減少許多，除非即刻恢復信心，平
息擠提，現金才會重新存回銀行。1907年時，銀行每100美元
的存款，平均只有12美元的現金準備。每一美元的存款從銀行
的金庫被領出來，以現金的形式藏到存款人的床墊底下，如果
銀行要維持先前的準備比率，那就會再減少7美元的存款。這
是為什麼民眾擠提之後把錢藏起來，通常會使總貨幣供給減少
的原因。這也是為什麼如果不趕快平息擠提風潮，它會造成這
種困難的原因。個別銀行會試著逼迫借款人償還貸款，而且拒
絕繼續提供貸款或者擴大放款，設法取得和保有現金來應付存
款人的需求。整體借款人告貸無門，於是銀行倒閉，企業也倒
閉。

　　恐慌發生之後，如何平息？或者，更好的做法是，如何一
開始就防止恐慌發生？預防恐慌的一種方式，是1907年採取的
方法：銀行聯手限制支付。銀行繼續開門營業，但彼此取得協
議，不接受存款人提領現金的要求。相反地，它們改用記帳的
方式運作。對於本行存款人開給另一人的支票，它們同意承
兌，方法是扣減前者帳簿上登記的存款數字，然後提高後者的
存款數字。至於本行存款人開給他行存款人的支票，或者他行
存款人開給本行存款人的支票，運作方式幾乎就像一般的「透
過交換所」，也就是，以收到的他行支票存款，沖抵本行支票
在他行的存款。不同的一點是，它們欠其他銀行，以及其他銀

行欠它們的金額,兩者相抵之後,如有差額,是以承諾支付的方式結算,而不是像平常那樣移轉現金。銀行會支付一些現金給經常性顧客,因為他們需要用錢,才能發放薪資和應付類似的緊急目的。同樣地,這些經常性顧客會存一點錢到銀行。在這套制度之下,銀行可能仍會倒閉,也真的有銀行倒閉,因為它們是「不健全」的銀行。它們會倒閉,不光是因為它們無法將絕對健全的資產轉換為現金。隨著時間的流逝,恐慌消退,民眾對銀行的信心恢復,銀行便能滿足活期存款隨時提領現金的需求,因而不致引發新一波的擠提風潮。這是平息恐慌相當戲劇性的方式,卻十分有效。

平息恐慌的另一種方式,是允許健全的銀行迅速將資產轉換為現金,但這種做法並不犧牲其他的銀行,而是供應更多的現金——可以說,就是啟動緊急印鈔機的意思。這是聯邦準備法所包括的方式。它的目的是連限制支付所造成的暫時性干擾都要防止。依該法設立的十二家區域銀行,在華盛頓的聯邦準備理事會(Federal Reserve Board)監督下運轉,取得作為商業銀行「最後貸款人」(lender of last resort)的權力。它們的放款形式,可以是通貨(currency,它們有權印製聯邦準備鈔券〔Federal Reserve Notes〕),或者在它們的帳簿上提高存款數字(它們有權創造數字,而這正是記帳人員筆下變出的魔法)。它們是銀行的銀行,就像英格蘭銀行(Bank of England)和其他國家的中央銀行那樣。

　　起初，本來預期聯邦準備銀行的運作方式，主要是直接貸款給商業銀行，並以銀行本身的資產（尤其是相當於銀行對企業放款的本票）作為擔保。許多這種放款，是採取銀行對票據「貼現」（discount）的方式，也就是支付低於面額的金額，差額的部分等於銀行收取的利息。聯邦準備又「重貼現」（rediscount）本票，也就是對銀行業者收取放款利息。

　　隨著時間的流逝，「公開市場操作」（open market operations）——買進或賣出政府發行的債券——而不是重貼現，成了聯邦準備制度增添或者減縮資金數量的主要方式。當聯邦準備銀行購買一張政府債券，它是用存放在金庫中或者剛印好的聯邦準備鈔券來支付，更常見的做法，則是在它的帳簿上，給商業銀行的存款加上一筆數字。出售債券給聯邦準備銀行的賣方，可能是商業銀行本身，或者在它那裏設有存款帳戶的債券賣主。這額外的通貨或存款，就成了商業銀行的準備，讓它們可以整體以額外準備的倍數，擴張它們的存款。這是為什麼聯邦準備銀行的通貨加上存款，被稱為「強力貨幣」（high-powered money）或「貨幣基數」（monetary base）的原因。當聯邦準備銀行出售債券，整個程序倒反過來。商業銀行的準備減少。不久之前，聯邦準備銀行創造通貨和存款的能力，還受到聯邦準備制度持有的黃金數量限制。現在這方面的限制已經取消，因此今天除了聯邦準備制度主其事者的裁量權，別無其他有效的限制。

聯邦準備制度1930年代初沒有善盡職責之後，防止恐慌爆發的一個有效方法，終於在1934年採用。聯邦存款保險公司（Federal Deposit Insurance Corporation）設立的目的，是保障存款不致蒙受損失，但訂有上限。這個保險，給了存款人信心，相信他們的存款安全無虞。這有助於防止不健全的銀行倒閉或遭遇財務困難，波及其他的銀行，引發擠提風潮。它就像擁擠的戲院裏面，人們深信不會發生火災。自1934年以來，曾有銀行倒閉，也有一些個別銀行發生擠提，卻不曾爆發舊式的銀行恐慌。

銀行業者以前也經常使用保障存款的方式防止恐慌，但實施範圍比較局部，效果也不是那麼好。當一家銀行陷入財務困難，或者因為謠傳經營困難而有發生擠提風險的時候，其他的銀行就會自動結合起來，集資成立一筆基金，保障發生困難銀行的存款。那種做法收到防患於未然的效果，多次預期中的恐慌因此沒有發生，即使發生，災情也減輕。但其他一些時候，並沒有發揮應有的效果，因為銀行業者無法達成令人滿意的協議，或者因為存款人的信心沒有迅速恢復。本章稍後將檢討一件特別戲劇性和重要的失敗案例。

早期的聯邦準備制度

1914年底，歐洲爆發戰爭後幾個月，聯邦準備制度開始運

轉。那場戰爭急遽改變了聯邦準備制度扮演的角色和重要性。

聯邦準備制度建立的時候，英國是金融世界的中心。全世界雖說是採用金本位制（gold standard），卻也可以說是英鎊本位制（sterling standard）。設立聯邦準備制度的主要目的，是作為避免銀行恐慌和促進商務的工具；其次是作為政府的銀行。人們原本以為它將在全球的金本位制中運作，去因應外部的事件而不是去影響外部。

戰爭結束後，美國取代英國成為金融世界的中心。如此，整個世界實際上是採美元本位制，而且即使力量減弱後的戰前金本位制重新建立起來，也依然如此。聯邦準備制度不再是被動因應外部事件的小機構。它成了一股重要的獨立力量，對全球的貨幣結構起塑造作用。

聯邦準備制度在戰爭的年頭，展現了它的力量好的一面和壞的一面，尤其是在美國參戰之後。和之前（以及之後）所有的戰爭一樣，為了籌措軍費，印鈔機總是轉個不停。但是有了聯邦準備制度，才能用比以前複雜和微妙的方式做這件事。當聯邦準備銀行拿聯邦準備鈔券，向美國財政部購買債券，財政部手上便有錢可以應付支出。這種時候，他們在某種程度內使用了實際的印鈔機。但聯邦準備銀行購買債券的主要方式，是貸記財政部在聯邦準備銀行的存款。財政部買東西時開出的支票，是用這些存款去支付的。收到支票的人，將支票存入往來銀行，這些銀行又把它們存進聯邦準備銀行，財政部在聯邦準

備銀行的存款便移轉到商業銀行，使它們的準備增加。準備增加，商業銀行體系便能擴張，當時大多是自己去買政府債券，或者放款給它們的顧客，讓他們有能力購買政府債券。輾轉繞了這麼大一圈，財政部得到新創造的貨幣，能夠用於支付戰爭的費用。但是這種貨幣數量的增加，大多是以商業銀行存款增加，而不是通貨增加的形式出現。這個過程微妙的地方，在於貨幣數量增加勢必會帶來通貨膨脹，卻用圓滑的操作掩飾實際發生的事，減輕或推延民眾對通貨膨脹的憂慮。

戰後，聯邦準備制度繼續快速增加貨幣數量，因而助長了通貨膨脹。但在這個階段，增加的貨幣不是用於支付政府的費用，而是挹注民間企業的活動。我們戰時總通貨膨脹的三分之一，不只發生在戰爭結束之後，而且是在政府為了支付戰費而出現赤字之後。聯邦準備制度很遲才發現它的錯誤。接著它用下猛藥的方式因應，導致美國在1920-21年陷入深沉但短暫的蕭條。

聯邦準備制度的鼎盛時期，無疑出現在二〇年代其餘的時間。那幾年內，它確實發揮了擺輪的效果，當經濟綻露搖搖欲墜的跡象，它會加快貨幣成長的速度，並在經濟開始更快速擴張時，減緩貨幣成長的速度。它並沒有阻止經濟的波動，卻確實使波動趨於緩和。此外，它的做法相當公正持平，所以避開了通貨膨脹。貨幣和經濟環境穩定的結果，是經濟快速成長。人們普遍讚譽說，在時時警惕的聯邦準備制度的調度之下，一

個新時代已經來臨，不用再擔心景氣循環了。

二〇年代的成功，主要應歸功於班傑明‧史壯（Benjamin Strong）這個人。史壯是紐約的銀行家，擔任紐約聯邦準備銀行的第一任總裁，直到1928年去世為止。在他生前，聯邦準備的海內外政策唯紐約銀行馬首是瞻，而史壯無疑執其牛耳。他是個出色人物，聯邦準備理事會一位成員形容他是「天才——銀行家中的漢彌爾頓」。聯邦準備制度無人能出其右：他滿懷信心，普獲聯邦準備制度內外其他金融領導人的支持；他發出一股懾人的威嚴，獨特的觀點總能取得上風，也有勇氣根據那些觀點去行動。

史壯去世後，聯邦準備制度內部展開權力鬥爭，影響深遠。史壯的傳記作者說：「史壯與世長辭，聯邦準備制度群龍無首，少了雄才大略且孚眾望的領導中心。（華盛頓的）聯邦準備理事會認為，紐約銀行不應該再扮演那個角色。但理事會本身缺乏雄心壯志，無力扛起那個角色。它仍然孱弱且四分五裂。……此外，其他大部分準備銀行和紐約銀行一樣，不願追隨理事會的領導。……因此，聯邦準備制度很容易便陷入猶疑不決和僵持不讓的局面。」❶

這場權力鬥爭的結果是——那時沒人看得出來——權力開始從私人市場大步加快移轉給政府，以及從地方和州政府移轉給華盛頓。

經濟大蕭條來襲

一般認為，經濟蕭條起於1929年10月24日黑色星期四紐約股市崩盤那一天。之後股市屢見起伏，1933年的股價只及1929年令人目眩神迷水準的六分之一左右。

股市崩盤固然重要，卻不是經濟蕭條的開端。工商業景氣早在1929年8月就盛極而衰，比股市崩盤早兩個月，而且到股市崩盤時早已顯著下挫。股市崩盤反映了經濟困境加深，以及難以長久維持的投機泡沫破滅。當然了，一旦崩盤發生，那些本來被新時代燦爛的希望沖昏頭的企業人士和其他人，頓時感到前途茫茫。消費者和創業家花錢的意願減低，轉為渴望提高流動性準備，以因應不時之需。

股市崩盤產生的這些抑制效果，因為聯邦準備制度後來的行為而大為強化。史壯領導下的紐約聯邦準備銀行，幾乎已經對各種情況養成反射動作，遇到崩盤，立刻自行行動，買進政府發行的證券，從而增加銀行的準備，以緩和股價大跌的衝擊。這種做法，有助於商業銀行提供額外的貸款給股票上市的公司，並且向它們和受崩盤不利影響的其他人購買證券，而對震撼起緩衝效果。但是史壯已然過世，理事會希望唯我獨尊。於是它迅速行動，對紐約開鍘，紐約也屈服了。此後，聯邦準備制度的表現，和1920年代曾經面對的其他經濟衰退很不一樣。它不再積極擴大貨幣供給超過平常的數量，以沖抵經濟萎

縮的影響，而是任令貨幣數量在1930年一整年緩緩下降。和1930年底到1933年初，貨幣數量減少約三分之一相比，迄1930年10月止，貨幣數量的減幅似乎相當溫和——只減少2.6%。但和以前相比，幅度卻很大。事實上，除了少數例外，它的減幅比以前歷次經濟衰退期間或之前的減幅要大。

股市崩盤餘波盪漾，加上1930年貨幣數量逐步下降，兩者合力影響下，造成相當嚴重的經濟衰退。如果貨幣崩潰沒有發生，即使衰退很可能因此在1930年底或1931年初打住，它還是歷年來最嚴重的衰退之一。

銀行業的危機

但最糟的日子還沒來。1930年秋之前，經濟萎縮雖然嚴重，卻沒有一家銀行的經營陷入困境或者發生擠提。然而，當中西部和南部一連串銀行倒閉，民眾對銀行信心不足，而開始將存款轉為現金，這次經濟衰退的特質便急遽變調。

影響終於蔓延到美國的金融中心紐約。1930年12月11日是極其重要的一個日子。這一天，合眾國銀行（Bank of United States）關門大吉。它是到那個時候為止，美國倒閉的商業銀行裏最大的一家。此外，雖然它是一家普通的商業銀行，名稱卻令海內外許多人以為它屬於官方銀行。所以它的倒閉，是對信心特別嚴重的一擊。

合眾國銀行扮演如此關鍵的角色,可說是個意外。由於美國的銀行體系是採取分權式的結構,加上聯邦準備制度的政策是允許貨幣存量下降,以及不大力因應銀行的倒閉,所以一連串小銀行倒閉,遲早會造成其他大銀行發生擠提。就算合眾國銀行沒有倒閉,另一家大銀行倒閉也會成為引發雪崩的細石。合眾國銀行倒閉,也是個意外。這是一家健全的銀行,雖然在經濟蕭條最糟的年頭中,它的流動性依然很高,最後卻只能每 1 美元的存款償付 83.5 美分。要是它能度過眼前的危機,存款人顯然連一分錢也不會損失掉。

合眾國銀行的謠言開始散播後,紐約州銀行督察(New York State Superintendent of Banks)、紐約聯邦準備銀行、紐約結算所銀行聯合會(New York Clearing House Association of Banks)曾經嘗試擬定計畫,透過提供保證基金,或者和其他銀行合併的方式,拯救這家銀行。這是以前歷次恐慌發生時的標準因應模式。在該行關閉前兩天,這些努力似乎還有成功的希望。

但它們的計畫畢竟失敗了,原因主要出在合眾國銀行獨樹一格的特性和銀行圈內的偏見。這家銀行的名稱深深吸引著移民,當然招致其他銀行的厭惡。更為重要的是,它的業主和經營者是猶太人,而且主要服務猶太社群。它是業內少數由猶太人擁有的銀行之一,而銀行業向來比其他任何行業更重視出身名門和社會地位。計畫中的拯救行動之一,是合眾國銀行和紐

約市另外唯一一家主要由猶太人擁有和經營的銀行，外加兩家規模小得多的猶太人資金的銀行合併。這種安排不令人意外。

計畫會失敗，是因為紐約結算所在最後一刻退出計畫——主要出於銀行圈內一些知名人士的排猶情緒作祟。那時的紐約州銀行督察約瑟夫・布洛德里克（Joseph A. Broderick）在銀行家的最後一次會議上，嘗試說服他們卻無功而返。他後來在法庭的審判上作證：

> 它（合眾國家銀行）有數以千計的借款人，它提供資金給小型商人，尤其是猶太商人，如果倒閉，可能導致它服務的客戶普遍破產。我警告，萬一它關閉，紐約市至少會再有十家銀行倒閉，甚至可能影響到儲蓄銀行（savings banks）。我告訴他們，倒閉的影響甚至可能波及紐約市以外的地方。
>
> 我提醒他們，僅僅兩三個星期之前，他們曾經拯救紐約市兩家最大的私人銀行，也願意投入必要的資金。我提起往事，說僅僅七、八年前，他們曾經救助紐約規模最大之一的信託公司，投入的資金是拯救合眾國銀行所需資金的好幾倍，只不過是在有些主管一起遭到指摘之後才那麼做。
>
> 我問他們，他們決定捨棄計畫是不是已經定案了。他們告訴我，是這樣沒錯。接著我警告他們，他們犯了紐約的銀行史上最巨大的錯誤之一。❷

合眾國銀行倒閉，對業主和存款人來說都是悲劇。兩位業主遭到審判、定罪和服刑，罪名是每個人一致同意的技術性背信。存款人的一部分錢套牢了好幾年，最後好不容易才收回。

對整個國家來說,影響更為深遠。全國各地的存款人擔心存款不保,而加入稍早前已經展開的零星性擠提行列。銀行大量倒閉——單單1930年12月那個月,就有三百五十二家銀行倒閉。

要是聯邦準備制度不曾建立,而且類似的一連串擠提發生,銀行業者無疑會採取和1907年相同的做法——限制支付。這會比1930年最後幾個月實際發生的事要激烈。不過,限制支付可以防止好銀行的準備枯竭,十之八九能夠避免1931、1932、1933年持續的銀行倒風,就像1907年的限制支付,很快就使那時的銀行不再倒閉。事實上,合眾國銀行很可能恢復營業,正如1908年的尼克伯克信託公司。於是恐慌結束,信心恢復,經濟很可能在1931年初開始復甦,就像1908年初那樣。

有準備制度存在,便不能下這種猛藥:從直接的影響來說,它減輕體質較強銀行的憂慮,令它們深信(後來證明是不對的)向聯邦準備制度拆借,能在經營艱困的時候,給它們一個可靠的逃命機制;從間接的影響來說,則是使整個社群,尤其是銀行體系鎮定下來,相信現在有了準備制度照顧這類事情,以前那種激烈的措施再也沒有必要實施。

聯邦準備制度大可端出遠比這更好的解決方法,也就是在公開市場大量購買政府債券。這會給銀行額外的現金,以滿足存款人的需求。這將使一連串的銀行倒風戛然而止,或者至少大幅縮減倒閉的銀行數目,並且防止民眾將存款轉成現金,導

致貨幣數量減少。很遺憾，聯邦準備的行動猶豫不決，而且規模太小。它大體上縮手不動，任令危機自生自滅——接下來兩年，它一再表現這種行為模式。

1931年春，第二家銀行爆發危機，聯邦準備又如法炮製。1931年9月，英國放棄金本位制之後，聯邦準備採行更怪異的政策。在兩年的嚴重蕭條之後，聯邦準備提高對銀行的放款利率（重貼現率），幅度之大為歷年來所僅見。它採取這項行動，是因為擔心英國的捨棄金本位制，將引發持有美元的外國人耗盡它的黃金準備。但它在國內產生的影響，則是高度的通貨緊縮——對商業銀行和企業構成進一步的壓力。聯邦準備大可在公開市場購買政府證券，沖抵它對艱苦求生的經濟施加的貨幣重擊。但它並沒有這麼做。

1932年，受到國會的強大壓力，聯邦準備終於在公開市場大量購買政府債券。就在有利的影響開始感受到的時候，國會卻休會——聯邦準備又立刻終止它的計畫。

這個可悲的故事，最後一段插曲，是1933年的銀行恐慌，而且又是由一連串的銀行倒閉引起的。這件事，更因胡佛（Herbert Hoover）和羅斯福（Franklin D. Roosevelt）任期交接的空窗期而惡化。羅斯福是在1932年11月8日當選，卻要到1933年3月4日才就職。胡佛不願在缺乏總統當選人合作的情形下，採取激烈的措施，羅斯福則不願在就職之前擔負任何責任。

　　隨著恐慌在紐約金融圈傳開，聯邦準備制度本身也感到恐慌。紐約聯邦準備銀行總裁試圖說服胡佛總統在他任內最後一天宣布全國銀行停止營業，卻沒有成功。他接著和紐約結算所的銀行、州銀行督察，說服紐約州長雷曼（Lehman）宣布本州銀行休業，1933年3月4日羅斯福就職那一天實施。聯邦準備銀行和商業銀行一樣關閉。其他各州州長也採取類似的行動。羅斯福總統終於公告3月6日全國各銀行休業。

　　中央銀行體系設立的主要目的，是要讓商業銀行不再需要限制支付，它本身卻加入商業銀行的行列，捲入這個國家有史以來不曾經歷過的那麼廣泛、完全和對經濟干擾那麼大的限制支付行動中。我們對胡佛在他的回憶錄中說的一句話深有同感：「我得到的結論是，它（聯邦準備理事會）是國家在危急存亡之秋，不能倚靠的柔弱蘆葦。」❸

　　1929年年中如日中天時，美國約有二萬五千家商業銀行。1933年初，數目萎縮為一萬八千家。在銀行休業十天後，羅斯福總統宣布停止休業時，獲准恢復營業的銀行不到一萬二千家，後來也只追加三千家。因此整個算起來，原來的二萬五千家銀行，約一萬家在那四年內，因為倒閉、合併或清算而消失。

　　貨幣總存量也同樣急遽萎縮。1929年，民眾每持有三美元的存款和通貨，1933年剩下不到二美元——貨幣崩潰的幅度，前所未見。

事實與解讀

上述這些事實在今天已沒有爭議──但我們必須強調，當時大部分的觀察家，包括凱因斯在內，並不知道有那些事實，或者接觸不到那些事實。但人們對這些事實，很容易有不同的解讀。貨幣崩潰是經濟崩潰的因或果？準備制度本來能夠防止貨幣崩潰嗎？或者，儘管聯邦準備盡了全力，它還是會發生──就像當時許多觀察家所作的結論那樣？經濟蕭條是起於美國，然後散布到海外？或者，源自海外的力量，把美國本來可能相當輕微的衰退，拖累成嚴重的蕭條？

因或果

聯邦準備制度無疑知道自己應該扮演什麼角色。聯邦準備理事會自我辯白的能力高強，才會在1933 年的《年報》中講出這樣的話：「聯邦準備銀行能在危機期間滿足龐大的通貨需求，證明了依據聯邦準備法，這個國家的通貨制度的效能。……要是聯邦準備制度沒有採取在公開市場大量買進的政策，很難說蕭條將如何演變。」❹

貨幣崩潰是經濟崩潰的因，也是果。它大半源於聯邦準備的政策，而且無疑使得經濟崩潰遠比原來的可能發展還嚴重。但是經濟崩潰一旦啟動，會使貨幣崩潰更惡化。在比較溫和的衰退中，本來可能是「好」貸款的銀行放款，到了嚴重的經濟

崩潰階段，就成了「壞」貸款（變成呆帳）。借款人無力履行
債務，會削弱放款銀行的體質，進而增添存款人開始擠提的誘
因。企業倒閉、產出下滑、失業增加，所有這些，都助長不確
定性和恐懼。把資產轉換成流動性最高的形式（金錢），以及
最安全的金錢（通貨），會成為一種普遍的願望。經濟體系的
「回饋」（feedback），是無所不在的特色。

　　我們現在握有的證據，幾乎可以斷定聯邦準備制度不只擁
有法律上的權力，去阻止貨幣崩潰，而且如果聰明運用聯邦準
備法所賦予它的權力，也有可能做到。為聯邦準備制度辯護的
人，提出一長串的理由，但無一經得起仔細的檢視，無一是有
效的理由，不能解釋何以準備制度沒有做到它的創立者交付給
它的任務。準備制度不只有權力阻止貨幣崩潰，也知道如何運
用那個權力。1929 年、1930 年、1931 年，紐約聯邦準備銀行
一再敦促準備制度在公開市場大量買進。這是準備制度應為而
不為的關鍵行動。紐約銀行的建議遭到駁回，不是因為方向錯
誤或者不可行，而是因為準備制度內部的權力鬥爭，其他聯邦
準備銀行和華盛頓的聯邦準備理事會都不願意接受紐約的領導
地位。聯邦準備理事會的領導卻混亂和猶豫不決。準備制度之
外的有識之士，也呼籲採取正確的行動。伊利諾州國會議員賽
伯斯（A. J. Sabath）在眾議院說：「我堅持，紓解財務和商務
困境，屬於聯邦準備理事會的權限。」學界的一些批評者，包
括後來當上費城聯邦準備銀行總裁的卡爾‧波普（Karl Bopp）

也發表類似的看法。1932 年,在國會的直接壓力下,聯邦準備
通過公開市場買進措施的那次會議上,當時的財政部長,也是
聯邦準備理事會的當然成員歐格登・米爾茲(Ogden L. Mills),
解釋他投票贊成這項行動時說:「對於有 70% 黃金準備擔保的
一個偉大中央銀行體系而言,處於這種情況卻不主動作為,可
說不可思議且不能原諒。」但前兩年聯邦準備制度就是這麼做
的,而且幾個月後國會一休會又故態復萌。1933 年 3 月,銀行
危機終於到達最高潮時也一樣。❺

經濟蕭條起於何處

　　經濟蕭條從美國蔓延到世界其他地方,而不是反向散布的
決定性證據,來自黃金的動向。1929 年,美國採金本位制,黃
金訂有官方價格(每金衡盎司 20.67 美元)。美國政府依這個價
位買賣即期黃金。其他大部分主要國家是採用所謂的金匯兌本
位制(gold-exchange standard),它們也用本國貨幣訂定黃金的
官價。以它們的貨幣訂定的黃金官價除以美國的官價,可以算
出官方的匯率,也就是它們的貨幣用美元表示的價格。它們可
能會,也可能不會依照官價自由買賣黃金,但它們承諾維持匯
率固定於由兩個黃金官價決定的水準,並在那個匯率買賣即期
美元。在這套制度下,如果美國居民或者持有美元的其他人,
在海外支出(或者借出或贈與)的美元,多於那些美元的收受
者想在美國支出(或者借出或贈與)的美元,那麼美元的收受

者會要求以黃金彌補其差額。這時黃金就會從美國流向外國。
如果方向相反，持有外國貨幣的人想在美國支出（或者借出或
贈與）的美元，多於美元的持有者想要轉換成外國貨幣以在海
外支出（或者借出或贈與）的水準，他們會依官方匯率，向該
國的中央銀行購買較多的美元。這些中央銀行把黃金送到美
國，就會得到較多的美元。（當然了，實務上，大部分的移轉
不是真的越洋運送黃金。外國中央銀行擁有的不少黃金，是貯
藏在紐約聯邦準備銀行的金庫，「標記」為某國所擁有。移轉
的時候，是更改金條存放箱的標籤。這些金條存放在華爾街地
區自由街 33 號紐約聯邦準備銀行大樓的深層地下室。）

　　如果經濟蕭條源自海外，而一段時間內美國經濟繼續欣欣
向榮，那麼每下愈況的外國經濟，會使美國的出口減少，而
且，因為外國產品的成本降低，所以會刺激美國增加進口。結
果將是在海外支出（或者借出或贈與）的美元，多於美元的收
受者想在美國使用的美元，以及黃金從美國外流。黃金外流會
減少聯邦準備制度的黃金準備。而這又會導致準備制度降低貨
幣數量。這是固定匯率制將通貨緊縮（或通貨膨脹）壓力從一
國傳到另一國的方式。如果這是事情發展的過程，聯邦準備大
可聲稱，它的行動是因應來自海外的壓力。

　　相反地，如果經濟蕭條源自美國，早期的影響將是美元的
持有人想在海外使用美元的數量減少，以及其他人想在美國使
用的美元數量增加。這會使黃金流進美國，進而對外國構成減

低貨幣數量的壓力,而且成為美國的通貨緊縮傳給外國的方式。

事實相當清楚。從1929年8月到1931年8月,也就是經濟萎縮的頭兩年,美國的黃金存量增加 —— 這是十分確切的證據,證明美國是經濟蕭條的源頭。要是聯邦準備制度遵循金本位制的規則,那就應該對於黃金流入採取增加貨幣數量的因應措施。相反地,它卻讓貨幣數量減少。

經濟蕭條一旦展開,並且傳到其他國家,當然對美國產生反射性的影響 —— 這是任何複雜的經濟中,回饋無所不在的另一個例子。領先國際潮流的國家,不見得永遠拿第一。法國1928年回歸金本位制,所訂定的匯率低估法郎匯價,所以累積大量的黃金存量。它因此有相當大的迴旋餘裕,大可抗拒來自美國的通貨緊縮壓力。結果不是這樣,法國採行的通貨緊縮政策更甚於美國,而且不只開始增添它那大量的黃金存量,也在1931年底之後,從美國吸進黃金。這種領導地位得到的獎賞竟然是:1933年3月,美國暫時取消黃金支付時,經濟觸底反彈,法國經濟卻要到1935年4月才見底。

聯邦準備制度受到的影響

聯邦準備理事會採行怪異的貨幣政策,因此產生的一個諷刺性結果是,雖然紐約聯邦準備銀行給了好建議,理事會在權力鬥爭上卻取得完全的勝利,壓倒紐約和其他的區域聯邦準備

銀行。這一來,私人企業,包括私人銀行體系失敗,以及政府需要更多權力,才能抗衡自由市場所謂內在不穩定的迷思抬頭。意思是說,聯邦準備制度的失敗,反而營造出一種政治環境,有利於聯邦準備理事會加強控制各區域銀行。

這種轉變的一個象徵,是聯邦準備理事會從美國財政部大樓一間不起眼的辦公室,搬到憲法大道(Constitution Avenue)專用的希臘神殿式華麗建築中(後來又增添龐大的結構)。

權力移轉拍板定案的最後一道步驟,是更改理事會的名稱還有區域銀行最高主管的職銜。中央銀行圈內,顯赫的頭銜是行長(Governor),而不是總裁(President)。1913年到1935年,區域銀行最高主管的頭銜是「行長」;設在華盛頓的中央機關名稱是「聯邦準備理事會」(The Federal Reserve Board),只有理事會的主席稱作「行長」,其餘成員只稱作「聯邦準備理事會會員」。1935年的銀行法(Banking Act)改變了上面所說的一切。區域銀行的最高主管稱作「總裁」,而非「行長」;簡潔有力的「聯邦準備理事會」,則用詰屈聱牙的「聯邦準備制度行長理事會」(Board of Governors of the Federal Reserve System)取代,原因只是為了讓理事會的每一個成員都能被稱為「行長」。

很遺憾,權力、威望和辦公室漂亮的裝潢升級之後,績效並沒有等量齊觀改善。自1935年以來,聯邦準備制度主導(也大力促進)1937-38年的經濟嚴重衰退、戰時和緊接戰後的通

貨膨脹，以及其後經濟如坐雲霄飛車般的走勢，通貨膨脹時漲時跌，失業時降時升。每一次的通貨膨脹高峰和每一次暫時性的通貨膨脹低谷，都落在愈來愈高的水準，平均失業水準也步步升高。聯邦準備制度沒有再犯1929-33年相同的錯誤——允許或者助長貨幣崩潰——卻犯下相反的錯誤，助長貨幣數量過度快速成長，因而推升通貨膨脹。此外，它繼續從一個極端擺盪到另一個極端，不只製造經濟榮景，也製造衰退，其中有些溫和，有些嚴重。

一方面，聯邦準備制度的行為始終如出一轍。它把所有的問題，都推給它不能控制的外部影響力量。所有有利的發展，都攬為自己的功勞。它因此繼續推廣一個迷思，也就是私人經濟是不穩定的，可是它的表現繼續讓我們看到事實真相，那就是今天的政府是經濟不穩定的主要禍首。

第 4 章

從搖籃到墳墓

Cradle to Grave

1932 年的總統選舉，是美國政治上的分水嶺。代表共和黨尋求連任的胡佛，背負著經濟大蕭條的沉重包袱。數百萬人失去工作。提起當時，一般人腦海裏馬上浮現領取救濟食物的長龍，或者失業者在街角賣蘋果的景象。雖然是獨立的聯邦準備制度採行錯誤的貨幣政策，才使得經濟衰退演變成大蕭條災難，但身為國家元首的總統卻不能免除責任。人民已經對當時的經濟體系失去信心。他們已到窮途末路，希望得到安撫，希望有人保證給他們一條生路。

深具領袖魅力的紐約州州長羅斯福是民主黨的總統參選人。他是政壇上的新面孔，散發著希望與樂觀。沒錯，他的確用老原則打選戰。他保證一旦當選，將縮減政府的浪費，平衡預算。他批評胡佛政府揮霍無度，任令支出不斷攀升。在此同時，不管選前，還是就職前等候交接的那段時間，他經常在阿爾巴尼（Albany）的州長公館和一群策士見面。稱作智囊團的

147

那些人，為羅斯福出謀畫策，在他就職後採行，後來演變成
「新政」（New Deal）。羅斯福接受民主黨的總統提名時，曾對
美國人民提出這個承諾。

從狹義的政治面來說，1932年的選舉是個分水嶺。1860
年到1932年的七十二年內，有五十六年的總統是共和黨人，民
主黨只執政十六年。1932年到1980年的四十八年內，主客易
勢，民主黨總統執政三十二年，共和黨十六年。

從比較重要的意義來說，這次選舉也是個分水嶺。它標誌
著民眾對政府扮演的角色，以及實際賦予政府的角色，看法有
了重大的轉變。從一組簡單的統計數字，可以看出變化的幅
度。自共和黨創黨到1929年，除了遇上大規模的戰爭，聯邦、
州、地方等各級政府的支出不曾超過國民所得的12%，而且其
中三分之二屬州和地方的支出。聯邦支出通常只占國民所得的
3%或更低。1933年以後，政府的支出卻不曾低於國民所得的
20%，現在更超過40%，其中三分之二屬聯邦政府的支出。沒
錯，二次世界大戰結束以來，不少時間都處於冷戰或熱戰。但
1946年以後，單單非國防支出就不曾低於國民所得的16%，現
在大約是國民所得的三分之一。單單聯邦政府的支出，總額就
超過國民所得的四分之一，非國防支出超過五分之一。依據這
個量數，半個世紀來，聯邦政府在經濟中扮演的角色已經擴增
十倍左右。

羅斯福是在1933年3月4日就職——經濟正好摔到最低

谷。許多州已經宣布銀行休業，關閉銀行。羅斯福總統就任後兩天，命令全國所有的銀行關閉。但他利用發表就職演說的機會，傳達希望，宣稱「我們必須害怕的唯一事情是害怕本身。」他馬上敲鑼打鼓，推動立法措施——召開「百日」國會特別會。

羅斯福智囊團的成員，主要來自大學，尤其是哥倫比亞大學。他們反映了大學校園知識分子早有的觀點變化——從主張個人責任、自由放任，以及分權和功能有限的政府，轉為相信社會責任，以及集權和功能強大的政府。他們相信政府負有責任，應該保護個人不受財富起落的影響，並且以「整體利益」（general interest）為出發點，管制經濟的運作，即使需要政府擁有和運轉生產工具，也應該去做。1887 年愛德華·貝勒米（Edward Bellamy）出版的著名小說《向後看》（*Looking Backward*），已經提到這兩股思潮。在他描述的烏托邦情節中，一個李伯（Rip Van Winkle）式的人物，1887 年入睡，2000 年醒來，發現世界變了。「向後看」，新朋友向他解釋，眼前令他大感吃驚的烏托邦，如何擺脫1880 年代的黑暗，並於1930 年代（正巧如同他的預言）浮現。那個烏托邦世界包含「從搖籃到墳墓」——我們第一次看到有人使用這個詞——終身照顧的承諾，以及詳細的政府規畫，包括所有的人需要長時間盡國民義務。❶

羅斯福的策士在這種思潮中，很容易就把經濟蕭條視為資

本主義的失敗，並且相信政府（尤其是中央政府）的積極干預是適當的補救之道。善意的公僕、公正無私的專家，應該接下胸襟狹窄、自私自利的「經濟保皇派」濫用的權力。用羅斯福第一次就職演說的話來說：「錢幣兌換商已經從我們文明殿堂的高位逃走了。」

他們在設計各種計畫供羅斯福採行時，不只借重校園的知識，也取法俾斯麥（Bismarck）的德國、費邊的英國、走中間路線的瑞典先前的經驗。

1930年代浮上檯面的新政，明顯反映了這些看法。它包含旨在改革基本經濟結構的計畫。其中有些計畫，因為最高法院判決違憲而不得不取消，最有名的是國家復興署（National Recovery Administration; NRA）和農業調整署（Agricultural Adjustment Administration; AAA）。其他有些直到今天還在，最有名的是證券管理委員會（Securities and Exchange Commission）、全國勞工關係局（National Labor Relations Board）和全國性的最低工資。

新政也包括提供保障，以防不幸事件發生，最著名的是社會安全（Social Security；指老人及遺屬保險〔Old Age and Survivors Insurance; OASI〕）、失業保險、公共援助。本章要討論這些措施，以及它們的後續發展。

新政也包含為期短暫的一些計畫，目的是處理經濟大蕭條引發的緊急狀況。有些暫時性計畫後來永久化，成了政府施政

的一部分。

最重要的暫時性計畫包括工作進步署（Works Progress Administration）底下的「創造工作」（make work）專案，也就是雇用失業年輕人，組成公民保育團（Civilian Conservation Corps），改善全國各地的公園和森林，以及聯邦政府直接濟貧。那時候，這些計畫發揮了作用。生活貧困的人為數眾多，立即紓困十分重要，包括協助生活窮苦的人和恢復民眾的希望與信心。這些計畫的構思相當倉促，無疑不夠完美，也造成一些浪費，但以當時的情況衡量，這是可以理解和無法避免的。在立即紓困和恢復信心方面，羅斯福政府表現得可圈可點。

第二次世界大戰打斷了新政，但同時大為強化它的基礎。戰爭使政府的預算大幅增加，政府也史無前例地控制了經濟生活的細節：以一紙命令固定價格和工資、消費性產品實施配給、禁止生產某些民生用品、分配原物料和製成品、管制進出口。

失業消除了，勞工大量生產戰爭物資，美國成了「民主國家的軍械庫」，再加上德國和日本無條件投降——所有這些，都可以廣泛解釋成證實政府比「無計畫的資本主義」更有能力把經濟體系經營得具有成效。戰後最早頒行的重要立法是1946年的就業法（Employment Act），表達了政府維持「最高就業、生產和購買力」的責任。這等於將凱因斯的政策訂為法律。

戰爭對民眾態度的影響，有如經濟大蕭條的鏡像。經濟蕭

條令民眾相信資本主義有瑕疵；戰爭則令民眾相信集權政府的效率很高。這兩個結論都是錯的。經濟蕭條是政府的失誤，不是私人企業運轉失靈造成的。至於戰爭，這個單一的至高無上目的擺在眼前，幾乎所有的公民都認同它，也願意為它犧牲許多，所以政府暫時強力行使控制是一回事；但是政府永遠控制經濟，以促進定義曖昧不明、由公民形形色色各不相同的目標所形成的「公眾利益」，則是非常不同的另一件事。

戰爭結束時，中央經濟計畫看起來好像是未來的浪潮。有人認為公平分享富饒的世界露出曙光，當然熱烈歡迎這個結果。包括我們在內的其他人卻如坐針氈，害怕這件事，認為專制和苦難就要到來。到目前為止，一方的希望和另一方的恐懼都還沒有實現。

政府已經大為擴張。但是那種擴張，並沒有以詳細的中央經濟計畫，伴隨著日益擴大的工業、金融、商業國有化的形式出現；我們許多人正是害怕這種事成真。經驗使得詳細的經濟計畫叫停，部分原因是所宣稱的目標並沒有達成，也因為它和自由產生衝突。英國政府試圖控制人民可以從事的工作時，那種衝突便很明顯地呈現出來。人民的反應不佳，迫使政府放棄那種嘗試。國有化工業已經在英國、瑞典、法國和美國證明效率不彰，虧損累累，今天只有一些死硬派馬克思主義者，還覺得進一步實施國有化有其必要。國有化能夠提高生產效率的錯覺，曾經普遍存在，現在一去不回。更多的國有化措施的確發

生了——美國的鐵路客運服務和一些貨運服務、英國的禮蘭汽車（Leyland Motors）、瑞典的鋼鐵都是。但這是基於非常不同的理由——因為消費者希望繼續享有政府補貼的服務，而根據市場的狀況，補貼應該縮減，或者因為勞工置身於未能獲利的行業中，擔心失業所致。連支持這種國有化措施的人，也視它們不過是必要的罪惡。

中央計畫和國有化的失敗，並沒有消除政府愈變愈大的壓力。只是它的方向改變了。政府現在是以福利計畫和管理活動的形式擴張。就像艾倫·華立斯（W. Allen Wallis）用略微不同的方式所說的，社會主義「一個多世紀來，生產手段社會化的論點一一遭到推翻之後，從思想的層面來說，它已經破產了——現在則尋求將生產成果社會化。」❷

方向的變化，使得近數十年來的福利計畫爆炸性成長，尤其是詹森（Lyndon Johnson）總統1964年「向貧窮宣戰」之後。新政的社會安全、失業保險、直接救濟等計畫，全都擴張到涵蓋新的群體；給付增加；醫療照護（Medicare）、醫療補助（Medicaid）、食物券（food stamps），以及其他無數的計畫都加了進來。國民住宅和都市更新計畫都予以擴大。現在，政府的福利和所得移轉計畫多達數百項。衛生教育福利部（Department of Health, Education and Welfare）1953年設立，以統籌分散各單位的福利計畫，起初的預算是20億美元，不到國防支出的5%。二十五年後的1978年，預算高達1,600億美

元，是陸、海、空三軍總支出的一倍半。它的預算在全球排名第三，只低於美國政府的總預算和蘇聯的預算。這個部門統領一個龐大的帝國，滲透到國家的每個角落。美國每一百名受雇者，就有超過一個是在衛生教育福利部的帝國直接工作，或在衛生教育福利部負責，但由各州或地方政府單位執行的計畫中工作。它的活動影響到所有的人。（1979 年底，衛生教育福利部將教育部分離出去。）

沒人能夠否認表面上相互矛盾的兩個現象並存：對福利計畫爆炸性增加的結果，普遍感到不滿；福利計畫持續受到壓力，要求進一步擴大。

目標永遠是崇高的；結果卻令人失望。社會安全支出飛增，整個制度正深陷財務困難。國民住宅和都市更新計畫已經縮減，蓋給窮人居住的房屋並沒有增加。儘管就業增加，公共援助卻日漸上升。一般普遍認為福利計畫「一團糟」，詐欺和貪腐四處可聞。政府占全國醫療支出的比率升高，病患和醫生卻齊聲抱怨成本激增，以及醫療日益失去人性。教育方面，聯邦政府的干預擴增，學生的表現卻每下愈況（第6章）。

立意良善的計畫一再失敗，絕非意外。它們不只是執行錯誤造成的。它們失敗的成因更深，因為那是用壞手段去促成好目標。

儘管這些計畫實施失敗，要求擴張它們的壓力卻與日俱增。人們把計畫實施失敗，歸咎於國會撥款時太過吝嗇，所以

要求擴大計畫的呼聲甚囂塵上。受益於特定計畫的特殊利益團體，施壓要求擴增計畫——其中最引人注目的，是靠福利計畫養大的龐大官僚機構。

對於目前的福利制度，一個吸引人的替代方法，是實施負所得稅。所有政治派別的個人和團體，都曾經普遍支持這個建議。有三位總統曾提過它的變化形式；但在可預見的將來，這個方法在政治上似乎窒礙難行。

現代福利國家的興起

新創立的德國帝國在「鐵血宰相」奧托‧馮‧俾斯麥（Otto von Bismarck）領導下，是大量採用今天大部分社會常見福利措施的第一個現代國家。1880 年代初，他推出一套綜合性的社會安全辦法，提供勞工意外、疾病和老年保險。他的動機相當複雜，融合了對低下階級的家長式關懷和精明的政治算計。推出這些措施的主要目的，是要抵消新崛起的社會民主黨的政治吸引力。

第一次世界大戰前的德國，基本上是專制的貴族統治國家——以今天的用語來說，也就是右翼獨裁國家——竟然領先推行社會主義及左翼普遍主張的措施，聽起來似乎相當矛盾。但即使把俾斯麥的政治動機擺一邊，也沒什麼好奇怪的。主張貴族統治和社會主義的人，都認為應該集權，以指令而不是自願

性合作的方式治理國家。他們只是對於應該由誰統治看法不一：由出生即屬菁英階層的人統治，還是由因功而選出的專家統治？兩者都宣稱（無疑十分真誠），期望促進「全體大眾」的福祉；他們知道什麼事情符合「公眾利益」，也比一般人更懂得如何做到。因此兩者都宣揚他們信奉大家長式的哲學。但等到他們取得權力，最後都只假藉「全體福利」之名，只顧促進本身階級的利益。

1930年代美國採取社會安全措施之前不久，有英國1908年通過實施老人年金法（Old Age Pensions Act）和1911年的國民保險法（National Insurance Act）。

老人年金法適用於七十歲以上，所得低於一定水準的人，每週可領的生活津貼，因受領人的所得不同而異。這是完全非儲金式的福利，所以從某個意義來說，就是直接濟助──等於好幾個世紀以來，英國以各種形式實施的貧民法條款的延伸。但是就像英國著名法學家戴西（A. V. Dicey）指出的，它從根本上有其不同。依法律的措詞，領取年金的權利，「不應剝奪年金領取人的任何公民權、權利或特權，或者使他喪失任何資格」。戴西在這項法律頒行後五年，對它發表評論。從他的話，可以看出我們自那時相當低調的起步，到現在已經走了多遠。他寫道：「心懷善念的聰明人當然很可能問這樣的問題：訂定法律，允許窮人以年金的形式領取救助金，同時允許年金受領人保留參選國會議員的權利，對整個英國有利嗎？」❸這

將需要現代的提奧奇尼斯（Diogenes），用一只強力燈泡，去尋找今天有誰沒享受到政府的慷慨濟助，才有資格參加選舉。（譯註：提奧奇尼斯是住在桶中白晝點燈尋找正人君子的古希臘哲學家，生於西元前412-323年。）

國民保險法旨在「達成兩個目標：第一是任何人……受雇於英國……應該從16到70歲得到保險，以防健康不佳，或者，換言之，得到疾病治療方法的保險。……第二個目標是，本法明定受雇於若干行業的任何人，都應該得到失業保險，或者，換句話說，應該在失業期間得到補助」❹。這套制度和老人年金不一樣的是，它採取提存制或儲金制，一部分由雇主提存，一部分由員工提存，一部分由政府提存。

由於它的提存特質和它希望保障的意外事故，這項法律比老人年金法更加偏離以往的做法。「依據國民保險法，」戴西寫道：

> 國家承擔新的責任，而且可能是非常沉重的責任，給予受雇勞工非常昂貴的新權利。……1908年之前，一個人不論貧富，是不是應該投保健康險，完全由每個人自行斟酌。他怎麼做，就和他應該穿黑色外套或棕色外套的問題一樣，國家漠不關心。

> 但是長期而言，國民保險法會給國家，也就是給納稅人帶來遠比英國選民預期要沉重的責任。……失業保險……實際上等於國家承認它有責任保障一個人不受失業之苦。……國民保險法是根據社會主義的教條而生，很難和自由主義，或甚至1865年的激進主義調和。❺

英國早年的這些措施，和俾斯麥的做法一樣，說明了貴族統治和社會主義的近似性。1904年，邱吉爾（Winston Churchill）脫離托利黨（Tory party）——貴族統治黨——加入自由黨（Liberal party）。他是洛伊德·喬治（Lloyd George）的閣員，帶頭推動社會改革立法。他雖然換了黨（為期短暫），卻不需要改變原則——半個世紀前的自由黨在海外主張自由貿易，在國內主張自由放任。他支持的社會法案，雖然範圍和種類不同，卻秉持「工廠法」（Factory Acts）的家長式關懷傳統。「工廠法」是在十九世紀採行，主要是受到所謂托利激進派（Tory Radicals）的影響 ❻。這個派別的成員大量來自貴族階級，負有照顧勞動階級利益的責任感，而且主張應該在他們的同意和支持下做這件事，不能訴諸脅迫的手段。

談到英國今天的樣貌，說托利黨十九世紀的原則所發揮的影響，多於卡爾·馬克思（Karl Marx）和佛烈德瑞克·恩格爾（Friedrich Engels）的觀念，一點都不誇張。

走中間路線的瑞典，無疑是影響羅斯福新政的另一個例子。馬奎斯·查爾茲（Marquis Childs）1936年出版的新書，書名就是《中間路線瑞典》（*Sweden, The Middle Way*）。瑞典1915年強制實施老人年金辦法，採提存制。年金發給六十七歲以上的所有人，不問財務狀況。年金的多寡取決於個人提存的金額，再輔以政府基金的給付。

除了老人年金，以及後來的失業保險，瑞典政府也大規模

擁有工業、國民住宅和消費合作社。

福利國家的下場

英國和瑞典是長久以來最常被視為成功的福利國家,卻遭到愈來愈大的困難。兩個國家的不滿聲浪日益升高。

英國發現,要支應愈來愈高的政府支出愈來愈困難。稅負成了招致民怨的主要來源。再加上通貨膨脹的衝擊,民怨更升高好幾倍(第9章)。國民保健服務(National Health Service)曾經是這個福利國家皇冠上的珍寶,也仍被不少英國人廣泛視為工黨政府的偉大成就之一,但營運卻日益困難——苦於罷工不斷、成本升高、病患的候診時間拉長。愈來愈多人轉向私人醫生、私人健康保險、醫院和療養院。雖然私人部門在醫療保健業中的規模仍小,卻正快速成長。

英國的失業已經隨著通貨膨脹而升高,政府不得不食言,捨棄充分就業的承諾。最根本的生產力和實質所得遲滯不前,導致英國遠遠落後歐陸鄰國。人民的不滿浮上檯面,戲劇性地呈現在1979年托利黨大幅領先的勝選上;柴契爾夫人(Margaret Thatcher)保證大幅調整政府的施政方向,打贏了這次選舉。

瑞典的表現遠比英國要好。它躲過了兩次世界大戰的蹂躪,經濟受益於中立立場。不過,它最近也遭遇和英國相同的困難:通貨膨脹和失業居高不下;人民反對高稅負,若干人才

紛紛外移；人民不滿各種社會計畫。選民也透過投票箱表達他們的看法。1976年，選民終結了社會民主黨四十多年來的執政，其他政黨形成的聯盟取而代之。不過到目前為止，政府的政策方向，基本上沒有改變。

紐約市試圖透過政府的計畫做好事，結果反而成為美國最戲劇性的例子。它是美國福利取向最大的社區。市政府的支出相對於人口，比美國其他任何城市都高──高達芝加哥的兩倍。談到引導這座都市的哲學，羅伯・華格納（Robert Wagner）市長1965年發表預算時講得很清楚：「我不準備讓我們的財政問題，限制住我們滿足本市市民必要需求的承諾。」❼華格納和繼任的幾位市長以非常廣義的方式，解釋什麼叫做「必要的需求」。但是更多的錢、更多的計畫、更多的稅負，還是無濟於事。他們在造成財務災難的同時，不但沒有滿足狹義解釋的「市民必要的需求」，更別提滿足華格納的定義。在聯邦政府和紐約州出手援助之後，紐約市才沒有破產，交換條件是紐約市交出控制權，成了州和聯邦政府密切監管的單位。

紐約市民自然把他們的問題歸咎於外部力量，但是正如肯・奧里塔（Ken Auletta）在最近出版的新書中寫的，紐約「並沒有被逼著去興建龐大的市立醫院或者市立大學系統、繼續免收學費、實施自由登記入學、無視於預算限制、課徵全國最高的稅負、寅吃卯糧借錢來花、補貼中等所得住宅、繼續實施僵化的租金管制，以及用優渥的退休金、薪資和福利津貼，

獎酬市政府員工」。

他挖苦說:「紐約官員在自由主義的悲憫之情和意識形態驅使之下,承諾重新分配財富的結果,是把許多稅基(tax base)重新分配過,以及把數以千計的工作分配到紐約以外的地方。」❽

幸好紐約市無權印行鈔票。它不能利用通貨膨脹來作為課稅的手段,因而延宕處理棘手的事情。但遺憾的是,它沒有真正挺身面對自己的問題,只好懇求紐約州和聯邦政府伸出援手。

我們來更深入探討其他一些實例。

社會安全

在美國,社會安全是聯邦層級的福利國家主要計畫——包含老人、遺屬、傷殘、健康保險。一方面,它有如一頭聖牛,沒有一位政治家敢於質疑——就像共和黨總統提名人貝利・高華德(Barry Goldwater)1964 年發現的那樣。另一方面,它是千夫所指的焦點。收到給付的人,抱怨金額不夠他們原先預期可以維持的生活水準。支付社會安全稅的人,抱怨它們是沉重的負擔。雇主抱怨稅制引進一塊楔子,造成雇主增雇一名勞工所增加的薪資成本,和增雇這名勞工的淨利得之間產生落差,其結果是失業增加。納稅人抱怨社會安全制度短缺的資金高達數兆美元,即使用目前的高稅率課稅,也沒辦法維持資金正常

週轉太長的時間。每一個人的抱怨都有道理！

社會安全和失業保險，是在1930年代立法實施的，目的是讓勞動者未雨綢繆，為本身的退休生活和暫時性的失業期間自行預作準備，不必成為別人接濟的對象。公共援助（public assistance）則是為了救助生活窮困的人，但希望在就業改善和社會安全制度接手之後取消。兩個計畫本來都很小，卻自行滋長。社會安全並沒有取代公共援助的跡象——兩者的支出金額和受領人數都處於歷史性高峰。1978年，社會安全的退休、傷殘、失業、醫院和醫療照護、遺屬給付合計超過1,300億美元，受領人超過4,000萬。❾公共援助的給付超過400億美元，受領人超過1,700萬。

為免這些討論沒完沒了，我們應該限制本單元的內容，只觸及社會安全的主要成分——老人和遺屬給付。兩者占總支出的三分之二左右，占受領人的四分之三。下一單元再談公共援助。

社會安全在1930年代頒布實施，此後用誤導人的標籤和不實的廣告加以推廣。私人企業如果這麼貼標籤和打廣告，肯定遭到聯邦交易委員會（Federal Trade Commission）嚴懲。

不妨看看1977年之前，年復一年出現在題為《你的社會安全》（*Your Social Security*）的數百萬本未署名的衛生教育福利部小冊上的一段文字：「社會安全的基本觀念很簡單：員工、他們的雇主，以及自力營生的人，在有工作的年頭中提存社會

安全儲金，合為一筆特殊的信託基金。等到勞工退休、傷殘或死亡，不再有收入，或者收入減少時，每個月可以領取現金給付，以彌補家庭失去的一部分收入。」❿

這正是喬治・歐威爾（George Orwell）的矛盾想法。（譯註：歐威爾是英國著名的政治諷刺作家。）

薪資稅被貼上「提存」（contributions）的標籤。（或者，如歐威爾所著《一九八四》⓫一書中「黨」所說的：「強迫是自願的」。）

信託基金被提出來，好像它們扮演非常重要的角色似的。事實上，長久以來，信託基金的規模一直很小（1978年6月止，老人及遺屬保險給付是320億美元，或者以目前的速度來看，相當於不到半年的支出），而且只由一個政府機構支付另一個機構的承諾構成。已經向獲得社會安全保障的人（包括已經退休的人，以及尚未退休的人）承諾的老人年金現值，高達數兆美元。信託基金的規模理應達到這種水準，小冊中的用字才正確（用歐威爾的話來說，「少就是多」）。

政府給人的印象是，勞工領到的「給付」，資金是來自他的「提存」。事實上，從工作者收到的稅，是用來給付已經退休的人，或者他們的受扶養人和遺屬。根本沒有累積任何夠多的信託基金（「我的就是你的」）。

今天繳稅的勞工，沒辦法從信託基金得到保證他們退休時能夠領得給付。如有任何保證，完全來自於未來的納稅人願意

被課稅，以支付目前的納稅人承諾給自己的給付。這種一廂情願的「世代間契約」，私自強加在現在沒辦法表示同意與否的未來世代身上。這和「信託基金」很不一樣。說它是連鎖信，還比較像一點。

衛生教育福利部的宣傳小冊，包括目前發行者，也說：「美國十位勞動者中有九位，正依據社會安全計畫，為自己和家人取得保障。」⓬

又一個似是而非的說法。十個勞動者裏面，有九個正在做的事是繳稅，好給付那些目前沒在工作的人。把錢提存到私人年金制度中的人，可以說他為自己「取得」保障，參加社會安全計畫的個別勞工卻不能說為自己和家人「取得」保障。他只是「取得」政治意義上的保障，因為符合若干行政管理規定，才有領取給付的資格。現在領取給付的人，得到的遠高於他們本身繳納的稅額，以及他人代繳稅額的精算價值（actuarial value）。現在繳納社會安全稅的年輕人，得到的承諾，卻遠低於他們將繳納的稅額，以及他人代繳稅額的精算價值。

社會安全絕對不是保險計畫，因為個人付出的錢買不到等值的精算利益（actuarial benefits）。連支持社會安全最力的人也承認：「個人提存的金額（也就是薪資稅）和領取的給付之間的關係極其薄弱。」⓭我們應該把社會安全說成是一種特別的稅和一種特別的移轉支付計畫的綜合體。

有趣的是，我們不曾遇見任何人，不管他們的政治派別如

何,願意為稅制本身辯護,或者為給付制度本身辯護。要是這兩者分開來考慮,它們都不會被採納!

先從稅負面來說,除了最近些微的修正(依低收入津貼〔earned income credit〕退稅)之外,某個上限之下的薪資一律採單一稅率,而且採累退法,結果低收入個人的負擔最為沉重。這是對工作課的稅,有抑制雇主雇用勞工和抑制勞工求職的作用。

再談給付面。給付金額既不是取決於領受人的提存金額,也不是取決於他的財務狀況。以前的提存款項既沒有得到好報酬,它們也不是濟貧解困的有效方式。繳納的稅額和領取的給付之間是有關係,但那頂多只像一塊遮羞布,好讓那種組合看起來有點像是「保險」。一個人領得的錢多寡,取決於各式各樣的偶發狀況。如果他剛好在某個受保行業中工作,那就可以得到給付;如果碰巧在未受保行業中工作,便領不到給付。要是他在受保行業中只工作幾季,那就什麼都得不到,不管他可能多窮。不曾工作的一位婦女,如果是夠格領取最高給付的某男人的妻子或遺孀,所領取的金額和情況類似、但憑本身的收入才有領取給付資格的另一位女士完全相同。超過六十五歲的人,如果決定工作,而且每年賺的收入還不少,不只領不到給付,更糟的是,還得再繳更多稅 —— 理由是需要籌錢來給付他,可偏偏卻還不到該給付的時候。這張清單可以寫得沒完沒了。

令人無法接受的一種課稅方法,和令人無法接受的一種給付辦法,竟然結合成社會安全計畫,並且被人普遍視為是新政最偉大的成就之一。我們很難想像還有哪一種憑空想像的包裝比它的成就更偉大了。

翻閱探討社會安全的文獻,看了那些用來為這套計畫辯護的論點,總是令人搖舌不下。平常不會對子女、朋友、同事撒謊的人(在最重要的人際關係中,我們所有的人都會打從心底信賴他們),竟然大肆宣傳社會安全的錯誤見解。他們的智慧,加上經常遇到反面看法,很難相信他們做這種事是出於無心和無辜的。他們顯然視自己為社會中的菁英群體,比別人更知道什麼事情對他們比較好;他們這群菁英負有義務和責任,需要說服選民通過對他們有好處的法律,即使他們必須愚弄選民才能促使他們去做這件事。

社會安全長久以來的財務問題,源於一個簡單的事實:從這個制度領受給付的人數增加,而且增加的速度會繼續快於可以課徵薪資稅以挹注那些給付的勞工人數。1950年,每一個領取給付的人,就有十七個人在受雇工作;1970年,剩下三個;如果目前的趨勢持續下去,到二十一世紀初,頂多只剩兩個。

從上面所說可以知道,社會安全計畫是從年輕人移轉給老人的一套辦法。在某種程度內,人類整個歷史上一直有這種移轉——年輕人扶養年老的父母或其他親屬。事實上,印度等許多窮國的嬰兒死亡率很高,為了養兒防老,所以出生率高,大

家庭多。社會安全和以前的做法不一樣的地方，在於社會安全屬強制性質，不涉及私人感情──以前的做法，則是自願性的，帶有個人感情的。道德責任是個人事務，不是社會事務。子女原本是出於愛或者責任感而扶養父母。他們現在得在強制和恐懼之下，幫忙扶養別人的父母。以前的移轉強化了家人的親情；強制性的移轉卻會減弱它們。

除了從年輕人移轉給老人，社會安全也從不是那麼有錢的人移轉給有錢人。沒錯，利益給付表（benefit schedule）偏向於對薪資較低的人有利，但這個效果被另一個因素沖銷還不夠。貧窮家庭的孩子通常在相當小的年紀就開始工作──所以開始支付就業稅；所得較高家庭的孩子，則在年紀較大的時候才開始工作和繳稅。在生命周期的另一端，所得較低的人，平均壽命短於所得較高的人。從以上得到的淨結果是，窮人繳稅的年數比富人要長，領取給付的年數則比較短──而所有這些，名義上是要幫助窮人！

適得其反的這種效果，因為社會安全的其他許多特色而強化。領受的給付可以免稅，領得愈多，則受領人的其他所得愈高。受領人年齡限為六十五到七十二歲（1982年改為七十歲），完全只根據那些年頭的收入，而不看其他的所得類別──有一百萬美元的股利收入，不會使任何人失去領取社會安全給付的資格；一年工資和薪水超過4,500美元，每2美元的收入，就會損失1美元的給付 ⓮。

　　總之，社會安全是德瑞克特定律（Director's Law）實際運作的絕佳例子，也就是說，「公共支出的主要受益人是中產階級，資金來源卻有一大部分是窮人和富人繳納的稅款」 ❿ 。（譯註：德瑞克特定律是經濟學家亞倫・德瑞克特〔Aaron Director〕根據經驗提出的。他是傅利曼妻子的哥哥，學問備受傅利曼推崇。）

公共援助

　　我們討論「福利亂象」，用的篇幅可以遠比討論社會安全要短——因為關於這個問題，意見一致的人比較多。我們目前的福利制度有它的缺點，是大家普遍承認的。儘管舉國日益富裕，救濟名冊卻愈編愈厚。我們變得需要一個龐大的官僚機構來整理文書，而不是服務人民。上了救濟名冊的人，很難把他們請走。這個國家日益分成兩種人：一種是接受救濟的人，另一種是出錢救濟別人的人。上了救濟名冊的人，已經失去憑藉勞力賺錢的誘因。同一個國家，不同地方的救濟金差異很大，因此鼓勵人民從南方和農村地區移居北方，特別是搬到都會中心。有在接受救濟的人，受到的待遇和不曾接受救濟的人（所謂的有工作的貧民〔working poor〕）不同，但兩者的經濟水準可能相同。普遍存在的貪腐和詐欺，以及福利「女王」身懷多張救濟支票，開著凱迪拉克轎車四處買東西的新聞，廣為媒體報導之後，總是一再激起公憤。

　　隨著福利計畫遭到的非難增多，計畫數量之多也引人詬

病。立法通過，旨在幫助貧民的聯邦計畫超過一百個。主要計畫有社會安全、失業保險、醫療照護（Medicare）、醫療補助（Medicaid）、受扶養子女家庭補助、生活補助金（supplemental security income）、食物券，以及大部分人聽都沒聽過的無數小型計畫，例如對古巴難民的協助；婦幼營養特別補助；嬰兒加護專案；租金補助；都市鼠害防治；綜合性血友病治療中心等。一個計畫仿效另一個。有些家庭從無數的計畫得到補助，收入加起來竟然高於全國的平均所得。有些家庭卻因為無知或漠不關心，沒有申請對家計困難大有幫助的計畫。但是每個計畫都需要一個官僚單位去管理它。

除了社會安全每年花掉1,300多億美元之外，這些計畫的支出一年約為900億美元——是1960年的十倍。這顯然太多了。1978年統計調查局（Census）估計的所謂貧窮水準（poverty level），一家四口的非農業家庭接近7,000美元，而且，低於貧窮水準的家庭成員據說有2,500萬人左右。這是粗估值，因為它只用金錢所得來把家庭分類，完全忽視實物所得——從自有房屋、花園、食物券、醫療補助、國民住宅而來的所得。幾項研究指出，把這些遭到遺漏的所得加進去，統計調查局的估計值會少掉一半或四分之三。❻但即使你使用統計調查局的估計值，它們隱含的意思是，福利計畫的支出是每個貧窮水準以下的人約3,500美元，合一家四口約14,000美元，約為貧窮水準的兩倍。如果這些錢都落到「窮人」手中，那麼美國根本沒有

窮人——至少他們的日子過得相當舒適。

顯然這些錢主要不是落入窮人手中。有些是被行政管理支出吃掉，以優渥的薪水，養一個龐大的官僚機構。有些是落到再怎麼說也一點都不窮的人口袋裏。這些人包括領取食物券或其他援助形式的大學生、收入不錯卻獲有房屋補貼的家庭，以及你我的想像力再怎麼豐富也想像不到的更多形式。有些是掉到詐取福利金的人手中。

可是，對於這些計畫，頂多只能說這些話而已。接受如此龐大金額補貼的人，和社會安全的受領人不同，平均所得可能低於繳稅扶助他們的人——但即使這一點，也不能百分之百確定。就像馬丁·安德森（Martin Anderson）說的：

> 我們的福利計畫，可能很沒效率，詐欺程度可能很高，管理品質可能很糟，計畫可能重疊，不公平可能很嚴重，工作的財務誘因可能幾乎不存在。但如果我們退後一步……用兩個基本標準——對那些真的需要幫助的人涵蓋之完全，以及他們確實領得的金額之充分——評判如此龐雜的計畫，整幅畫面看起來便大為改觀。從這些標準來判斷，我們的福利體系可說極為成功。[17]

房屋補貼

供應住宅的政府計畫，從新政的年頭踏出小小的一步之後迅速擴張。內閣新設的住宅都市開發部（Department of Housing and Urban Development）1965 年設立。現在它的用人

數約二萬，一年開銷約一百億美元。聯邦住宅計畫有州和市政府的計畫與之互補，尤其是在紐約州和紐約市。這些計畫一開始是由政府興建住宅單位，供低收入戶居住。戰後加進了都市更新計畫。多年後，國民住宅擴大到「中收入」戶。最近又加進「租金補貼」——政府補貼私有住宅單位的租金。

就原始目標而言，這些計畫執行得非常失敗。被毀掉的住宅單位多於興建的數量。受益的是租金得到補貼，住進公寓的家庭。房屋被拆，卻沒有獲得重新安置，被迫遷進較窮住宅的家庭，境遇比以前要差。和國民住宅計畫剛推動的時候比起來，今天美國的住宅比較好，也分布得更為廣泛，但這可是經由私人企業得到的成果，不是透過政府的補貼。

國民住宅單位往往成了貧民窟和犯罪（尤其是青少年的不法行為）的溫床。聖路易的布魯特－伊果（Pruitt-Igoe）國民住宅是最戲劇性的例子。這是個龐大的公寓建築群，座落在五十三英畝的土地上，曾經贏得建築設計獎。可是後來嚴重破敗，不得不炸毀。炸毀時，二千戶房屋只有六百戶有人居住，有人說，整個地方看起來像是都市戰場。

還記得1968年，我們參觀洛杉磯華茲（Watts）區時的一段插曲。有個人，負責工會主辦且運作良好的自助計畫，帶我們參觀那個地區。當我們談到那個地區一些公寓房子蓋得引人注目，他氣往上沖：「那是華茲區發生過最糟的事。你們講的是國民住宅。」他接著又說：「那裏全是破碎的家庭，幾乎都

靠福利金過活,住在那種地方,如何期待年輕人養成良好的品行和價值?」國民住宅的開發,對青少年的不良行為和社區學校產生影響,也令他歎息不已;學校的學生,來自破碎家庭的比率很高。

最近我們聽到紐約南布隆克斯(South Bronx)某「血汗產權」(sweat-equity)住宅整建計畫的領導人,對國民住宅發表類似的說法。那個地區看起來就像慘遭轟炸的城市,由於實施租金管制,許多建築空無人居,有些則遭暴徒破壞。那個「血汗產權」團體投入心力到那個地區廢棄的房屋,希望恢復成適合居住的狀況,把人氣拉回來。他們起初只接受外界一些私人捐助,最近也接受政府的若干協助。

我們問那位受訪者,他所屬的團體何必那麼費事,搬進國民住宅不就得了?他的答覆和洛杉磯那個人說的一樣,但補上一句:計畫的參與者動手興建和擁有自己的房子,會對他們的房子產生一份驕傲感,進而努力維護它們。

那個「血汗產權」團體獲得的政府協助,有一部分是綜合就業訓練法(Comprehensive Employment and Training Act; CETA)的勞工提供的服務。政府依據CETA,支付薪資給這些勞工,指派他們參與各種公共計畫,同時接受訓練,期望他們將來能夠找到民間部門的工作。我們問那位受訪者,他的血汗產權團體喜歡CETA勞工的幫忙,還是把花在他們身上的錢直接給他們。他毫不遲疑地說,他們喜歡錢。總而言之,看到

這個自助計畫展現自力更生、獨立自主的精神和無窮的活力，格外令人振奮。這和我們參觀過的國民住宅，明顯表現得事不關己、多做無益、沉悶無趣的感覺，形成鮮明的對比。

　　紐約補貼的「中等收入」住宅，提出的振振有詞的理由，是為了留住中等收入家庭不離開這座城市。這些住宅呈現非常不同的畫面。他們補貼租金，出租寬敞、豪華的公寓給定義最寬鬆的「中等收入」家庭。這些公寓每個月的補貼金額平均超過200美元。我們看到德瑞克特定律又在運作。

　　實施都市更新的目標，是消除貧民區 ——「都市之蟲害」（urban blight）。政府補貼準備更新地區的收購和清理作業，並以人為的低價，供應許多清理後的土地給私人開發商。都市更新毀掉「四棟房屋，其中大多是黑人居住的，只為興建一棟房屋 —— 住戶大多是中上所得的白人」[18]。原來的住戶被迫搬遷到別的地方，往往又使那個地方「枯萎」。這種計畫，其實像一些批評者所說的，應該稱作「貧民區消除」計畫和「黑人消除」計畫。

　　國民住宅和都市更新的主要受益人不是窮人，而是擁有不動產，被買去蓋國民住宅，或者不動產座落在都市更新區內的人；有能力購買高價公寓或聯棟別墅的中高所得家庭，他們買的住宅，往往使租金低廉的房屋因為都市更新而遭到淘汰；在都市地區興建購物中心的開發商和擁有人；能夠利用都市更新計畫改善所在社區的大學和教會等機構。

《華爾街日報》最近的一篇社論說：

> 聯邦交易委員會已經檢討政府的房屋政策，發現它們不純粹出於
> 利他的動機。聯邦交易委員會的幕僚政策簡報指出，主要的推動
> 力量，似乎來自能從興建房屋而獲利的人──建築承包商、銀
> 行、工會、物料供應商等。房屋建好之後，政府和這些「選民」
> 便不再那麼感興趣。所以聯邦交易委員會一直接到民眾的投訴，
> 指依據聯邦計畫興建的房屋品質有問題，例如屋頂漏水、水管配
> 接不當、地基不良等。[19]

在此同時，即使未刻意拆毀，低價出租的房屋也會因為租
金管制和類似的措施，導致屋況惡化。

醫療保健

醫療是政府在福利領域的角色大為加重的最新一波。各州
和地方政府，以及聯邦政府在較輕的程度內，長久以來都插手
公共衛生事務（下水道設備、傳染病防治等）和提供醫院設
施。此外，聯邦政府也為軍方和退役軍人提供醫療保健服務。
但是，1960年政府的平民醫療保健支出（也就是不計軍方和退
役軍人）低於50億美元，略高於國民所得的1%。1965年實施
醫療照護和醫療補助之後，政府的醫療保健支出快速升高，
1977年升到680億美元，約占國民所得的4.5%。醫療保健占政
府總支出的百分比，從1960年的25%，增為1977年的42%，
增幅將近一倍。寄望聯邦政府扮演更大角色的呼聲持續不斷。

卡特（Carter）總統主張實施國民健康保險，卻因為財源有限，連帶功能也受到限制。參議員愛德華‧甘迺迪（Edward M. Kennedy）沒有這種束縛；他主張政府立刻負起完整的責任，照顧國民的醫療保健需求。

在政府增加支出的同時，民間的健康保險也快速成長。1965 年到 1977 年，醫療保健總支出占國民所得的比率增加了一倍。醫療設施也擴增，速度卻不如支出那麼快。於是不可避免的結果是，醫療保健的價格激升，醫生和提供醫療服務的其他人的所得也激增。

政府的因應措施是，試著規範後續的醫療程序，以及壓低醫生和醫院的收費。它的確應該這麼做。政府花了納稅人的錢，關心那些錢買到什麼，是正確且適當的；出錢的人說話。如果目前的趨勢持續下去，最後的結果不可避免將是採行公費醫療制（socialized medicine）。

國民健康保險是標籤起誤導作用的另一個例子。根據這種制度，你繳付的錢和將來所得的精算價值之間不存在任何關係。這和民間保險不同。此外，它的目的不在保障「國民健康」——這是沒有意義的名詞——而是提供醫療服務給這個國家的居民。它的支持者建議的其實是公費醫療。正如知名瑞典醫學教授及瑞典某大醫院醫學科主管岡納‧畢歐克（Gunnar Biörck）所說的：

數千年來，醫療行為的本質是，**病患是醫生的客戶也是雇主**。今天，國家以各種方式表示它才是雇主，因此由它發號施令，規定醫生必須在什麼情況下執行他的工作。這些情況可能不 —— 最後也不 —— 限於工作時間、薪水和合格的藥品；它們可能入侵醫病關係的整個領域。……不打今天的仗和贏得勝利，明天就沒仗可打了。[20]

美國主張實施公費醫療的人 —— 為了名正言順 —— 通常以英國，以及最近的加拿大為成功的例證。加拿大的經驗太新，還沒有經歷充分的考驗 —— 大部分新的掃帚都能把地掃得相當乾淨 —— 不過困難已經開始浮現。英國的國民保健服務（National Health Service）運作超過三十年，結果相當確定。這無疑是加拿大取代英國被人引為參考範例的原因。英國醫生梅克斯‧蓋門（Max Gammon）博士用五年的時間，研究英國的保健服務。他在1976年12月的報告中寫道：「（國民保健服務）由中央統籌這個國家幾乎所有醫療服務的資金收支和供應。過去兩百年英國發展出來的醫療保健自願性資金收支與供應體系，差不多完全消除。目前的強制體系經過重組，可說是無所不在。」

另外，「國民保健服務開辦後十三年內，英國不曾興建一所新醫院，而且1976年的現在，英國的病床數比1948年7月國民保健服務接手時還少」[21]。

我們還可以補充指出，醫院的那些病床，三分之二是1900

年之前由自費醫療和民間資金設置的。

　　蓋門博士根據自己的調查，提出官僚取代（bureaucratic displacement）理論：一個組織的官僚愈多，無用工作取代有用工作的程度愈大——這是帕金森定律（Parkinson's laws）的有趣延伸。他以1965年到1973年，英國醫院提供的服務為例來說明他的理論。這八年內，醫院用人總數增加28%，行政管理和非專業人員增加51%。但以平均每天病床占用數來衡量的產出卻下降11%。蓋門博士立即指出，原因倒不是需要病床的病患人數減少。任何時候，等候病床的人數總有約六十萬。許多人必須等上幾年，才能接受保健服務視為可有可無或者可延後進行的手術。

　　英國的醫生正相繼捨棄英國的保健服務。每年約有三分之一的醫生，一從醫學院畢業，便從英國移居其他國家。完全自費醫療、民間健康保險，以及私人醫院和療養院最近迅速成長，是保健服務令人不滿的另一個結果。

　　主張在美國實施公費醫療的人，說帖包含兩大論點：第一，醫療成本超過大部分美國人能夠負擔的程度；第二，公費醫療可以減低成本。第二個論點馬上就能剔除——至少在有人能夠舉出實例，說由政府執行某項活動比由私人企業來做還經濟之前，可以置之不理。至於第一點，不管怎麼說，美國人民都必須以某種方式支付成本；唯一的問題是他們親自直接支付，還是透過政府官僚的中介，間接支付。不要忘了，政府官

僚會從中扣取不少錢來支付本身的薪水和各項費用。

　　總之，一般的醫療保健成本，落在大部分美國家庭能夠負擔的範圍之內。民間保險可以因應出乎意料的異常大筆開銷。醫院的所有帳單已有90%由第三人支付。特殊困難的情況當然會發生，很可能需要私部門或公部門的協助。但總不能為了少數一些特殊困難，就要所有的人都穿上緊身衣。

　　要知道相對比例有多大，看看幾個數字就知道了。包含民間和政府在內的醫療保健總支出，不到房屋支出的三分之二，約為汽車支出的四分之三，而且僅為菸酒支出的二倍半——菸酒無疑會使醫療支出增加。

　　依我們的看法，實在找不到理由支持公費醫療。相反地，政府過問醫療保健已經過多。再進一步插手，將大大傷害病患、醫生和醫療保健人員的利益。我們將在第8章「誰來保護勞工」，探討醫療保健的另一個層面——醫生的執業證照申請，以及這件事和美國醫學協會（American Medical Association）大權在握的關係。

福利國家的謬論

　　為什麼所有這些計畫，實施的成果都令人失望？他們的目標當然符合人道精神，十分崇高。但，為什麼不能達成目標？

　　任何計畫開辦之初，一切看起來似乎都很美好。領取給付

的人少之又少；供應資金的納稅人卻多不勝數——所以每個人
只要付出少許錢，就能湊成一大筆錢給真正有需要的少數人。
但是隨著福利計畫擴增，這些數字改變了。今天，我們所有的
人都從一個口袋掏出金錢——或者錢能夠買到的某種東西——
放進另一個口袋。

將支出做簡單的分類，可以看出為什麼這個程序會引出不
良的結果。你花的錢可能是自己的或者別人的；你可能花在自
己身上，或者花在別人身上。把這兩組選擇合在一起，便有四
種可能，如下面的簡表所示 [22]。

你是花錢的人

誰的錢	花在誰身上	
	你	別人
你的	一	二
別人的	三	四

表中的第一類指的是花自己的錢在自己身上，例如在超級
市場購物。你顯然懷有強烈的動機，除了想要少花錢，也希望
花出去的每一塊錢能夠買到最多的價值。

第二類是指花自己的錢在別人身上，例如買耶誕禮物或生
日禮物送人。你想要少花錢的動機和第一類相同，但想買到最
多價值的動機卻不同，至少從收受者的品味來判斷是如此。你

當然會想買到收受者喜歡的東西——假設那麼做可以留下好印象，而且不花太多時間和心力的話。（如果你的主要目的是讓收受者從每一塊錢得到盡可能多的價值，你會送他現金，把你的第二類支出，化為他的第一類支出。）

第三類是指花別人的錢在你自己身上，例如報公帳吃午餐。你沒有強烈的動機去壓低午餐的成本，卻有強烈的動機吃得物超所值。

第四類是指花別人的錢在另一個人身上，例如報公帳付別人的午餐費。你既沒有省錢的動機，也沒有讓貴賓覺得吃得物超所值的誘因。但如果你和他共進午餐，那麼那頓午餐便是第三類和第四類的混合，你確實懷有強烈的動機，想要滿足本身的味蕾，如有必要，則犧牲另一個人。

所有的福利計畫，不是屬於第三類，便是第四類。前者如社會安全給付現金，受領者可以依自己的意願自由花用。後者如國民住宅。但連第四類計畫也包含第三類計畫的一個特色，那就是管理計畫的官僚陪同吃午餐；而所有的第三類計畫，都有官僚混在受領人當中。

依我們的看法，福利支出的這些特色，是它們帶有瑕疵的主要原因。

議員投下贊成票，同意花用別人的錢。選民選出議員，目的是希望議員投票把他們的錢花在他們身上，但那種支出的意義不像第一類那麼直接。任何個人繳的稅，和他投票贊成的支

出，兩者之間的關係極其稀薄。實務上，選民和議員一樣，傾向於認為是別人在直接支付議員投票贊成的計畫，而他們只是間接支付。執行計畫的官僚，也是花別人的錢。怪不得支出金額會暴增。

官僚是把別人的錢花在別人身上。只有靠人性的善良，而不是更為強烈和更為可靠的自利動機，才能保證他們會以最符合受領人利益的方式花錢。這一來，他們難免揮霍無度和成效不彰。

但問題還沒講完。想要取得別人的錢，那種誘惑相當強烈。許多人，包括執行計畫的官僚，會試著將錢留下來，而不是給別人。貪腐、欺騙的誘惑很強，不見得抗拒或壓抑得了。能夠抗拒欺騙引誘的人，會透過立法的管道，把錢導向自己的口袋。他們會遊說制定對自己有利的法律、能讓他們受益的法規。管理計畫的官僚，會要求更好的待遇和津貼──計畫愈大，他們當然有愈多的油水可撈。

人試著將政府的支出移轉到自己身上，會產生兩個可能不是那麼明顯的後果。第一，它可以解釋為什麼那麼多計畫偏向於對中高所得群體有利，而不是對理應獲得協助的窮人有益。窮人不只缺乏市場覺得有價值的技能，也缺乏以政治力量成功爭奪資金所需的技能。其實，他們在政治市場的劣勢，可能比在經濟市場的劣勢還嚴重。一旦心存善念的改革者協助某項福利措施立法通過，繼續推動下一個改革項目，窮人便被拋諸腦

後，只能自力救濟設法保護自己，但十之八九，他們會被已經
展現更強的實力，懂得善用機會的群體打敗。

　　第二個後果是，資金移轉給受領人的淨利得，會低於總移
轉金額。如果有別人的一百美元可以爭取，那就值得最多花本
身的一百美元去爭取。遊說議員和主管機關所花的成本、對政
治活動的捐獻、對其他無數項目的捐助，都像肉包子打狗，有
去無回，浪費掉了——傷害繳稅的納稅人，卻對任何人都沒好
處。它們必須從總移轉中扣除，才能算出淨利得——當然了，
有時它們可能超過總移轉金額，留下的是淨損失，不是淨利
得。

　　爭取補貼的這些後果，也有助於解釋為什麼大家會要求增
加更多的支出和更多的計畫。原先的措施未能達成立意良善的
改革者支持的計畫目標，於是他們作成結論，相信做得還不
夠，所以想方設法增添更多的計畫。他們結合想要管理計畫的
官僚，以及相信那些支出會落在自己身上的人的力量而壯大。

　　第四類支出也容易使和它有關的人產生貪瀆之心。所有這
些計畫，都需要把某些人放在某個位置，決定怎麼做對別人有
好處。這種做法的結果是，某個群體覺得自己握有像上帝那樣
的力量，另一個群體則感覺像孩子那般依賴。於是受益人獨立
自主、自行做決定的能力，因為太久不用而衰退。除了浪費金
錢、除了未能達成預見的目標，最後的結果，是導致維繫健全
社會的道德淪喪，世風敗壞。

　　第三類或第四類支出的另一個副產品也有相同的影響。不談自願性贈與，便只好像政府那樣，拿走別人的錢，你才能花用。因此，運用強制力量（force）是福利國家的核心──這種壞手段，往往導致好目的往下沉淪。這也是為什麼福利國家嚴重威脅我們自由的理由。

應該怎麼做？

　　目前的大部分福利計畫本來都不應該通過實施的。如果一開始就沒實施，現在依賴它們的許多人，將能自力更生，不必國家照顧。短期來說，這對某些人可能相當殘忍，逼得他們除了從事待遇低、枯燥乏味的工作，別無選擇。但是長期而言，這種做法要人道得多。不過，由於各種福利計畫存在已有一段時日，不能一夜之間說廢就廢。我們必須設法緩和過渡期，從現狀走到理想狀態，一方面協助現在依賴福利的人，同時鼓勵他們循序漸進，從領取福利轉型為領取薪資。

　　已經有人提出這種過渡計畫。它們能夠增進個人的責任感、終結國家目前分成兩種人的局面、縮減政府的支出和現有的龐大官僚機構，並且確保這個國家的每個人都有一張安全防護網，因此沒人會落入悲慘的境地。遺憾的是，希望這種計畫通過實施，目前似乎有如癡人說夢。意識形態上、政治上、財務上，太多既得利益橫梗其中。

不過，這種計畫的主要成分還是值得一提。我們當然不敢期望近期內能夠採行，只是提出一個願景，指出我們應該努力的方向。那個願景能夠指引我們緩步漸進，推動改革。

這個計畫有兩個必要的成分：第一，改革目前的福利制度，用單一的、全面的現金形式的所得補貼計畫，取代各式各樣的特定計畫——也就是正所得稅和負所得稅並行；第二，在兌現現有承諾的同時，逐步要求人們自行安排自己的退休生活，慢慢取消社會安全制度。

這種全面性的改革，會更有效率和更人道，做到目前的福利制度執行得很沒效率和很不人道的事情。它保證提供最低收入給所有的窮人，不問他們為什麼有需要，同時盡可能少傷害他們的品格、他們的獨立自主，或者他們改善本身狀況的誘因。

一旦我們穿過掩蓋正所得稅基本特色的煙幕，負所得稅的基本觀念便簡單易懂。依據目前的正所得稅制，在某種所得水準之下，你不必繳稅。確切的免稅所得，要看你家有多少人口、你的年齡，以及是否列舉扣除額而定。這個金額由許多成分構成——個人免稅額、低收入寬減額、標準扣除額（最近改稱零級距金額），加總之後便是一般免稅額。而且，我們還知道，魯比‧高堡（Rube Goldberg ；譯註：曾獲普利茲獎的美國知名漫畫家）發揮他的天分，增添了其他一些項目，所以他的個人所得稅繳得輕鬆愉快。為了簡化討論，我們姑且使用英國比

較簡單的「個人寬減額」一詞來指這個基本金額。

如果你的所得超過寬減額,便要依照累進稅率,就超過的部分繳稅。如果你的所得低於寬減額呢?依據目前的制度,沒有用到的寬減額,一點用處也沒有。你只是不必繳稅而已。❷

如果連續兩年,每一年你的所得碰巧都等於寬減額,那麼這兩年都不必繳稅。假使兩年加起來的所得相同,但第一年的所得超過兩年加總所得的一半,這一年便有正應稅所得,也就是超過寬減額的所得需要繳稅。第二年則有負應稅所得,也就是說,你的寬減額高於你的所得,卻不能從未使用的寬減額得到任何好處。結果這兩年加起來,你繳的稅多於所得平均分配的狀況。❷

如果實施負所得稅,未使用的寬減額,便能從政府那邊獲得一部分的補貼。如果補貼比率和正所得稅率相同,那麼不管這兩年你的所得如何分配,兩年繳納的總稅額都相同。

當你的所得高於寬減額,那就得繳稅。稅額取決於各種所得金額適用的稅率。當你的所得低於寬減額,便會獲得補貼,金額取決於各種未使用寬減額的補貼率。

正如我們的例子所示,負所得稅可在所得變動不居的情況下使用,但這不是它的主要目的。它的主要目的是用簡單明瞭的方式,確保每個家庭都有最低收入,同時避開龐大的官僚體系、保有相當高的個人責任感、保存個人去找工作和賺取夠多的錢好繳稅的動機,而不是坐領補貼。

　　舉個數字例子來說。1978 年，一家四口的寬減額是7,200
美元，沒人超過六十五歲。假使負所得稅已經實施，補貼率是
未使用寬減額的50%。這麼一來，沒有收入的四口之家可以領
取3,600美元的補貼。要是家中成員找到工作而有收入，補貼金
額便減少，但是家庭的總所得——補貼加上收入——會增加。
如果家庭成員賺得的收入是1,000美元，則補貼金額減為3,100
美元，但他們的總所得提高為4,100美元。家庭成員賺取的收
入，一半用於減少補貼，另一半用於提高家庭所得。當家庭收
入升抵7,200美元，補貼金額便降為零。這是平衡點（break-
even point），這戶家庭不領補貼，也不必繳稅。要是收入進一
步升高，這戶家庭就需要開始繳稅。

　　這裏不需要談行政管理上的細節——補貼是每週支付、兩
週支付一次、按月支付、如何檢查是否符合規定等等。這些問
題已經徹底探討過了；詳細的計畫已經擬好，並且提交國會
——我們還會回頭談這件事。

　　負所得稅必須取代目前已有的其他一大堆計畫，現有福利
制度的改革才會收到令人滿意的結果。如果只是成為眾多福利
計畫中的另一塊破布，反而弊多於利。

　　負所得稅真能取代它們的話，將帶來很大的利益。它是直
接針對貧窮問題而設計的。它用受領人最實用的形式（也就是
現金）提供協助。它是普遍性的——不是因為受領人是老人、
殘障、生病或者住在某個地區才提供協助，或者依目前的各種

計畫，必須符合其他許多特定的標準，才有資格領取給付。它提供協助，是因為受領人的收入低。它明白表示，成本是由納稅人負擔。它和紓解貧困的其他任何措施一樣，會減低接受協助者自立自強的誘因。但如果補貼率維持在合理的水準，就不會使誘因蕩然無存。多賺進一塊錢，總是表示有更多的錢可以花用。

同樣重要的是，實施負所得稅，可以消除現在負責執行無數福利計畫的龐大官僚體系。負所得稅可以直接納入目前的所得稅制，而且可以一起執行。同時，在目前的所得稅制下，它會減少逃漏稅，因為每個人都需要申報所得稅。也許需要增添一些人力，但人數一定少於現在執行福利計畫的編制。

負所得稅可以去除龐大的官僚機構，並將補貼制和稅制整合起來，可望消除目前令人沮喪的狀況，也就是有些人（管理計畫的官僚）操控他人的生活。它將有助於消除目前的人口二分法——付錢的人，以及接受公共資金扶助的人。平衡點和稅率訂得合理的話，會遠比我們目前的制度省錢。

由於某種原因，而無力管理本身事務的一些家庭，還是有必要提供個人協助。但如果維持所得的負擔是由負所得稅處理，那種協助可以也將由民間公益慈善行為提供。我們相信，目前的福利制度最大的成本之一，是它不只傷害和摧毀家庭，也毒害民間公益慈善活動的源頭。

政治上也許不可行的這個美麗夢想，社會安全制度應該如

何切入其中？

　　依我們的看法，最好的解決方法，是結合實施負所得稅和縮減社會安全，但履行現有的義務。要做到這件事，方法是：

1. 立即廢除薪資稅。

2. 依據目前的法律，繼續支付目前所有的受益人應得的社會安全給付。

3. 允許已經獲得保障的每一位勞工，申請那些退休、傷殘、遺屬給付。根據目前的法律，這些給付是他到目前所繳的稅和他的收入應得到的，但需要減去薪資稅取消後他將來少繳的稅折合的現值。勞工可以選擇以未來的年金或者政府債券的形式，領取他的給付，但給付金額等於他應得的給付現值。

4. 給尚未獲得保障的每一位勞工一次給付金（同樣是用債券的形式），等於他或雇主代繳稅額的累積價值。

5. 停止給付進一步累積，允許個人根據本身的願望，自行規畫退休生活的收入來源。

6. 利用一般財稅基金加上發行政府債券，支付第2、3、4項。

　　這個過渡計畫不會以任何方式增添美國政府的債務。恰恰相反，它會因為不再給予未來的受益人任何承諾，而使得債務減低。它只是把現在隱藏起來的義務，攤開在陽光下處理。它

為現在無資金可用的給付尋找資金來源。這些步驟有助於現在大部分的社會安全行政管理機關立刻解體。

逐步縮減社會安全制度，可以消除它現在對抑制就業產生的影響，所以國民所得可望增加。它會增添個人儲蓄，進而提高資本形成率和加快所得成長率。它會刺激民間退休金計畫的發展與擴張，從而增添許多勞工的安全保障。

政治上可行嗎？

這是美好的夢想，遺憾的是，現在沒有機會通過實施。尼克森、福特和卡特這三位總統曾經考慮或建議包括負所得稅成分在內的計畫，每一次，礙於政治壓力，他們只好把所提的計畫加進已有的許多計畫之中，而不是用來取代它們。每一次提出的計畫，補貼率總是很高，不能給受領人自行賺取所得的誘因。這些變形的計畫使得整個制度變糟，不是變得更好。儘管我們率先建議以負所得稅來取代目前的福利制度，我們其中一人卻在國會作證，反對尼克森總統所提的家庭補助計畫（Family Assistance Plan）版本[25]。

可接受的負所得稅面對的兩個政治障礙，彼此有關係。比較明顯的一個，是現有計畫的既得利益：福利給付的受領人、認為自己受益於各種計畫的州和地方官員，尤其是負責行政管理作業的福利官僚[26]。比較不明顯的一個障礙，是鼓吹福利改

革的人希望達成的各種目標（包括現有的既得利益）相互衝
突。

馬丁・安德森在他寫得非常精彩的一章「不可能的激進福
利改革」（The Impossibility of Radical Welfare Reform）中說：

> 所有的激進福利改革計畫，都有三個基本成分，在政治上高度敏
> 感。第一是提供給享有福利的（例如）四口之家的基本給付水
> 準。第二是享有福利者去尋找工作或者賺取更多收入的誘因，受
> 計畫影響到什麼程度。第三是納稅人額外負擔的成本。
>
> ……這種計畫要成為政治現實，必須對那些享有福利的人提供
> 合宜的資助水準、必須包含強烈的工作誘因、成本必須合理。而
> 且，必須同時做到這三件事。[27]

他所說的「合宜」、「強烈」、「合理」的內容發生衝突，
其中尤以「合宜」的衝突為最。如果「合宜」的資助水準，意
指極少受領人從改革後計畫領得的給付，低於他們從目前的各
種計畫領得的給付，那就不可能同時達成全部三個目標，不管
「強烈」和「合理」如何解讀。可是就像安德森說的：「至少
近期內，國會絕對不會通過任何福利改革計畫，減少數百萬福
利受領人的給付。」

用前一節我們所舉的簡單負所得稅例子來說。如果四口之
家的平衡點為7,200美元，補貼率50%，要是全無其他收入來
源，則可領得3,600美元的補貼。補貼率50%產生的工作誘
因，還算強烈。它的成本將遠低於目前十分複雜的各種計畫。

但是這種資助水準，今天在政治上不能被人接受。就像安德森說的：「美國典型的四口福利家庭現在（1978 年初）每年可以領得的服務和金錢價值約為6,000 美元。在紐約等給付水準更高的州，許多福利家庭每年領取的給付介於7,000 到12,000 美元之間或更高。」[28]

即使是6,000 美元的「典型」數字，如果平衡點保持在7,200 美元，補貼率也高達83.3%。這種補貼率將嚴重傷害工作的誘因，並使成本大為加重。把平衡點提高，補貼率可以降低，但這會使成本大增。這形成惡性循環，難以自拔。只要在政治上不可能減低目前從不少現有計畫領取高給付的許多人的支付水準，安德森的說法是對的：「沒辦法取得所有政治上必要的條件，同一時間推展激進的福利改革。」[29]

但是，今天在政治上不可行的事情，明天在政治上也許可行。政治學家和經濟學家預測什麼事情政治上可行的紀錄其差無比。他們的預測一再和經驗相互牴觸。

備受敬重的傑出老師法蘭克‧奈特（Frank H. Knight），喜歡用V 字形飛翔、有隻帶頭鴨在最前頭的鴨群為例，說明不同的領導形式。他說，帶頭鴨後面的鴨子時常轉往不同的方向飛行，而帶頭鴨卻繼續往前飛。當帶頭鴨回頭一望，發現沒人跟上來，牠會趕緊衝到新的V 字形前頭。這是一種領導形式──無疑是華盛頓最常見的形式。（譯註：經濟學大師奈特是芝加哥大學的教授，雖未獲得諾貝爾獎，卻教出四位高徒，先後榮獲諾貝爾

經濟學獎。）

　　雖然我們接受我們的建議目前在政治上不可行，卻已盡可能完整地描述它們，說明它們不只是可以引導緩步漸進改革的理想，也期待它們遲早能在政治上成為可行。

小結

　　直到不久前，由衛生教育福利部統治的帝國，年復一年花我們更多的錢在我們的健康上，主要的「成果」竟然只是提高醫療保健服務的成本，醫療保健的品質卻沒有等量齊觀的改善。

　　花在教育上的支出已經飛增，但一般認為，教育品質每下愈況。愈來愈多錢和愈來愈多僵固的管制加在我們身上，希望促進族群的融合，可是我們的社會似乎更加撕裂。

　　每年花在福利上的錢高達數千百億美元之多，可是在美國公民的平均生活水準高於歷史上任何時刻之際，領取福利金的人卻愈來愈多。社會安全預算是一筆大錢，可是社會安全制度卻深陷財務困難。年輕人抱怨他們必須繳納的稅率太高（抱怨得相當有道理）；他們需要繳那些稅，才有錢給付老人。老人則抱怨沒辦法維持他們本來以為可以享有的生活水準（抱怨得相當有道理）。這套計畫通過實施的目的，是要確保我們的老年公民不必成為公益慈善行為的目標，偏偏我們卻看到領取福

利給付的老年公民不減反增。

　　根據衛生教育福利部本身的估計，它一年因為詐欺、濫用和浪費而損失的金錢，足夠興建十萬棟以上的房屋，每棟造價超過五萬美元。

　　這樣的浪費，令人聞之心痛，但這種家長照顧家人的計畫，成長到規模如此龐大，這還只是小之又小的缺點。它們的大害，是影響我們的社會結構。它們減弱家庭親情；降低工作、儲蓄和創新的誘因；減低資本的累積；限制我們的自由。這些，應該是我們用來批判它們的基本標準。

第 5 章

生而平等

Created Equal

「平等」（equality）、「自由」（liberty），在美國獨立宣言中的真正意義是什麼？它們所表達的理念，能在現實生活中實現嗎？平等和自由彼此相容，還是相互衝突？

早在獨立宣言發表之前，這些問題就在美國的歷史上扮演中心要角。回答這些問題的嘗試，形塑了知識分子的思潮、引發血腥的戰爭、促使經濟和政治機制發生重大的變化。這方面的嘗試繼續左右著我們的政治辯論。它將塑造我們的未來，正如塑造過去那樣。

美國建國之後數十年間，平等意指上帝之前人人平等；自由意指決定我們自身生活的自由。然而，獨立宣言和奴隸制度的明顯衝突，居於舞台的中心位置。這個衝突最後以南北戰爭加以解決。接下來的爭論改到不同的層次。平等日益被解讀成「機會的平等」，也就是不應該任意以某些障礙，阻止任何人運用自己的能力，追求自身的目標。直到今天，大部分美國公民

仍然認為這是它的主要意旨。

　　不管是上帝之前人人平等，還是機會平等，都沒有和決定個人生活的自由發生衝突。恰恰相反，平等和自由是同一基本價值——每個人本身都應該被視為一個目的——的兩面。

　　近數十年來，平等在美國有個非常不同的意義浮現——結果的平等（equality of outcome）。它的意思是說，每個人都應該有相同的生活水平或所得水平，應該同時結束比賽。結果的平等和自由明顯衝突。想要促進這種平等的嘗試，是導致政府愈來愈大，以及政府對我們的自由施加限制的主要原因。

上帝之前人人平等

　　湯瑪斯・傑弗遜三十三歲那年寫下「人人生而平等」（all men are created equal）這句話時，他和當時的人並不是按照字面去解釋的。他們不認為「人」（men，或者我們今天會用 persons 一字）的身體特徵、情感反應、機械能力和知識能力是平等的。傑弗遜本人就是超凡出眾的人物。二十六歲那年，他在蒙蒂塞羅（Monticello；義大利語，「小山」的意思）設計自己美麗的房子，督導它的興建，甚至據說親自幹活。他的一生，曾是發明家、學者、作家、政治家、維吉尼亞州州長、美國總統、駐法國公使、維吉尼亞大學的創辦人——這可不是個普通人。

　　傑弗遜和當時的人，對平等一詞的見解，可以從獨立宣言的下一句看出端倪——「造物主賦予他們不可剝奪的權利；其中包括生存、自由和追求幸福。」人在上帝之前一律平等。每個人本身都有其價值。他擁有不可剝奪的權利；這些權利，沒有人有權利侵犯。他有權達成本身的目的，不被視為只是達成另一人目的的工具。「自由」是平等定義的一部分，和平等不衝突。

　　上帝之前人人平等——人的平等 ❶ ——之所以重要，是因為人並不相同。他們不同的價值、不同的品味、不同的能力，會引領他們想過非常不同的生活。人的平等需要別人尊重他們這麼做的權利，不能把另一人的價值或判斷強加在他們身上。傑弗遜不懷疑有些人的確比其他人優秀，所以這個世界上有菁英分子。但他們並不因此就有權利去主宰別人。

　　如果菁英無權將自己的意志強加在別人身上，其他任何群體也一樣，連多數人也不行。每個人都是本身的主宰者——假使他不干涉別人的類似權利的話。政府是設立來保護那個權利，不受多數人——來自其他公民和來自外部的威脅——肆無忌憚地統治。傑弗遜希望在他的墓碑上刻三件成就，讓後人永誌不忘：制訂維吉尼亞州的宗教自由法規（旨在保護少數人不受多數人宰制的美國權利法案的前身）、起草獨立宣言、創辦維吉尼亞大學。由傑弗遜的同代人起草的美國憲法，目標是設立一個國家政府，強大到能夠保衛國家和增進普遍的福祉，但

其權力同時受到足夠的限制，以保護個別公民和各州政府不受國家政府主宰。廣泛參與政府的民主，可以接受；政治上多數統治的民主，則顯然不能接受。

著名的法國政治哲學家和社會學家阿列克西・德・托克維爾（Alexis de Tocqueville），於1830年代待在美國不短的時間，之後在他的經典之作《美國的民主》（*Democracy in America*）裏，也看到美國引人注目的特質是平等，而不是多數統治。「在美國，」他寫道：

> 貴族習氣總是從一現身便十分微弱；即使今天沒有遭到實際摧毀，至少已經完全失去作用，我們很難說它對各種事務的發展具有任何程度的影響力。反之，民主原則隨著時間、隨著事件、隨著立法而大為強化，不只居於主導地位，更具有無上的力量。我們找不到家族或企業的權威。……
>
> 因此，美國的社會狀態展現極為不同凡響的現象。和世界其他任何國家，或者和歷史上有紀錄可查的任何年代比起來，那□的人在財富和才智上，受到更平等的對待，他們的力量也更為平等。❷

托克維爾對所見所聞多表讚許，卻也不是全無批評。他擔心民主走得太過頭，反而可能傷害公民美德。他說：「有……一種追求平等，勇敢和合法的熱情，激勵人們期望所有的人都強而有力和受到尊重。這種熱情有助於出身寒微的人出人頭地；但普通人內心也懷有企求平等的壞心眼，驅使愚鈍的人試圖將有影響力的人拉低到他們的層次，並使人墮落到喜歡奴隸

制的平等甚於自由之下的不平等。」❸

近數十年來,美國的民主黨成了強化政府權力的始作俑者,而這正是傑弗遜和他同時代許多人視為對民主的最大威脅。由此可見字詞的意義,變化有多大。民主黨假藉「平等」之名,不遺餘力增進政府的權力。可是它的「平等」概念,幾乎和傑弗遜與自由相提並論的平等,以及托克維爾與民主相提並論的平等截然相反。

美國的建國先賢當然不見得言行一致。最明顯的衝突發生在奴隸制。傑弗遜1826年7月4日去世之前一直蓄有奴隸。他一再對蓄奴感到苦惱,曾在筆記和通信中提到計畫解放奴隸,卻不曾公開建議任何這類計畫,或者鼓吹反對這種制度。

可是奴隸制度的存在,與他所起草的獨立宣言,以及他出力甚多、協助創建的國家始終存在著矛盾。怪不得美國建國後數十年內,奴隸制引起的爭議愈演愈烈。這個爭議結束於南北戰爭。林肯的蓋茲堡演說(Gettysburg Address)指出,這個爭議考驗著「孕育於自由,且獻身於凡人皆生而平等信念的國家」,能否「永垂不朽」。國家的確存活下來了,卻付出生命、財產和社會團結的慘痛代價。

機會的平等

南北戰爭廢除奴隸制,人生而平等——在上帝和法律之前

平等——的概念更接近實現之際，不管是知識界的討論，還是
政府和民間的政策，重心移轉到一個不同的概念——機會平
等。

　　字面上的機會平等——從「完全相同」的意義來說——是
不可能的。某個孩子生來眼盲，另一個卻兩眼發亮。某個孩子
深受父母關愛，在富於文化和知性的環境中長大成人；另一個
孩子的父母卻生活放蕩，目光短淺。某個孩子生在美國，另一
個孩子生在印度、中國或俄羅斯。他們出生時，眼前可以掌握
的機會顯然並不相同，而且沒辦法把他們的機會變得相同。

　　和人生而平等一樣，機會的平等也不能依照字面去解讀。
它的真正意思，或許用法國大革命時法國人的說法最能表達：
前程開放給有才之人（Une carrière ouverte aux les talents）。人
間不應該有任意施加的障礙，阻礙人們取得能夠發揮所長的地
位，以及他們的價值引領他們去追求的地位。出身、國籍、膚
色、宗教、性別，以及其他任何無關的特徵，都不應該決定一
個人所能利用的機會——只有他的能力才能決定。

　　用這種方式來解讀的話，機會平等便只是把人生而平等、
法律之前人人平等的意義講得更詳細具體。和人生而平等一
樣，它之所以有意義和重要，正是因為人的基因和文化特徵不
同，因此他們都希望也能夠追求不同的前程。

　　機會平等和人生而平等一樣，和自由並沒有不調和的地
方；恰恰相反，它是自由的必要成分。如果有些人只是因為他

們的種族背景、膚色或宗教，便被排拒在他們有資格站上的人
生地位之外，那便是干涉到他們「生存、自由和追求幸福」的
權利。這樣就否定了機會平等，而且同樣地，為了其他人的利
益而犧牲某些人的自由。

　　機會平等和每一種理想一樣，沒辦法完全實現。背離最嚴
重的，無疑是黑人遭到的待遇，尤其是在南方，但北方也一
樣。不過，黑人和其他族群的機會平等已經大有進步。「熔爐」
的概念反映的正是機會平等的目標。小學、中學和大學院校
「免費」教育的擴張也是一樣——但下一章會提到，這個發展
不是全然有利無弊。

　　南北戰爭後，民眾在價值層級中普遍接受的機會平等優先
順位，在經濟政策上尤其明顯。自由企業、競爭、自由放任等
流行用語，我們耳熟能詳。每個人都可以自由進入任何行業、
選擇任何職業、購買任何財產，只要交易的另一方同意就行。
每個人都有機會享受成功的果實，失敗的話，則自行承擔成
本。他們不必面對任意設置的障礙。不問出身、宗教或國籍，
表現好壞才是試金石。

　　由此衍生出來的一件事，是自視為文化菁英的許多人嗤之
以鼻的庸俗物質主義——強調金錢萬能，認為財富既是成功的
象徵，也是成功的寫照——竟然蓬勃發展起來。正如托克維爾
指出的，強調金錢和財富，反映了這個社群不願接受封建和貴
族社會的傳統標準——也就是只看出身和血統。一個人表現的

好壞是明顯的替代性選擇，而財富的累積，是最容易看到的表現指標。

另一件衍生出來的事情，當然是人的活力大量釋出，使得美國成為生產力和動能愈來愈高的社會，社會流動性成了日常的現實。另外，可能叫人驚訝的一件事是公益慈善活動暴增。由於財富快速成長，公益慈善活動才有可能暴增。它以各種形式出現——非營利醫院、私立學院和大學、無數濟窮解困的公益慈善組織——因為社會的主流價值包含增進機會的平等。

經濟圈當然和其他地方一樣，實務不見得永遠和理想取得一致。政府遭到刻意抑制，只扮演小角色；政府未對企業樹立重大的障礙，而且十九世紀末，更推行一些正面的措施，尤其是謝爾曼反托拉斯法（Sherman Anti-Trust Law），以消除會妨礙競爭的民營企業壟斷。但是法律未加規定的安排，繼續干擾個人進入各種行業或職業的自由，而且社會上的實務，無疑給生在「正確」家庭、膚色「正確」、信奉「正確」宗教的人一些特殊利益。但是各種弱勢群體的經濟和社會地位迅速崛起，證明這些障礙不再是無法克服的。

就政府的措施而言，對外貿易是偏離自由市場的一大領域。漢彌爾頓在《產業報告》中，力主美國應該用關稅來保護國內工業。關稅保護和徹底的機會平等並不調和（參考第2章），更和人的自由遷徙不調和。第一次世界大戰之前，東方人除外，自由移居是種常態。不過，這可以用國防需求，以及

平等止於海岸這個非常不同的理由來合理化——今天，主張另一個非常不同的平等概念的人，大多也採用這個不合邏輯的合理化藉口。

結果的平等

這個不同的概念，稱為結果的平等，在本（二十）世紀逐漸壯大。它首先影響英國和歐洲大陸的政府政策。過去半個世紀，也日益影響美國的政府政策。某些學術圈中，結果的平等已經成為一種宗教信念：每個人都應該同時結束比賽。就像《愛麗絲夢遊仙境》（*Alice in Wonderland*）中的兜兜鳥（Dodo）說的：「**每個人都贏了，大家都應該有獎品。**」

這個概念和另兩個概念一樣，「平等」都不能照字面解讀為「相同」。沒人真的主張，不管年齡、性別或其他的身體特質，每個人都應該有相同數量的食物、衣服等每一種東西。目標應該是「公平」，而這是非常模稜兩可的概念——其實應該說是，即使並非不可能準確定義，也很難定義得十分準確。現代的口號是「人人都有公平的一份」，已經取代了馬克思的名言「各取所需，各盡所能」。

這個平等概念和另外兩個大異其趣。促進人生而平等或機會平等的政府措施，也增進了自由；為了達成「人人都有公平的一份」而實施的政府措施，則減低了自由。如果人們得到的

東西，是由「公平」來決定，那麼，由誰來決定什麼叫做「公平」？就像大家眾口一詞問兜兜鳥：「但是由誰來發獎品？」「公平」一旦偏離「相同」，便不是客觀決定的概念。「公平」和「需求」一樣，因為觀察的人不同而異。如果所有的人都有「公平的一份」，那就必須有某個人或者某一群人來決定怎麼分才公平──而且他們必須能將自己的決定強加在別人身上，從多於「公平」一份的人那裏取走一些，給少於「公平」一份的人。做這種決定且強加於他人身上的人，和被他們做決定的人是平等的嗎？我們難道不是置身於喬治‧歐威爾的《動物農莊》（*Animal Farm*），「所有的動物都平等，但有些動物比別人更平等」？

此外，如果人得到什麼，是由「公平」而不是由他們生產什麼來決定，那麼「獎品」要從哪裏來？工作和生產的誘因在哪裏？要如何決定誰當醫生，誰當律師，誰收垃圾，誰掃街道？如何確保人們會接受指派給他們的角色，並且依照他們的能力去執行那些角色？顯然只有靠強制力量或者威脅使用強制力量才辦得到。

這裏面的關鍵，不只是實務會偏離理想。實務當然會偏離理想，就像其他兩個平等概念也會。重要的其實是「公平的一份」或者它的前身「各取所需」的理想，和人生而自由的理想，存有根本上的衝突。每一次嘗試將「結果平等」訂為社會組織的至高無上原則，我們便會為這種衝突所苦。最後的結果

總是出現恐怖國家：俄羅斯、中國，以及最近的柬埔寨給了我
們清楚且明確的證據。而且，即使訴諸恐怖手段，也不會使結
果平等。不管在哪裏，以任何標準來看，差距很大的不平等依
舊存在：統治者和被統治者之間的不平等，不只是在權力上，
也出現在生活的物質標準上。❹

　　西方國家以結果平等的名義，採行的措施沒有那麼極端，
命運卻相同，只是程度沒有那麼嚴重。它們也限制了個人的自
由，也沒有達成想要的目標，而且證明我們不可能以大家普遍
能夠接受的方式，定義「公平的一份」，或者滿足社群成員被
「公平」對待的需求。恰恰相反，每一次再度嘗試執行結果平
等，不滿的聲浪總是更加高漲。

　　追求「結果平等」背後的驅力，不少道德上的情緒是來自
人們普遍相信，有些孩子只是碰巧父母有錢，便相對於其他孩
子占盡優勢，是不公平的。這當然不公平。但是不公平可以有
許多種形式。它可以是繼承財產——債券和股票、房子、工
廠；也可以是傳承才華——音樂能力、體力、數學天分。財產
的繼承比才華的傳承容易干涉。但是從道德的觀點來說，兩者
有什麼差別？可是許多人厭惡財產的繼承，卻對才華的傳承不
以為意。

　　從父母的觀點來看相同的問題。如果你想要確保孩子未來
能有較高的所得，你有各種方式做到這件事。你可以出錢供他
（或她）接受教育，為他將來找到高所得的工作鋪路；或者，

你可以設立企業給他接管,賺取高於上班族的收入;或者,你可以留財產給他,靠那些財產產生的收入過更好的生活。運用你的財產的這三種方式,在道德上有什麼差別?或者,如果在繳稅之後,國家留了一點錢供你花用,那麼只准你把錢敗光,不准你留給子女,這樣如何?

這裏面牽涉到的道德問題既微妙且複雜。它們不能用「人人都有公平的一份」之類的簡單公式來解決。其實,如果我們嚴肅面對這個問題的話,那就應該給音樂才華較差的年輕人最多的音樂訓練,好彌補他們與生俱來的劣勢,同時應該禁止音樂天資較高的人接觸良好的音樂訓練;個人其他所有與生俱來的特質,也都應該比照辦理。這對缺乏天分的年輕人可能「公平」,但對有天分的人來說是不是「公平」?更別提必須工作,為缺乏天分的年輕人支付訓練費用的人,或者本來可以從栽培天賦異稟的孩子而獲得好處卻遭到剝奪的人,是不是得到「公平」的對待?

人生本來就不公平,所以我們忍不住想要相信政府能夠矯正這種自然的產物。不過,認清我們能從自己所歎息的不公平得到多少利益,也很重要。

瑪琳黛德麗(Marlene Dietrich;譯註:德國著名影星和歌手)天生有一雙我們忍不住想一看再看的美腿,實在不公平;穆罕默德·阿里(Muhammad Ali)與生俱來的技能,使他成為偉大的拳擊手,也很不公平。但是從另一方面來說,千百萬人樂

於欣賞瑪琳黛德麗的美腿或者觀賞阿里的拳賽，而從大自然創造瑪琳黛德麗和阿里的不公平中受益。如果每個人都和別人長得一模一樣，那會是什麼樣的世界？

阿里一個晚上能夠賺進數百萬美元，當然不公平。但如果為了追求某種抽象的平等理想，不准阿里一個晚上打拳——或者準備拳賽的每一天——所賺的錢高於社會最底層的勞工在碼頭上執行非技術性工作的一天所得，對喜歡看他打拳的人來說，不是更不公平？我們或許可以做到這件事，但結果將是人們再也沒有機會看到阿里。如果限制阿里只能領得和非技術性碼頭工人相同的待遇，我們很懷疑他願意在打拳之前，接受嚴格辛苦的訓練，或者投入他曾經打過的那種拳賽。

這個複雜的公平問題，另一個面向可以用冒險遊戲來解說，例如，玩一個晚上的比九點紙牌賭博。參與賭博的人，晚上一開始時籌碼可能相同，但是隨著賭博的進行，那些籌碼會變得不一樣。賭局結束時，有人會是大贏家，有人會是大輸家。為了平等起見，是不是應該要求贏家把錢還給輸家？這會使賭博的樂趣完全喪失。連輸家也不喜歡這麼做。也許那個晚上他們喜歡，但如果他們知道不管發生什麼事，最後的結果和開始時一模一樣，他們還會再回來玩嗎？

這個例子和真實世界的關係，比乍看之下深得多。每一天，我們每個人都要決定和冒險有關的事情。有時，那是很大的冒險——例如決定從事什麼職業、和誰結婚、是不是要買房

子或者大筆投資。更常見的則是冒小風險，例如決定要看什麼
電影、是不是要冒險橫越車水馬龍的街道、是不是要買某種證
券而不買另一種。每一次的問題都是：誰來決定我們冒什麼風
險？這又取決於由誰承擔決定的後果。如果是由我們承擔後
果，那麼我們可以做決定。但如果是由別人承擔後果，我們應
該或者我們將獲准做決定嗎？如果你用別人的錢代他玩比九
點，他會不會讓你做決定的範圍不受限制？他不是幾乎肯定會
對你的自由裁量設限嗎？他不會設下一些規則，要你遵循嗎？
用一個非常不同的例子來說，如果由政府（也就是其他納稅人）
承擔洪水破壞你家的成本，政府會准許你自由決定是不是要把
房子蓋在泛濫平原上嗎？政府對個人所做決定的干預增多，和
「人人都有公平的一份」的推力齊頭並進，絕非偶然。

　　人能夠自行做選擇 ── 以及承擔所做決定的大部分後果
──的制度，正是我們歷史上大部分時候存在的制度。這種制
度在過去兩個世紀，給了亨利・福特（Henry Ford）、湯瑪斯・
艾爾華・愛迪生（Thomas Alva Edison）、喬治・伊斯曼
（George Eastman）、約翰・洛克斐勒（John D. Rockefeller）、詹
姆斯・凱希・彭尼（James Cash Penney）之類的人物改造我們
社會的誘因。這種制度給了其他人誘因，願意投入創業資金，
資助這些野心勃勃的發明家和工業鉅子冒險從事的事業。一路
走來，當然有許多輸家 ──輸家可能多於贏家。我們不記得他
們的名字。但是大抵來說，他們是睜大眼睛在走路。他們曉得

自己正在冒險。不管他們是贏或輸，整個社會都從他們願意冒險犯難的精神中獲益。

這個制度產生的財富，壓倒性來自開發新產品或服務，或者用新的方式生產產品或服務，或者廣泛配銷它們。整個社群因此增添的財富，廣大群眾因此增長的福祉，是那些創新家本身累聚財富的好幾倍。亨利·福特賺得巨大的財富，這個國家則取得便宜、可靠的交通工具和大量生產的技術。此外，許多時候，私人的財富最後大多用於造福社會。這套運作中的制度，吻合「機會平等」和「自由」的精神（機會平等和自由的意義，是根據直到最近我們的了解），結果產生無數引人注目的私人慈善捐助，洛克斐勒、福特和卡內基（Carnegie）基金會只是其中最搶眼的幾個。

一個有限的樣本，或許有助於我們管窺十九世紀和二十世紀初，公益慈善活動大量湧出之一斑。海倫·霍勒維茨（Helen Horowitz）在一本描述「1880 年代到 1917 年芝加哥的文化公益活動」的書中寫道：

> 世紀交替之際，芝加哥是各種推進力量相互矛盾的城市：既是一座商務中心，買賣著工業社會的基本商品，又是文化風氣興盛的社區。有個評論家說，這座城市是「豬肉和柏拉圖（Plato）的奇異組合」。
>
> 芝加哥文化素養蒸蒸日上的一大證明，是 1880 年代和 1890 年代初一些出色的文化機構紛紛設立（藝術學院〔the Art

Institute〕、紐伯利圖書館〔the Newberry Library〕、芝加哥交響樂
團〔the Chicago Symphony Orchestra〕、芝加哥大學〔the
University of Chicago〕、菲爾德博物館〔the Field Museum〕、克利
爾勒圖書館〔the Crerar Library〕）⋯⋯。

　　這些機構是這座城市的新現象。不管當初設立它們背後的動力
是什麼，它們大多是由一群企業家所組織、維繫和控制。⋯⋯可
是，雖然是由私人支持和管理，這些機構卻是為整個城市設計
的。它們的受託人轉向文化公益活動，與其說是出於滿足個人的
藝術品味或學術愛好，不如說是為了達成社會目標。這些企業家
對自己無力控制的社會力量感到不安，而且滿腔文化理想，認為
博物館、圖書館、交響樂團、大學，是淨化他們的城市，激發公
民文藝復興的一條道路。❺

　　公益慈善活動絕對不限於文化機構。霍勒維茨在另一段文
字中說：「許多不同的層次上，（公益慈善）活動爆炸性增
加。」而且芝加哥不是獨特的例子。正如霍勒維茨說的：「芝
加哥似乎是美國的縮影。」❻同一段時期，珍・亞當斯（Jane
Addams）在芝加哥設立哈爾屋（Hull House）。這是在全美各
地設置的許多安置之家的第一個，用於在貧民之間傳播文化和
教育，並且協助他們解決日常的問題。許多醫院、孤兒院和其
他的慈善機構也在同一時期建立。

　　自由市場體系和追求廣泛的社會與文化目標之間，或者自
由市場體系和同情比較不幸的人之間，並沒有不調和的地方。
那種同情可能像十九世紀那樣，以私人慈善活動的形式出現，

或者像二十世紀愈來愈常見的做法，透過政府提供協助——假使兩者都表達了助人的意願的話。但是，透過政府的兩種協助方式，表面上看起來類似，其實天差地遠：第一是我們90%的人同意對自己課稅，幫助最底層10%的人，第二是80%的人投票，贊成收入最高10%的人幫助最低10%的人——這是威廉・葛雷姆・薩姆勒（William Graham Sumner；譯註：美國社會學家、經濟學家，社會達爾文主義的主要代表人物之一）非常有名的例子：B和C決定D應該為A做什麼事。❼幫助弱勢族群的第一種做法可能聰明，也可能不聰明，可能有效，也可能無效，但它和機會平等、自由的信念相互調和。第二種做法尋求結果的平等，和自由完全對立。

誰贊成結果的平等？

雖然結果的平等有如知識分子的宗教信念，政治人物的演說和法案的序言也堂而皇之大唱高調，結果平等的目標得到的支持卻少之又少。政府、熱情擁護平等論調的知識分子，以及一般大眾的所言和所行都不一致。

政府的彩券和賭博政策，便是明顯的例子。紐約州——尤其是紐約市——一般公認這裏是倡導平等高調的要塞；這樣的看法一點沒錯。可是紐約州卻發行彩券和提供賽馬場外下賭的設施。它大作廣告，誘引公民購買彩券和賭馬——所訂的條件

能為政府賺進大筆利潤。在此同時，它試著取締「數字」（numbers）彩券賭博；數字彩券賭博的贏錢機率高於政府發行的彩券（尤其是贏錢之後更容易避稅）。英國即使不是平等高調的發源地，也是它的要塞，允許設立私人賭博俱樂部，以及賭馬和其他的運動比賽賭博。其實，賭博可說是全民的消遣活動，也是政府收入的主要來源。

　　知識分子最清楚的證據，則是沒有實踐他們許多人所鼓吹的事情。結果的平等可以身體力行去推廣。首先，確定你所說的平等是什麼意思。你希望在美國國內達成平等？在一國之內的某個群體取得平等？在整個世界？平等是要用平均每人所得來判斷？每戶家庭？每年？每十年？一生？只看金錢所得？還是包括自有房屋的租金價值、自己食用而種植的食物、家庭成員沒有金錢所得而提供的勞務（特別是家庭主婦）？如何考慮身心的優劣？

　　如果你是平等主義者，不管如何決定這些問題，都可以去估算看看你的平等概念相當於多少金錢所得。如果你的實際所得高於那個金額，你可以留下那個金額，其餘的部分則分給所得低於那個水準的人。如果你的標準是涵蓋全世界——就像大部分平等主義的論調所主張的那樣——那麼每個人一年低於200美元（以1979年的幣值為準）的所得，似乎符合大部分平等高論所默認的平等概念。這個數字約為全球每人的平均所得。

　　歐文・克里斯托（Irving Kristol）表示，「新階級」——

政府官僚、研究獲得政府資金支持的學者或受聘於政府出資的
「智庫」的學者、許多所謂「整體利益」或「公共政策」團體
的成員、新聞記者和傳播業的其他人——鼓吹平等主義最不遺
餘力。（譯註：克里斯托是美國知名政論家，被稱為「新保守主義
之父」。）可是，提起這些人，我們就想到和貴格會教徒
（Quakers）有關的一句老話（這句話可能有欠公允）：「他們
來新世界做好事，結果日子過得很好。」新階級的成員領得的
薪資大體是社群中最高的。對其中許多人來說，宣揚平等和推
廣或管理因此產生的法案，已經證明是取得這種高收入的有效
手段。所有的人都發現，很容易將自身的福祉和社群的福祉畫
上等號。

平等主義者當然可能抗議，說他不過是滄海一粟，說他願
意將他超過平等所得的收入重新分配，只要其他每個人也被迫
做同樣的事。這種想法的問題是，第一，認為那種強制做法可
以改變現狀的論點是錯的——即使其他每個人都做相同的事，
他對其他人所得的特定貢獻，仍然是滄海一粟。不管是唯一的
貢獻者，還是許多人裏面的一位貢獻者，他個人的貢獻都一樣
多。其實，如果他能將自己多出的所得，捐給他認為合適的受
贈者中最窮的一個，將會更有價值。第二，強制性的做法會急
遽改變狀況：這種重新分配的行為如果是出於自願，因此出現
的社會，和強制重新分配所出現的社會將截然不同，而且依我
們的標準來看，是更為理想的做法。

相信強制平等的社會比較理想的人，也有機會實踐他們的信念。在美國或其他地方有許多群居組織（communes），他們可以加入其中一個，或者建立新的群居組織。任何一群人想要用那種方式生活，都應該自由自在去做。這當然和人生而平等，或者機會平等和自由的信念完全調和。我們認為支持結果平等的人只是嘴巴上說說，理由可以從願意加入這種群居組織的人很少，以及已經建立的群居組織相當脆弱等事實，得到強大的支持。

美國的平等主義者可能表示異議，說群居組織數目少和顯得脆弱，反映了「資本主義者」居於主流地位的社會，把這種群居組織汙名化，因此使它們遭到歧視。對美國來說，這也許真有其事，但是羅伯・諾齊克（Robert Nozick）❽指出，這些話在某個國家不但站不住腳，而且在那裏，重視平等的群居組織還受到高度的尊崇和評價。那個國家就是以色列。猶太人早年在巴勒斯坦屯墾時，集體農場（kibbutz）扮演主要的角色，以色列建國後繼續舉足輕重。以色列有極高比例的領導人出身於集體農場。集體農場的成員不但沒有招來異樣的眼光，還享有崇高的社會地位和獲得肯定。每個人都可以自由加入或離開集體農場，而且它們一直是能夠存活的社會組織。但是不管什麼時候，今天當然也一樣，以色列的猶太人選擇當集體農場成員的向來不到5%。這個百分比可以視為上限估計值：最多有這麼高比率的人自願選擇強制實施結果平等的制度，而不是不

平等、多樣化、充滿機會的制度。（譯註：諾齊克，1938年11月
16日~2002年1月23日，美國傑出的哲學家，曾任哈佛大學教授。）

　　民眾對累進所得稅更是喜惡參半。最近，不曾實施累進所
得稅制的一些州，就引進這種稅制舉行公民投票；已經實施的
其他州，則就加強累進程度舉行公民投票。結果是普遍遭到否
決。另一方面，美國聯邦所得稅的累進程度很高，至少名義上
如此，但它也包含很多條款（就是「漏洞」的意思），大大減
低實務上的累進程度。就這一點來說，至少民眾可以容忍程度
溫和的重新分配稅制。

　　但是我們敢說，雷諾（Reno）、拉斯維加斯（Las Vegas），
以及現在的大西洋城（Atlantic City）等賭城受歡迎的程度，和
聯邦所得稅、《紐約時報》與《華盛頓郵報》的社論，以及
《紐約書評》（New York Review of Books）一樣，忠實地反映民
眾的偏好。

平等政策的後果

　　有些西方國家的知識和文化背景與我們相同，我們的許多
價值也源自它們，所以擬定我們自身的政策時，不妨向這些國
家的經驗學習。英國也許是最具啟發性的例子。它在十九世紀
率先實施機會平等政策，二十世紀則邁向實施結果平等政策。

　　自第二次世界大戰以來，英國的國內政策被尋求更高程度

的結果平等所主宰。它採取一個又一個措施，從富人那裏掏錢
給窮人。政府對所得課稅，最高達財產所得的98%，以及「勞
力」（earned）所得的83%，並且輔以愈來愈重的遺產稅。國家
供應的醫療、住宅和其他的福利服務，以及失業與老人給付大
為擴增。很遺憾，其結果和幾個世紀以來受害於英國的階級結
構的人所希望得到的結果大不相同。大量的財富重新分配，但
最後並沒有分配得公平。

　　相反地，新的特權階級被創造出來，取代或者補強舊的階
級。這些新的特權階級包括抱牢鐵飯碗的政府官僚，不管工作
期間，還是退休後，都受到保障，不必害怕通貨膨脹；工會自
稱代表飽受欺壓的勞工，實際上卻是由待遇最高的勞工組成
──他們是勞工運動中的貴族；以及新興的百萬富翁，他們十
分聰明，找到各種方法，規避從議會和官僚機構湧出的法令規
定，也找到方法避免繳所得稅，將財富送到海外，稽徵機關怎
麼查也查不到。所得和財富的確重新大幅洗牌，變得比較平等
則未必。

　　英國走向平等的嘗試失敗了，原因不在採行錯誤的措施
──但有些措施無疑是錯的；不是因為管理差勁──但有些管
理無疑糟糕至極；不是因為選錯人管理它們──但有些人無疑
不適任。邁向平等的嘗試，是因為一個更為根本的理由而失
敗。它有違所有的人最基本的一個本能。以亞當斯密的話來
說，那就是「每個人有志一同，毫不間斷，始終致力於改善本

身的處境」❾——而且,我們或許可以加上一句:他的子女,以及子女的子女的處境。亞當斯密所說的「處境」(condition),當然不是光指物質的享受,但它肯定是其中的一個成分。他心裏存有一個更為廣泛的概念,包括人評判本身的成功所用的各種價值——尤其是導致十九世紀公益慈善活動大增的那種社會價值。

當法律干擾到人追求本身的價值,他們會試著繞道而行。他們會逃避法律、違反法律,或者遠離國門。極少人相信法律可以以道德為由,強迫人們放棄他們生產的許多東西,支付給他們不認識的人,而且所持的理由,他們不見得贊同。當法律和大部分人視為合乎道德和正當的事情相互牴觸時,他們就會違反法律——不管法律是不是以平等之類的崇高理想,或者犧牲另一個群體,以照顧某個群體的利益之名而通過實施。人們遵守法律,只是因為害怕遭到懲罰,而不是出於正義感和道德感。

當人開始違反某一類法律,不尊重法律的心態不可避免地就會散布到所有的法律,連每個人視為合乎道德和正當的法律——防治暴力、偷竊和惡意破壞的法律——也不例外。也許很難相信,近數十年來英國令人髮指的罪行增加,很可能是追求平等的後果之一。

此外,努力追求平等反而導致英國一些最能幹、教育程度最好、精力最充沛的公民出走,美國和其他國家則坐收漁利,

因為這些國家給他們更好的機會，可以運用本身的才華，牟取自身的利益。最後，誰能懷疑追求平等對效率和生產力造成的影響？沒錯，那是數十年來英國的經濟成長落後歐陸鄰國、美國、日本和其他國家那麼多的主因之一。

美國追求結果平等的目標，沒有走得像英國那麼遠。不過，許多相同的後果已經相當明顯——從著眼於平等的措施未能達成目標，到財富的重新洗牌依任何標準來說都稱不上平等，到犯罪增加，以及生產力和效率受到抑制都是。

資本主義和平等

世界上每個地方，都有所得和財富不平等的現象。大部分人因此憤恨不平。某些人生活豪奢，其他人卻家徒四壁，這種鮮明的對比，極少人不為之動容。

一個世紀以來，一種迷思慢慢增長，認為自由市場資本主義——我們把那個名詞解釋為機會的平等——助長了這種不平等；總之，人們認為那是富人壓榨窮人的制度。

沒有什麼事情可以脫離真相。只要允許自由市場運作的地方、只要是追求機會平等存在的地方，一般人就能過以前不敢夢想的生活水平。不允許自由市場運作的社會，比任何地方的貧富差距要大，而且富者愈富，貧者愈貧。中世紀歐洲等封建社會、獨立前的印度、不少現代南美洲國家，都是這樣，繼承

而來的身分決定一個人的地位。俄羅斯、中國或獨立以後的印度等中央計畫社會也一樣,摸清政府的門路,可以決定一個人的地位。甚至於,這三個國家以平等之名引進中央計畫的領域,依然如此。

俄羅斯是由兩個民族構成的國家:一小群享有特權的官僚上層階級、共產黨官員、技術人員;以及生活條件不比曾祖父母好的廣大人民。上層階級可以進特殊的商店、學校和享受各式各樣的豪奢生活;廣大的人民則活該只能滿足生活基本必需。我們在莫斯科問過一位導遊,眼前那輛大轎車得花多少錢購買,聽到的回答竟是:「喔,那種東西不賣;它們只供政治局乘坐。」美國新聞記者最近寫的幾本書,詳細提及上層階級的特權生活和廣大人民的貧窮形成鮮明的對比。❿ 即使在低下層級,俄羅斯工廠中領班的平均工資為普通工人平均工資的倍數,也高於美國工廠中的倍數——俄羅斯工廠的領班無疑該領那麼高的倍數。畢竟,美國的領班只需要煩惱被開除;俄羅斯的領班則需要煩惱遭到射殺。

中國這個國家,握有政治權力的人和其他人之間、城市和鄉村之間、城市的一些工人和其他工人之間,所得差距也很大。中國一位觀察敏銳的學生寫道:「1957年中國富庶地區和貧窮地區之間的不平均,比世界上任何較大國家更為尖銳,但巴西也許除外。」他引述另一位學者的話說:「這些實例顯示中國的工業部門工資結構並沒有遠比其他國家更平均。」他檢

視中國的所得平等程度之後作結道：「今天中國的所得分配應
該要多平均？當然不像台灣或南韓那麼平均。……另一方面，
中國的所得分配顯然比巴西或南美平均。……我們必須作成結
論說，中國絕不是完全平等的社會。事實上，中國的所得差
距，可能比『法西斯主義者』菁英當權，廣大群眾遭壓榨的許
多國家大上許多。」**⓫**

工業進步、機械改善，所有令人驚歎的現代事物，對財富
的累積，助益少之又少。古希臘的富裕，根本沒有受益於現代
的鉛管工程；來回奔跑的僕役取代了自來水。羅馬的貴族在家
裏就有知名音樂家和演員為他們表演，也有一流的藝術家當家
臣，所以不需要電視機和收音機。成衣、超級市場，以及其他
許多現代的發展，對他們的生活沒有錦上添花的效果。他們會
歡迎交通和醫藥等方面的進步，但是其他的東西，也就是西方
資本主義的偉大成就，主要是造福普通老百姓。這些成就，將
以前只供有錢有勢者享受的便利與舒適，帶給廣大的群眾。

1848 年，約翰・彌爾（John Stuart Mill）寫道：「到目前
為止，已經問世的所有機械發明，是不是減輕了任何人類的辛
苦勞動，仍然是個問題。它們使更多人過著單調辛苦和受到束
縛的相同生活，以及更多的製造商和其他人賺得財富。它們增
進了中產階級的舒適生活。但它們還沒開始使人的命運起巨大
的變化；這是它們的特性和它們的未來需要做到的事情。」**⓬**

今天沒人能再這麼說。從工業世界的一端到另一端，你會

發現，只有那些運動員累得腰酸背痛。要找到沒有因為機械發明而減輕每天的辛苦工作的人，你必須到非資本主義世界去：到俄羅斯、中國、印度或孟加拉、南斯拉夫的一些地方；或者到比較落後的資本主義國家——非洲、中東、南美；以及直到最近的西班牙或義大利。

小結

一個社會如果將平等——也就是結果的平等——置於自由之前，最後會既不平等，也無自由。動用強制力量以達成平等，將會摧毀自由，而本來基於良好目的而引進的強制力量，最後會落在一些人手中，用它來促進本身的利益。

相反地，如果一個社會把自由放在第一位，最後美好的副產品是既有更大的自由，也有更大的平等。雖然更大的平等是自由的副產品，卻絕非僥倖得到。自由的社會將釋出人的活力和能力，追求他們自身的目標。它會阻止某些人任意壓制別人，卻不會阻止某些人取得特權地位，不過，只要維持自由，它就會防止那些特權地位機制化；他們會受到其他能幹、野心勃勃的人持續不斷的攻擊。自由意味著多樣化，卻也表示流動性高。它會為今天的弱勢族群，保留明天成為特權階級的機會，並在這個過程中，允許從上到下的幾乎每一個人，享有更完全和更豐富的人生。

第6章

學校出了什麼問題？

What s Wrong with Our Schools?

教育一直是美國夢的主要成分。在清教徒的新英格蘭，學校很快就蓋了起來，起初是作為教堂的附屬功能，後來則由世俗組織接手。伊利運河（Erie Canal）開通後，農民離開新英格蘭多岩的山丘，前往中西部肥沃的平原開墾。所到之處，他們興建學校，不只蓋小學和中學，也開辦學院。十九世紀下半葉，跨越大西洋湧進的許多移民，對教育求之若渴。他們熱切地把握大部分人落居的都會區和大城市所提供的學習機會。

起初，學校是私立機構，要不要上學純屬自願。但是政府慢慢扮演愈來愈重的角色，起初是提供資金，後來更興建和管理公立學校。第一個強制就學的法律，是1852年麻州通過實施的，但所有的州一律強制入學則是在1918年以後。政府的管制主要限於地方，直到進入二十世紀後才開始改變。當時的學校都屬社區型，並由各地學校的董事會控制。然後，由於不同學區的族群和社會組成差異很大，以及人們相信專業教育工作者

應該扮演更重要的角色，於是有所謂的改革運動展開，尤其是在大都市。1930年代，隨著政府傾向於擴張和集權，這個運動也愈演愈烈。

學校教育廣泛提供給所有的人，而且公立學校教育有助於新移民融入我們的社會，防止分化和分裂，促使不同文化和宗教背景的人和睦相處。這件事，我們一直引以為豪，而那是有好理由的。

很遺憾，近年來，我們的教育紀錄有了汙點。父母抱怨孩子接受的學校教育品質每下愈況，許多人甚至更擔心子女的身體健全。教師抱怨他們教學的環境往往無助於學習，愈來愈多教師憂慮人身安全，連在教室也受到危害。納稅人抱怨成本愈來愈高。幾乎沒有人認為，我們的學校在教導孩子學習因應人生問題所需的工具。學校不但沒有收到教化和促進和諧的效果，反而日益成了它們本該力阻的分化和分裂的主要根源。

小學和中學的學校品質差異很大：大都會區一些富裕郊區的學校十分優秀，許多小鎮和鄉村地區的學校很好或令人滿意，而大都會的內城區的學校則其糟無比。

「來自低所得家庭黑人孩子的教育，或者應該說是無教育（uneducation），無疑是公共教育的最大災區和它的最大敗筆。官方的公立學校教育方針，一直將窮人和弱勢族群視為最大的受益人，這無異是雙重悲劇。」❶

我們擔心，公共教育正受害於我們前後各章討論的許多計

畫那樣的弊病。四十多年前，華爾特‧李普曼（Walter Lippmann）就斷言這是「管理過度的社會之病」，從「比較古老的信念……認為人們以有限的心智能力和利己的偏見，去運用無限的權力，很快就會走向壓制、反動和貪腐，……進步所需要的條件，正是限制統治者的權力於他們的能力和品德範圍內」，轉變成認為「人管理他人的能力無窮，因此不應該對政府施加任何限制」。❷（譯註：李普曼，1889~1974，美國專欄作家和政論家。）

就學校教育來說，這種弊病的症狀是，不讓父母可以控制子女所接受的學校教育種類——例如可以直接選擇子女就讀的學校和付費，或者間接透過地方上的政治活動進行。結果，權力往專業教育工作者這一邊傾斜。由於學校傾向集權化和官僚化，這個弊病日益嚴重，尤其是在大都市。

私人市場在大學院校發揮的作用，比在小學和中學要大，但這個部門不能自外於社會管理過度之病。1928 年，選擇公立高等教育機構入學的學生，少於私立機構；1978 年相差接近四倍。政府直接提撥的資金，成長的速度不如政府的運作那麼快，因為學生必須繳交學費，但即使如此，1978 年政府的直接補助還是占所有公私立高等教育機構總支出的一半以上。

政府的角色加重，對高等教育產生許多不良的影響。這一點，和中小學沒有兩樣。它孕育出一種氣氛，使得負責的老師和認真的學生經常無心教學與學習。

小學和中學教育：問題

即使在美國建國之初，不只是城市，幾乎每個鄉鎮以及大部分的農村地區都設有學校。許多州或地方，法律規定設立一所「公學校」（common school）。但是這些學校，大多是由父母支付費用，私人出資經營的學校。地方、郡或州政府通常也會補助一些資金，用以支付父母無力付費的學童的學費，或者補助父母所出的費用。雖然學校教育既非強制性，也不是免費的，卻全面提供（奴隸當然除外）。紐約州公學校督察在他的1836年報告中，用堅定的語氣表示：「不管從哪個角度談這個問題，都可以合理相信，在公學校、私學校和中等學校實際接受教育的孩童人數，等於五到十六歲孩子的總數。」❸各州情況當然有所不同，但是根據各方面的說法，各種經濟水準的（白人）家庭，子女都能普遍接受學校教育。

1840年代起，有人開始鼓吹用所謂的免費學校，取代龐雜且大多為私立學校的體系，也就是由父母和其他人以繳稅的方式間接支付成本，而不是直接付費。艾德溫・韋斯特（Edwin G. West）曾經埋首研究政府在學校教育上所扮演角色的演變。他指出，這個運動不是由心懷不滿的父母帶動的，領頭的「主要是教師和政府官員」❹。霍勒斯・曼恩（Horace Mann）是倡導免費學校最有名的一人。《大英百科全書》（*Encyclopaedia Britannica*）談他生平的詞條，稱他為「美國公共教育之父」❺。

曼恩是1837年所設麻州教育委員會的第一任秘書，接下來十二年積極鼓吹由政府出資和由專業教育工作者控制，興辦學校體系。他的主要論點是：教育十分重要，政府有義務提供教育給每一個孩子；學校應該屬普世性質，所有宗教、社會和族群背景的孩子都能就讀；普及性的免費學校教育有助於孩子克服父母貧窮所形成的劣勢。「曼恩在他向麻州教育委員會所提的秘書報告中，一再宣稱……教育是很好的公共投資，可以增進產出。」❻雖然他的論調，所用措詞完全出於公共利益，教師和行政管理人員對公共學校運動的支持，卻多來自狹隘的私利。他們希望享有更大的就業確定性、薪水得到更大的保障，以及如果直接付錢的老闆改為政府，而不是父母，他們的控制力量會更大。

「儘管處境十分艱難，以及遭遇激烈的反對……」，曼恩敦促設立的體系，「主要輪廓於十九世紀中葉成形」❼。自此之後，大部分孩子上的都是政府開辦的學校。少數一些人繼續上所謂的私立學校，其中大多是天主教會和其他教派經營的學校。

從以私人為主的學校體系，走向以政府為主的體系，美國並非獨步全球。其實，一位權威專家曾經表示，「教育應該是國家責任的看法逐漸被人接受」，是「最重大」的十九世紀大趨勢，「仍然影響二十世紀下半葉所有西方國家的教育」❽。有趣的是，這個趨勢始於1808年的普魯士（Prussia），以及大

約同一時間拿破崙治下的法國。英國甚至晚於美國。「在自由
放任的魔咒之下，（它）遲疑了很長一段時間，才允許國家干
預教育事務」，最後終於在1880年，公立學校體系建立起來，
但小學教育要到1880年才規定強制就讀，到1891年收費才普
遍廢除。❾英國和美國一樣，在政府接管之前，學校教育已經
十分普及。韋斯特教授曾以非常具有說服力的方式指出，英國
政府接管學校體系，和美國一樣是受到教師、行政管理人員，
以及出於善意的知識分子的壓力，而不是父母施壓的結果。他
的結論是，政府接管減低了學校教育的品質和多樣性。❿

　　教育和社會安全一樣，是獨裁主義和社會主義哲學常見的
元素。貴族獨裁統治的普魯士和法蘭西帝國率先由國家管制教
育。美國、英國，以及後來的法國，傾向社會主義的知識分
子，是各國支持國家控制的主力。

　　美國建立的公立學校體系，有如自由市場大海中的社會主
義孤島，剛開始只在很小的程度內，反映知識分子對市場和自
願性交易的不信任。它反映的主要是整個社群對機會平等理想
的重視。曼恩和他的同儕懂得利用那種深層的情緒，有助於他
們的主張得到成功。

　　不用說，人們不把公立學校體系看成是「社會主義」的產
物，而只視之為「美國式」的東西。決定這個體系如何運作的
最重要因素，是它的分權式政治結構。美國憲法大力限制聯邦
政府的權力，所以它不能扮演重要的角色。各州大致將學校的

控制權留給地方社區、市鎮，或者大城市的分區。由父母密切監督政治機構如何經營學校體系，可以部分替代競爭所帶來的效果，並且確保父母廣泛共有的任何願望被執行。

經濟大蕭條發生之前，情況已經改變。學區經過整併，教育區域擴大，愈來愈多的權力交給專業教育工作者。經濟大蕭條之後，一般民眾加入知識分子的行列，漫無節制地相信政府應該有所作為，特別是中央政府應該負起責任，於是只有一間教室的學校和各地的學校董事會節節敗退。權力迅速從地方社區移轉到更大的實體——市、郡、州，以及最近的聯邦政府。

1920 年，地方資金占公立學校全部經費的83%，聯邦的補助占不到1%。1940 年，地方所占比率下降到68%，現在更不到一半。其餘資金大多由州提供：1920 年是16%，1940 年是30%，現在超過40%。聯邦政府所占比率仍低，但正快速增加：1940 年不到2%，目前約為8%。

專業教育工作者已經接手，父母的控制權則減弱。此外，交付給學校的職能已經改變。它們仍需要教導讀、寫、算（three R's），以及灌輸共同的價值。但是除此之外，學校現在也被視為一個管道，用來促進社會流動、族群融合，以及和它們的基本任務關係不怎麼密切的其他目標。

第 4 章曾經談到梅克斯・蓋門博士研究英國的國民保健服務之後，提出官僚取代理論。用他的話來說，在「官僚體系中……*支出增加的同時，產量下降。*……這種體系的運作很像經

濟領域中的『黑洞』，在吸取資源的同時，『吐出』的產量縮減。」❶

他的理論充分適用於美國公立學校體系日益官僚化和集權化所產生的影響。從1971~72學年到1976~1977學年的五年內，美國所有公立學校的專業人員總數增加8％，平均每位學生的成本增加58％（指金額，經通貨膨脹修正後則為增加11％）。投入明顯上升。

學生人數減少4％，學校數目減少4％。而且，如果說，學校教育的質比量下降得更為激烈，相信極少讀者會表示異議。從標準考試的成績每下愈況，絕對可以看出這一點。**產出明顯下滑。**

每單位投入的產出下降，原因出在組織日益官僚化和集中化？我們拿一些數字來當證據。從1970-71年到1977-78年的七年內，學區數減少17％——更長期的集中化趨勢持續進行。至於官僚化，在有資料可用的更早的五年（1968-69年到1973-74年），學生人數增加1％，專業人員總數卻增加15％，教師增加14％，但是督學增加44％。❷

學校教育的問題不只出在規模，不只是因為學區變大，以及每個學校的平均學生人數增多。畢竟，在工業界，規模往往是效率提高、成本降低、品質改善的來源。美國的工業發展，從引進大量生產，從經濟學家所說的「規模經濟」（economies of scale）得到很大的助益。學校教育為什麼不同？

其實沒有不同。學校教育和其他的活動沒有不同，但是消費者可以自由選擇的安排，和生產者大權在握，以致於消費者沒有發言餘地的安排之間有所不同。如果消費者能夠自由選擇，那麼企業生產的產品，必須投合消費者的品質或價格偏好，它的規模才會成長。如果消費者不覺得某家企業生產的產品物超所值，單靠規模也不能強迫消費者購買它的產品。通用汽車（General Motors）的龐大規模並沒有妨礙它欣欣向榮。葛朗特公司（W. T. Grant & Co.）的龐大規模並沒有使它免於破產。當消費者能夠自由選擇，只有在規模能夠發揮效率的情況下，規模才得以存活下去。

就各種政治安排來說，規模通常的確會影響消費者的選擇自由。小型社區中，個別公民覺得和大型社區比起來，他更能控制政治機構所做的事；事實也的確如此。他的選擇自由可能和決定是不是要買某樣東西不同，但至少他有很大的機會，去影響將要發生的事情。此外，小型社區有很多時候，個人可以選擇要住在哪裏。當然了，那是相當複雜的選擇，涉及許多要素。不過，這表示地方政府提供給公民的服務，必須讓他們覺得繳稅繳得值得，否則它們就會被取代，或者失去納稅人。

當權力掌握在中央政府手中，情況便很不一樣。個別公民會覺得，他對遙遠且不帶個人感情的政治機構，能夠發揮的控制力少之又少；事實也的確如此。搬到另一個社區去住的可能性也許仍然存在，受到的限制卻大得多。

談到學校教育，父母和子女是消費者，教師和學校行政管理人員是生產者。學校教育的集中化，意思是說教學單位的規模變大，消費者的選擇能力縮減，生產者的力量卻增加。教師、行政管理人員、工會幹部和我們這些人並沒有兩樣。他們可能也為人父母，衷心盼望有個好學校體系。但是，他們身為教師、行政管理人員、工會幹部的利益，和他們身為父母的利益不同，也和他們所教孩子的父母之利益不同。他們的利益可能要靠更大的集權化和官僚化才能滿足，即使父母的利益不然——其實，要能滿足那些利益，可以使用的一種方式，正是減縮父母的力量。

每當政府官僚犧牲消費者的選擇而接手，相同的現象就會存在：不管是在郵局、收垃圾，還是在其他各章列舉的許多例子中。

談到學校教育，高所得階級保有選擇的自由。他們可以把子女送去唸私立學校，而這等於花兩次錢供子女上學——一次是繳稅以資助公共學校體系，另一次是繳納學費。或者，我們可以根據公共學校體系的品質，選擇要住在哪裏。優異的公立學校通常集中在較大城市的較富裕郊區；那些地方，父母的控制力仍然很強。❸

紐約、芝加哥、洛杉磯、波士頓等大都會區的內城，情況最糟。住在那些地方的人，想付兩次錢供子女上學接受教育十分困難——但有數量高得驚人的父母，將子女送去讀教會學

校。他們負擔不起搬到有良好公立學校的地方去住。他們唯一的指望，是試著影響主管公立學校的政治機構；但是這種事情即使不是完全無望，通常也十分困難，而且，他們不是很能勝任做這種事。和生活上其他任何層面比起來，內城居民子女的學校教育水準可能更居劣勢；政府提供的另一項「服務」——犯罪防治——也許例外。

既悲哀又諷刺的是，這個體系理應致力於教導所有的孩子學習共同的語言，以及美國公民的價值，並給所有的孩子平等的教育機會，實際上卻反而加深社會的層級化，和製造高度不平等的教育機會。內城平均每位學生的學校教育支出，通常和富裕市郊一樣高，教育品質卻低落許多。市郊學校的錢幾乎全用於教育；內城則有不少錢必須用於維護紀律、防止破壞，或者修補它們造成的影響。有些內城學校的氣氛，與其說是學習場所，不如說更像監獄。住在市郊的父母，繳同樣的稅，得到的價值卻遠高於內城的父母。

中小學的教育券辦法

學校教育不必是那個樣子，即令是內城也不必。以前，父母擁有更大的控制權時，它不是那個樣子。現在，在父母仍有控制權的地方，它也不是那個樣子。

美國強大的自願行為傳統，給了我們許多絕佳的例子，告

訴我們，當父母擁有更大的控制權時，可以辦到什麼事情。小學教育有一個實例，是我們在紐約市布隆克斯區（Bronx）最貧窮的一個地方參觀過的教會學校聖金口若望（St. John Chrysostom's）。它的一部分資金來自自願性慈善組織紐約內城助學基金（New York's Inner City Scholarship Fund），部分來自天主教會，部分來自各項費用收入。這所學校的小孩來這裏就讀，是出自父母的選擇。幾乎所有的人都來自貧窮家庭，可是父母都至少支付一部分費用。孩子們很守規矩，熱心學習。老師教學認真。整個氣氛安靜祥和。

即使把修女等老師提供的免費服務算進去，平均每位學生的成本也遠低於公立學校，可是孩子們的學業成績比公立學校的同儕平均高兩級。這是因為老師和父母可以自由選擇如何教導小孩。私人資金取代了稅款。控制權從官僚手中取回，放到它應該歸屬的地方。

另一個實例是哈林區（Harlem）的一所中學。1960年代，哈林發生暴動，慘遭蹂躪。許多青少年因而輟學。為此感到憂心的一些父母和教師團體決定起而行動。他們利用私人資金，接下空無一物的商店，辦起後來所說的店面學校（store-front school）。最早和辦得最成功的一所，稱作哈林預備學校（Harlem Prep），辦校目的是為了那些無法接受傳統教學方法的年輕人。

哈林預備學校的實體設施不足。許多老師缺乏適任資格證

明文件，不能在公立學校執教，但這不影響他們做好份內的工作。雖然許多學生曾經不能適應學校生活和輟學，卻在哈林預備學校找到他們想要的學習方法。

這所學校辦得極為成功。許多學生後來都進入大學院校繼續深造，其中有些更是名校。遺憾的是，這個故事的結局並不美滿。度過初期的危機之後，學校再也沒有資金可用。教育委員會願意提供資金給校長和創辦人之一的艾德·卡本特（Ed Carpenter），條件是遵守它們的法令規定。經過一段漫長的奮戰，冀望保持獨立，最後他也只能屈服。學校被官僚接管。「我覺得，」卡本特說，「像哈林預備學校這種學校，在教育委員會僵化的官僚機構之下準死無疑，不會繁榮壯大。……我們等著看會發生什麼事。我不相信會是好事。果然，我是對的。我們去找教育委員會以來，發生的事不全是好事，也不全是壞事，但壞事多於好事。」

這種私人創業活動十分寶貴。但他們頂多只能觸及需要做的事情的皮毛。

想要大幅改善，把學習帶回教室，尤其是為目前最弱勢的族群做這件事，一個方法是利用高所得階級現在可用的類似方法，在子女接受學校教育的問題上，給所有的父母更大的控制權。父母通常比其他任何人更關心子女的學校教育，也更了解他們的能力和需求。社會改革者，尤其是教育改革者，經常自以為是，認為父母，特別是貧窮和本身受教育不多的父母，對

子女的教育不怎麼感興趣，也沒能力為子女選擇教育。這可是毫無來由的侮辱。這些父母可選擇的通常很有限。但美國的歷史充分證明，一有機會，他們往往願意為子女的美好未來付出很大的犧牲，以及採取明智的行動。

有些父母無疑對子女的教育不感興趣，或者缺乏能力和意願作出明智的選擇。但這種人畢竟屬於少數。總之，遺憾的是，我們目前的體系對他們的子女幫助不大。

要確保父母擁有更大的選擇自由，同時保有目前的財務資源，一個簡單和有效的方式是發行教育券（voucher）。假設你的孩子上公立小學或中學。1978 年，每個孩子入學就讀，平均一年得花全國納稅人（你和我）約 2,000 美元。如果你決定不讓孩子唸公立學校，而是送到私立學校，那麼你替納稅人一年省下約 2,000 美元——但是省下的錢不會退還給你，而是轉嫁給所有的納稅人，也就是你繳納的稅款頂多省下約幾美分。你除了繳稅，還得支付私立學校的學費——所以你有強烈的動機，送孩子去唸公立學校。

但假使政府對你說：「如果你讓我們省下子女的學校教育費用，我們會給你一張教育券。這是一張可贖回的憑證，金額固定，但必須用於支付子女在獲得許可的學校就讀的費用。」教育券面額可能是 2,000 美元，或者更低，例如 1,500 或 1,000 美元，省下來的錢由你和其他納稅人分享。但不管是全額還是較低的面額，至少都能消除目前限制父母選擇自由的一部分金

錢懲罰。❶

這種教育券辦法，和補助退役軍人教育學費的退伍軍人權利法案原則完全相同。退役軍人領得的教育券只適用於教育支出，而且可以用它自由選擇學校，只要那些學校符合若干標準。

為人父母者可以，也應該獲准不只使用教育券於私立學校，也能夠用於其他的公立學校──而且不只用於所屬學區、市立或州立學校，也可用於願意接受他們孩子的任何學校。這不但能給每位父母更大的選擇自由，同時也要求公立學校以收取學費的方式（如果教育券面額等於全部的成本，那就是全額收費；如果不是的話，至少得部分收費），自行籌措資金。公立學校因此必須彼此競爭，也和私立學校競爭。

這套辦法不會減輕任何人支付學校教育費用的稅務負擔。它只能在社區有義務提供給孩子的學校教育形式方面，給父母更大的選擇。這套辦法也不會影響私立學校目前依義務教育就學法（compulsory attendance laws）的規定，必須符合的招生就讀標準。

我們把教育券辦法看成是部分的解決方案，因為它既不影響學校教育的財務收支，也不影響義務教育就學法。我們主張做得更多。乍看之下，一個社會愈富裕，所得分配愈平均，政府愈沒有理由補助學校教育的經費。無論如何，父母都要負擔大部分的成本，而且相同品質的教育成本，如果間接透過繳稅

的方式負擔，一定比他們直接支付學校教育的費用要高——除非學校教育和其他的政府活動很不一樣。可是實務上，在美國的平均所得提升，以及所得分配日益平均之際，政府提供的資金占總教育支出的比率卻愈來愈高。

我們推測，一個原因是政府運作學校的方式，使得父母在所得提升而願意花更多錢在學校教育的時候，政府就發現阻力最小的一條路，是多花錢在公立學校。教育券辦法的一個優點，是它鼓勵逐步增加由父母直接付費。父母如果願意花更多錢在學校教育上，他們可以很容易以增加教育券所提供金額的形式來做這件事。政府資助清寒學生的辦法可以繼續保留，但這和5%或10%的學生可能就學有困難，就由政府提供資金讓90%的學生就讀的學校體系，是非常不同的兩件事。

義務教育就學法是政府用來控制私立學校各種規範的藉口。但義務教育就學法本身是否合理，則不是那麼清楚。關於這件事，我們自己的看法與時俱變。四分之一個世紀以前，我們首次針對這個課題發表範圍廣泛的看法時，同意這種法律有其必要，理由是「大部分公民如果缺乏最低的識字和知識程度，穩定的民主社會便不可能出現」[15]。我們仍然相信這一點，但這段期間，針對美國、英國和其他國家的學校教育史所作的研究，說服我們接受，不見得需要用義務教育的方式才能取得最低的識字和知識水準。正如前面指出的，這個研究告訴我們，早在政府強制要求入學之前，學校教育在美國已經相當

普及。在英國，義務教育就學法實施或政府提撥學校教育資金之前，學校教育也相當普及。義務教育就學法和大部分法律一樣，有效益也有成本。我們不再相信為了那些效益，值得付出那些成本。

我們知道，關於資金來源和就學法的這些看法，對大部分讀者來說太過極端。這是為什麼我們只略提這件事，卻不長篇大論的原因。我們再回頭談教育券辦法——這和目前的實際做法偏離並未太遠。

目前，地方性公立學校之外，唯一廣泛的選擇是教會學校。只有教會才有能力大規模補貼學校教育，也只有接受補貼的學校，才能和「免費的」學校教育相互競爭。（不信的話，別人免費贈送的產品，你去賣相同的產品試試看！）教育券辦法會產生範圍更廣泛的選擇——除非遭到極其僵化的「許可」標準破壞。可以選擇的公立學校會大為增加。公立學校的規模，將取決於它吸引的顧客人數，不是取決於政治上定義的行政區域地界或者學生的分配。興辦非營利學校的父母（有些家庭已經這麼做了），可以確保資金的來源，以支付它們的成本。素食組織、童子軍、基督教青年會（YMCA）等自願團體，可以創辦學校，試著吸引顧客上門。最重要的是，新型態的私立學校可望推出，搶食這塊龐大的新市場。

我們來簡短探討一下教育券辦法可能產生的問題，以及已經引來的反對聲浪。

　　(1) 教會和國家的問題。父母用教育券繳納教會學校的學費，違反美國憲法第一修正案嗎？不管有沒有違反，頒訂政策，以強化宗教機構在學校教育中扮演的角色，不好嗎？

　　最高法院的判決，大致上反對國家法律對將子女送去教會學校的父母提供協助，但它不曾有機會就包含公立學校和非公立學校的完整教育券辦法作出裁決。不管它對這種計畫可能作出什麼樣的裁決，似乎可以清楚預見法院會接受將教會相關學校排除在外，但可適用於其他所有的私立和公立學校的計畫。這種有所限制的計畫，將遠優於目前的體系，而且可能不比完全不加限制的計畫差太多。和教會有關的學校，切割成兩部分便可適用新辦法：世俗的部分改組為獨立學校，取得適用教育券的資格，宗教的部分改組為課後輔導或主日學，由父母直接付費或教會資金補助。

　　是否違憲的問題，必須由法院裁決。但值得強調的一點是，教育券是給父母，不是給學校。根據退伍軍人權利法案，退伍軍人可以自由上天主教或其他的學院，而且就我們所知，到目前為止不曾有第一修正案的問題被人提出。社會安全和福利給付的受領人，可以在教會的賣場自由購買食品，甚至將他們的政府補貼投入奉獻盤，不會被問到第一修正案的問題。

　　不管律師和法官可能如何解讀條文，我們真的相信，未將子女送進公立學校的父母，目前加在他們身上的懲罰，違反憲法第一修正案的精神。公立學校也教宗教──不是形式上有神

論的宗教，而是構成所有宗教的一組價值和信念。有些父母不接受公立學校所教的宗教，目前的安排剝奪了他們的宗教自由，卻強迫他們花錢讓孩子被洗腦，要逃避洗腦得要花更多錢。

(2) 財務成本。反對教育券辦法的第二個理由，是它會提高納稅人負擔的學校教育成本——因為約10%的孩子現在上教會學校和其他的私立學校，教育券也必須給他們。其實，將子女送往非公立學校的父母，目前是遭到不公平的對待。只有在對這件事視而不見的人眼裏，它才是個「問題」。利用稅收供應某些孩子上學，卻不供應其他的孩子，這種不平等的現象，會因為教育券一視同仁發給而消失。

不管如何，都有一個簡單易行的解決方法：將教育券的金額壓低在目前公立學校每位孩子的成本之下，以使總公共支出保持不變。花在私立學校的錢較少，得到的教育品質，卻很可能高於花比較多的錢在政府設立的學校。不妨看看教會學校，每位孩子的成本低廉許多。（我們不能拿一些菁英、豪華學校收取高學費來反駁，這就像1979年二一俱樂部〔"21" Club〕的「二一漢堡」賣12.25美元，不表示麥當勞〔McDonald's〕的漢堡賣45美分、麥香堡〔Big Mac〕賣1.05美元就不能賺錢。）

(3) 詐欺的可能性。我們如何能夠確保教育券一定用在學校教育上，而不是被父親拿去喝啤酒，或者母親拿去買衣服？答案在於教育券必須用在獲得許可的學校或教學機構，而且只

有這些學校才能拿教育券去換得現金。這無法防止所有的詐欺行為——也許父母會收取「回扣」——但詐欺行為應該能夠保持在可忍受的水準之內。

(4) **種族問題**。南方許多州有一段時間使用教育券來避免種族融合。它們被判違憲。在教育券辦法之下,至少在公立學校有個簡單的方法能夠輕而易舉防止種族歧視:沒有種族歧視的學校,才能要求贖回教育券。但有個更棘手的問題困擾著使用教育券的一些學生:使用教育券的自願性選擇,有可能使學校的種族和階級隔離更加嚴重,因而導致種族衝突加劇,使得社會日益分裂和分化。

我們相信,實施教育券辦法,收到的效果剛好相反;它會緩和種族衝突,促進社會中黑人和白人合作為共同的目標而努力,同時尊重彼此不同的權利和權益。反對強制融合的聲音,大都不是出於種族歧視,而是擔心孩子的身體安全和他們的教育品質。這種擔心,多多少少是有根據的。在能夠自由選擇,而不是受到脅迫的時候,種族融合會最成功。非公立學校(教會學校和其他的學校)往往走在種族融合的前端。

公立學校日漸增多的那種暴力行為,很可能只是因為受害人被迫上某些學校所致。如果給他們真正的自由,學生們——黑人和白人、窮人和富人、北方和南方——會唾棄那些不能維護秩序的學校。訓練學生當收音機和電視機技術人員、打字員

和秘書,或者學習其他無數專長的私立學校,紀律很少出問題。

我們應該讓學校走向專業化,就像私立學校那樣。這麼一來,共同的興趣將克服膚色的偏見,融合程度必將更上一層樓。那種融合才是真的,而不只是流於空談。

教育券辦法會消除絕大多數黑人和白人所反對的強迫混合。學生混合的情形是會發生,而且可能增加,但那是自願的——就像今天孩子們混在一起上音樂班和舞蹈班。

黑人領袖沒有支持發行教育券,長久以來令我們不解。他們的選民可望得到最大的利益。他們將能控制子女的學校教育,消除全市的政治人物,甚至更重要的是故步自封的教育官僚機構一手把持的局面。黑人領袖經常將自己的子女送去唸私立學校。為什麼不幫助其他人也做同樣的事?答案是(我們還不十分確定):教育券也會使黑人擺脫本身的政治領袖掌控;這些政治領袖現在將控制學校教育視為政治恩寵和力量的來源。

但是,隨著對廣大黑人子女開放的教育繼續惡化,愈來愈多黑人教育家、專欄作家,以及其他的社區領袖,開始支持教育券的構想。種族平等聯合會(Congress of Racial Equality)已將支持教育券列為政綱。

(5) 經濟階級議題。教育券對社會和經濟階級結構產生的影響,可能比其他任何因素更會分化使用教育券的學生。有些

人認為，公立學校的一大價值，在於它是個熔爐，富人和窮人、在地人和生於外國的學生、黑人和白人，在這裏學習共同生活。對小型社區來說，這樣的形象，在過去和現在都是對的，但對大都市來說卻幾乎全然不對。在那些地方，公立學校助長了居民的層級化，因為它將學校教育的種類和成本，與居住的地點綁在一起。美國大部分傑出的公立學校，都設在高所得社區，絕非偶然。

發行教育券之後，大部分孩子可能仍然上社區小學——事實上，人數可能多於現在，因為這套計畫會結束強迫混合的做法。但由於教育券辦法傾向於使居住地區更加異質化，任何社區的學校，同質化程度很可能低於現在。中學的層級化程度幾乎肯定會減輕。依共同興趣定義的學校——例如，某所學校強調藝術；另一所學校強調科學；再另一所學校強調外語——會吸引來自更廣大且不同居住地區的學生。沒錯，能夠自由選擇之後，學生的組成還是會存在很大的階級成分，但那個成分會比今天要低。

教育券辦法引起特別關切的一個特色，是父母可能「加碼」使用教育券。假設教育券的價值是1,500美元，某些父母可能再加500美元，送子女去上學費2,000美元的學校。有人擔心結果可能使教育機會的差異比現在更大，因為低所得父母不會加碼，而中高所得父母會大力加碼。

由於這方面的憂慮，支持教育券辦法的一些人建議禁止

「加碼」❶。

　　庫恩茲（Coons）和舒格曼（Sugarman）寫道，

私人可以自由用錢加碼，使得包括我們在內的許多人無法接受傅
利曼的模式。……無力加碼的家庭，只好選收費不高於教育券的
學校，比較富裕的家庭，則能自由自在選擇比較貴的學校。今天
本來只是有錢人完全用自己的錢去做的個人選擇，將成為在政府
的協助之下，招致反感的特權。……這有違根本的價值承諾──
任何選擇計畫，都應該確保家庭有平等的機會，能夠就讀任何參
與計畫的學校。

　　即使是允許學費加碼的選擇計畫，貧窮家庭的處境也可能比今
天要好。傅利曼能說的僅止於此。不過，不管它能改善他們的教
育多少，故意用政府的資金去造成經濟隔離，那樣我們不能接
受。如果傅利曼提出的方法，是政治上唯一可行的選擇實驗，那
麼我們不感興趣。❶

　　在我們看來，這個觀點似乎是前一章所談那種平等主義的
一個例證：允許父母任意花錢過生活，卻試著阻止他們花錢改
善子女的教育。出自庫恩茲和舒格曼之口尤其令人驚異，因為
他們在別的地方曾說：「故意犧牲子女的發展而追求平等，不
管原來立意多麼良善，在我們看來都是平等精神終趨墮落的表
現。」❶──這話我們打從心底表示同意。依我們的判斷，很
窮的人從教育券辦法受益最多。我們如何能夠想像，一個計畫
「不管它能改善（窮人的）教育多少」，為了避免「用政府的資
金」去造成作者所說的「經濟隔離」，即使真的能夠證明有那

樣的效果，竟然一開始就有人反對它？而且，當然了，我們沒辦法證明會有那樣的效果。大量的研究說服我們相信，它造成的影響正好相反——但我們必須在這句話之後再補上一句：「經濟隔離」一詞曖昧不明，到底指什麼，根本不清楚。

把平等當作宗教，那種力量十分強大，所以支持受限制教育券的一些人，甚至反對試用毫無限制的教育券。可是就我們所知，除了有人沒有得到任何證據支持，便一口咬定擔心不受限制的教育券制度會助長「經濟隔離」之外，他們再也提不出別的說詞。

依我們之見，這種看法是知識分子傾向於蔑視貧窮父母的另一個例證。他們雖然可能負擔不起公立學校目前的全部成本，但即使最窮的人也能——事實上也辦得到——多湊出一點錢，用於改善子女的學校教育品質。我們推測，窮人的加碼會和其他人一樣常見，只是金額也許比較小。

前面說過，我們本身的看法是，不受限制的教育券，是改革教育體系的最有效方法。這個教育體系，助長內城許多孩子的悲慘、貧窮和犯罪生活；不受限制的教育券制度，將從根本剷除今天存在的許多經濟隔離的基礎。這方面，我們沒辦法提出完整的立論依據。但只要重提前面所作的一個判斷的另一層面，我們的見解也許就會顯得有道理：現在是不是有任何一種商品和勞務（防治犯罪除外）對各經濟群體的供應差異，比學校教育的品質還大的？超級市場供應不同經濟群體的商品，會

像學校的品質相差那麼大嗎？教育券對富人的學校教育品質改
善不大；對中產階級有些許改善；對低所得階級的改善很大。
窮人所得到的利益，絕對可以抵消若干富人或中產階級父母為
子女的學校教育付費兩次的成本。

(6) 對新學校的懷疑。這不是杞人憂天嗎？私立學校現在
幾乎全是教會學校或菁英學府。教育券辦法到頭來會只補貼這
些學校，把廣大的貧民區居民留在較差的公立學校嗎？有什麼
理由說，真正出現的將是不同的情況？

理由在於目前不存在的一個市場會發展起來。今天，各
市、州和聯邦政府為小學和中學一年花將近一千億美元。這個
金額是一年在餐廳和酒吧吃喝總額的三分之一多一點。兩者互
換的話，就算金額比較低，也肯定會有各式各樣的餐廳和酒
吧，供應每個階級和地方的人。比較高的金額，或者即使只是
其中的一部分，將讓我們擁有各式各樣大量的學校。

這將開啟一個龐大的市場，吸引許多人投入，包括公立學
校與其他行業的人。和不同群體的人談教育券的構想時，許多
人說出類似這樣的話，令我們印象深刻：「我本來就一直想教
書（或者經營學校），但受不了教育官僚機構、繁瑣的作業程
序，以及公立學校普遍像一灘死水。根據你的計畫，我想嘗試
創辦一所學校。」

許多新學校會由非營利團體設立，其他學校設立的目的則

是為了營利。我們沒辦法預測學校這個行業最後的組成是如何。這將由競爭來決定。我們能夠預測的一件事是，只有滿足顧客的學校才能存活──就像只有滿足顧客的餐廳和酒吧才能存活。競爭會照料這件事。

(7) 公立學校受到的衝擊。我們有必要把學校官僚說的話，和預料會產生的真正問題分開來看。全國教育協會（National Education Association）和美國教師聯盟（American Federation of Teachers）宣稱，教育券會破壞公立學校體系；根據他們的說法，公立學校體系是我們民主的基礎和基石。單單嘴裏說這些話，卻從來沒拿出證據，證明今天的公立學校體系達成了他們宣稱的成果──姑且不論以前做到了沒有。這些組織的發言人也不曾解釋，如果公立學校體系表現得可圈可點，何必害怕來自非政府設立的學校的競爭？而如果表現沒那麼好，何必反對它「被摧毀」？

公立學校遭到的威脅，來自它們的缺點，不是來自它們的成就。在關係緊密的小型社區，公立學校，尤其是小學，現在運作得令人相當滿意，即使最周延的教育券計畫，也不會有太多的錦上添花效果。公立學校會繼續居於主宰地位，也許會因為潛在競爭對手的威脅而有所改善。但在其他地方，特別是都市的貧民區，公立學校的表現其差無比，大部分父母無疑會試著將子女送往非公立學校。

　　這會造成一些轉型困難。最關心子女福祉的父母，可能率先將子女轉出學區。即使他們的子女不比留下來的學生聰明，他們的學習動機還是比較高，家庭背景比較有利。有些公立學校可能只有「渣滓」可撿，品質變得比現在差。

　　私人市場接手之後，所有的學校教育品質都會提高，連本來最差的，和其他學校相比顯得相對偏低，絕對品質還是會變好。哈林預備學校和類似的實驗已經證明，本來屬於「渣滓」的許多學生，一旦激起他們的熱情，而不是保持敵意或冷漠，在學校也會有好表現。

　　亞當斯密在兩個世紀前說過，

> 非常值得一聽的課，不需要靠懲處來強迫出席。……為了逼迫孩子在人生的那個初期階段，接受大人認為他們有需要的教育學習，強迫和約束，在某種程度內無疑可能有其必要；但在十二或十三歲以後，依據人的正常發展，任何教育很少需要依賴強迫或約束。……
>
> 　我們注意到，沒有公立機構參與的教育部分，教學效果通常最好。❿

教育券計畫遇到的障礙

　　四分之一個世紀以前，我們首次提出以教育券為解決公立學校體系缺點的務實方法以來，支持者日多。許多全國性的組

織今天都表贊同。❷1968 年以後，聯邦經濟機會局（Federal Office of Economic Opportunity），接著是聯邦教育研究所（Federal Institute of Education），鼓勵和資助教育券計畫的研究，並且提供資金進行實驗性的教育券計畫。1978 年，密西根州針對強制實施教育券計畫，舉辦修憲投票。1979 年，加州展開一項運動，將強制實施教育券計畫的修憲案排入1980 年的投票表決。一個非營利研究所最近設立，任務是探討教育券計畫。❷在聯邦的層級，非公立學校學費限額抵稅的法案，數度接近闖關成功。雖然它們不屬真正的教育券計畫，卻是部分的變形。之所以稱作部分，是因為抵稅額有上限，也因為很難將不必繳稅或者繳納稅額很低的人納入。

教育官僚追求自利，是學校教育引進市場競爭的主要障礙。這個利益團體，就像韋斯特教授說的，在美國和英國公立學校建立的過程中，扮演關鍵性的角色。他們強硬反對研究、探討或實驗教育券計畫的每一個企圖。

黑人教育家和心理學家甘尼斯・柯拉克（Kenneth B. Clark）匯總了學校官僚的心態：

> ……看來，我們的都市公立學校似乎不可能因為應該做，就會為了提高效率而進行必要的改革。……要了解教育機構抗拒改革的能力，最重要的一點，在於公立學校體系是受保護的公營獨占事業，來自私立和教會學校的競爭少之又少。極少美國都市公立學校的批評者——即便像我這麼疾言屬色者——敢於質疑目前的公

共教育組織有其必要。……批評者也不敢質疑督學、校長和教師的選聘標準，或者所有這些是否符合公共教育的目標——培養學養豐富的人民，共同推動民主——以及培養具有社會敏感度、尊嚴、創造力、尊重他人的個人之目標。

　　獨占事業不必操心這些事情。只要地方教育體系保證獲得州補助和愈來愈多的聯邦補助，而且不必負起隨積極的競爭必然帶來的責任，那麼要期待公立學校的效率顯著提升，便只是一廂情願的想法。如果目前的體系沒有替代性選擇——正接近擴張極限的私立和教會學校除外——那麼公共教育改善的可能性便相當有限。❷

　　從後來聯邦政府推動資助教育券實驗的計畫時，教育機構的反應，可以看出他不是無的放矢。無數社區提出大有可為的方案，卻只有加州的明礬岩（Alum Rock）成功，但遭到嚴重的阻礙。根據個人的經驗，我們所知最好的案例，出現在新罕布夏州。那時的州教育委員會主席威廉・畢頓班德（William P. Bittenbender）熱心推動實驗。一切進行順利，聯邦政府撥給資金，詳細計畫擬妥，實驗社區選好，父母和行政管理人員取得初步的共識。就在正要起步的時候，各地的學校督學或教育機構的其他領導人，說服一個又一個社區退出實驗計畫，整件事胎死腹中。

　　真正執行實驗的唯一地方是在明礬岩，但它採行的不能說是適當的教育券實驗。實驗只限於一些公立學校，而且不准父母或其他人在政府提供的資金之上加碼。許多所謂的迷你學校冒出，各有不同的課程。前後三年內，父母可以選擇要送子女

上哪所學校。❷

主持實驗的唐‧耶爾茲（Don Ayers）說：「最引人注目的事情可能是教師首次享有若干權力，可以根據他們的看法，設計符合孩子需求的課程。州和地方學校的董事會並沒有規定麥科倫學校（McCollam School）選用哪一種課程。父母對學校的參與更多，出席更多的會議。他們也有權將子女帶離那所迷你學校，選擇另一所迷你學校。」

儘管那個實驗的範圍有限，但是給了父母更大的選擇之後，對教育品質產生相當大的影響。就測驗分數來說，麥科倫學校在所屬學區從第十三位上升到第二位。

實驗已經結束，由教育機構叫停的──和哈林預備學校向下沉淪的命運相同。

英國也面對同樣的阻力。英國的選區教育券實驗之友（Friends of the Education Voucher Experiment in Representative Regions; FEVER）是個效能極高的團體。它在英格蘭肯特（Kent）郡的一個鎮推動實驗長達四年之久。主管當局相當支持，教育機構卻堅決反對。

談到專業教育工作者對教育券抱持的態度，肯特郡艾希福德（Ashford）一所學校的校長及當地教師聯盟的幹事丹尼斯‧吉（Dennis Gee）表達得很清楚：「我們覺得，父母手中那張有黏膠的小紙張（也就是教育券），成了雙方之間的一道障礙。父母們經常走進學校，語帶威脅，說你們應該做這些事

和那些事。我們會自行判斷的，因為我們相信那麼做符合學校每位小朋友的最佳利益——而不是因為某人說：『如果你們不做，我們會做。』我們反對的是這種市場哲學。」

換句話說，吉先生反對讓顧客，也就是學生的父母，針對子女要接受什麼樣的學校教育發表任何意見。反之，他希望由官僚來做決定。

「我們對父母有問必答，」吉先生說，

> 透過我們的管理機構、透過肯特郡委員會的督察，以及透過皇家大臣的督察。這些專業人士能夠做出專業的判斷。
>
> 談到教育，我不確定父母知不知道怎麼做對他們的子女最好。他們知道子女吃什麼最好。他們知道在家□能夠提供什麼樣最好的環境。但我們的所學是判斷孩子們的問題、發掘他們的弱點、把需要做對的事情放在對的地方，而且，我們希望在父母的合作下，自由自在做這件事，不要承受過大的壓力。

不用說，至少一些父母對事情的看法和他非常不同。肯特郡一位電氣工人與他太太，和官僚吵了一年，希望把兒子送進他們認為最適合他需求的學校。

莫里斯・沃爾頓（Maurice Walton）說，

> 依照目前的制度，我想我們當父母的，沒有什麼選擇的自由。我們被告知，老師為我們做的是好事。我們被告知，老師教得很好，所以我們沒有置喙的餘地。如果實施教育券制度，我想會把老師和父母拉在一起——應該會拉得更近。關心子女的父母，會

帶子女離開沒有提供好服務的學校，前往服務好的另一所學校。……如果一所學校除了搞惡意破壞，別無所有，或者紀律普遍散漫，或者孩子無心向學，以致學校搖搖欲墜——就我看來，那是件好事。

我可以理解老師說的，那是套在他們頭上的緊箍咒，但現在他們正用相同的緊箍咒套住父母的頭。如果父母挺身而出，對老師說，你做的事，我不滿意，老師大可回答，算你倒楣。你不能攆他走，你不能動他，你不能想做什麼就做什麼，所以只好摸摸鼻子走人，少去煩他。有些老師今天的態度就是這樣，而且往往是這樣。但（有了教育券）現在情勢反轉，主客易勢，我可以對老師說出重話。他們最好把皮繃緊一點，給我們更好的東西，也讓我們多多參與。

儘管教育機構堅決反對，我們相信教育券或者類似的東西，會以某種形式引進。和福利制度比起來，我們在這方面更為樂觀，因為教育深深觸及那麼多人。和消除救濟金分配的浪費及不公平比起來，我們願意投入更多的心力，以求改善子女的學校教育。對學校教育的不滿聲浪日益升高。就我們所知，擴增父母的選擇，是減低不滿的唯一方法。教育券一再遭到拒絕，也一再得到更多的支持而復出。

高等教育：種種問題

今天美國高等教育的問題，和小學、中學教育一樣，是雙

重的：品質和公平。但在這兩方面，少了強制就學，問題就大不相同。法律沒有規定每個人非得進高等教育機構不可，因此，學生如果決定繼續深造，要唸哪所學院或大學，選擇範圍便很廣。選擇範圍廣，緩和了品質的問題，卻使公平問題惡化。

品質。由於沒有人是違反自己的意願（或者違反父母的意願）進入學院或大學念書，所以不能滿足（至少在某種程度內）學生需求的機構無法存在。

就算這樣，還有一個非常不同的問題存在。在學費低的公立大學，學生是二流的顧客。他們是慈善捐款的目標，接受納稅人的部分資助。這個特色影響到學生、教職員，以及行政管理人員。

由於學費低廉，所以市立或州立的學院和大學吸引到許多有意接受教育的認真學生。它們也吸引許多年輕男女；他們來這裏，是因為收費低、住宿和伙食有補貼。最重要的是，其他許多年輕人也在這裏。在他們看來，大學院校是中學和就業之間一個舒適快活的過路站。上課、接受考試、拿到及格的分數，是為了取得其他利益必須付出的代價，不是他們上學的主要原因。

其中一個結果是輟學率很高。例如，美國知名州立大學之一的加州大學洛杉磯分校（University of California in Los

Angeles），入學學生只有約一半完成學士課程——而這還是政府高等教育機構中比較高的完成學業比率。有些輟學生轉到其他機構就讀，但比例不大。

另一個結果，是課堂上的氣氛往往低迷無趣，而不是生氣盎然。情況當然不是千篇一律這個樣子。學生可以根據本身的興趣，選擇課程和老師。每一所學校，認真的學生和老師都會找到方法聚在一起，達成他們的目標。但同樣的，這遠遠抵不過浪費掉的學生時間和納稅人的錢。

市立和州立大學院校當然有好老師和熱愛學習的學生。但在名氣響亮的政府機構任職的教職員和行政管理人員，得到的獎勵卻是有欠理想的大學部教學環境。教職員是靠研究和發表論文而升遷；行政管理人員是靠向州議會爭取更多的經費而升遷。因此，即使是最知名的州立大學——加州大學洛杉磯分校或柏克萊分校、威斯康辛大學、密西根大學——都不以大學部的教學品質出名。它們的名氣是來自研究所的教學、研究和運動比賽校隊——這才是獲有報酬的地方。

私立學府的情況卻很不一樣。在這種學校就讀的學生，需要支付很高的學費，而這些費用，就算沒有占他們教育成本的大部分，也占了很大一部分。繳學費的錢來自父母、學生本身的收入、貸款、獎助學金。重要的是，學生是一等顧客；他們花錢買自己想要的東西，而且希望錢花得值得。

學院賣的是教育，學生買的是教育。和大部分私人市場一

樣，雙方都有很強的動機，去滿足對方。如果學院不提供學生
所要的那種教育，他們可以到別的地方去。學生希望花出去一
分錢，就能得到一分錢的價值。著名的私立學院達特茅斯學院
（Dartmouth College）的一名大學生說：「當你發現每一堂課得
花35美元，再想想那35美元能買其他多少東西，你就會逼自
己非上課不可。」

　　這一來，一個結果是，就讀私立學府的學生，完成大學部
學業的比率，遠高於公立學府──達特茅斯學院是95%，而加
州大學洛杉磯分校是50%。達特茅斯的百分比，在私立學府裏
面可能偏高，就像加大洛杉磯分校在公立學府中算是高的，但
是兩者的差異並不令人意外。

　　從某方面來說，私立學院和大學的這幅畫面過度簡化。除
了教學，它們還生產和銷售其他兩種產品：紀念（monuments）
與研究。私立學院和大學的大部分建築物及設施，都是私人和
民間基金會捐贈的。他們也捐贈教授職與獎學金。不少研究需
要的資金，是來自捐贈基金的收入，或者聯邦政府的特別補
助，或用於特殊目的的其他來源。捐贈者希望促進他們想見
到的某些事情。此外，掛名大樓、教授職和獎學金，也用於紀
念某人。這是為什麼我們要把它們稱作「紀念」的原因。

　　同時銷售教育和紀念，正是運用被人低估的巧思，透過市
場的自願性合作，將自利化為更廣大社會目標的實例。亨利・
雷文（Henry M. Levin）談到高等教育的資金籌措問題時寫

道：「我們很懷疑市場會不會支持古典文學系，或者藝術和人文系的許多教學計畫。這些課程可以促進知識和文化，進而廣泛影響我們社會的一般生活品質。能夠維持這些活動的唯一方法，是經由直接的社會補貼。」他的意思就是政府提供補助。❷

雷文顯然錯了。市場——用廣義的方式解讀——已經支持私人機構的社會活動。正因為它們提供普遍性的利益給社會，而不是滿足資金提供者立即性的自利，所以會吸引捐款人。假設 X 太太想要紀念她丈夫 X 先生，她或者其他人會覺得由 ABC 製造公司（這家公司可能是 X 先生真正留下的事業，並對社會福祉有貢獻）以他的名義蓋一座新工廠，可以得到相同的榮耀嗎？相反地，如果 X 太太在某所大學為 X 先生捐錢興建一座圖書館或其他的建築，或者捐一個掛名教授職或獎學金，則會被視為真正榮耀 X 先生。這麼做會得到尊崇和好評，因為它對公眾提供了服務。

學生會以兩種方式，參與教學、紀念和研究的共同生產活動。他們是顧客，但也是員工。他們協助促進紀念和研究的銷售，所以對教學所需的資金來源有貢獻，從而可以這麼說，他們賺到了一部分錢貼補學費。這是自願性合作的方式和潛力，既複雜又微妙的另一個實例。

許多名義上的政府高等學習機構，其實資金來源不只一端。它們除了收取學費，賣教育給學生，也接受建築等物品和紀念的捐贈。它們接受政府機關或民間企業的研究合約。許多

州立大學有大筆私人捐贈——例如加大柏克萊分校、密西根大學、威斯康辛大學。我們的印象是:市場扮演的角色愈大,大學院校的教育績效普遍愈令人滿意。

公平。利用稅款來資助高等教育,通常有兩個振振有詞的理由。第一是上面雷文所說的,高等教育產生的「社會利益」多於學生本身得到的利益;第二是需要政府的資金來促進「平等的教育機會」。

(i)**社會利益。**我們剛開始為文探討高等教育時,很能認同第一個理由。現在不再如此。那時候,我們試著請提出這個論調的人,把所謂的社會利益講得明確一點。他們的答案,十之八九,根本都是壞經濟學。他們說,學養才能高的人愈多,國家可望受益愈多;在這方面投資以提供這些技能,是經濟成長所不可或缺;術業有專攻的人愈多,可以提高其他人的生產力。這些說法都對,卻都不是補貼高等教育站得住腳的理由。這每一句話,如果針對實體資本(亦即機器、工廠建築等)而發,也一樣都適用,但幾乎沒人會作成結論說稅收應該用於補貼通用汽車(General Motors)或奇異(General Electric)的資本投資。如果高等教育能夠改善個人的經濟生產力,那麼他們將來可以透過更高的收入,得到那種改善的利益,所以會有個人的誘因去接受教育。亞當斯密看不見的手,會引導他們的私人利益去服務社會利益。以補貼學校教育的方式,改變他們的

私人利益，這種做法將有違社會利益。這些學生——也就是除非獲得補貼才會進大學念書的人——不正是他們，認為自己獲得的利益是小於成本的嗎？如果不是這樣的話，他們會願意自己支付成本。

答案偶爾是好經濟學，卻只是用一己之見，而不是用證據來支持。最近的一個例子，是卡內基基金會（Carnegie Foundation）設立的特別高等教育委員會發表的報告。該委員會在最後的報告其中一篇《高等教育：誰付費？誰受益？誰該付費？》（*Higher Education: Who Pays? Who Benefits? Who Should Pay?*），總結所謂的「社會利益」。它提出的清單包含前一段談過的，說不通的經濟論調——也就是說，它將教育接受者獲得的利益，當作第三人的利益。但它的清單也包含一些所謂的好處如果確實出現的話，將歸於教育接受者以外的人所有，因此補貼或許有其道理：「知識的普遍提升……；民主社會更高的政治效能……；經由個人和群體之間進一步的了解和相互容忍，而使得社會效能提升；文化遺產的保存和擴延更加有效。」❷⁵

卡內基委員會很特別地對於可能的「高等教育負面結果」，至少紙上談兵了一番——但它提的例子，只有「因為目前的博士過多而令個人備感挫折（這不是社會影響，而是個人影響），以及民眾對過去校園爆發的騷動感到不滿」❷⁶。請注意它的利益和「負面結果」清單，帶有選擇性與偏見。在印度之類

的國家，一群大學畢業生因為找不到他們認為適合所學的工作，結果可能會造成社會十分不安和政治動盪。但是在美國，「民眾的不滿」很難說是「校園騷動」唯一或甚至重大的負面影響。更為重要的是對於以下幾件事的負面效應：對大學的管制心態、「民主社會的政治效能」、「經由……進一步的了解和相互容忍，而使得社會效能提升」——該委員會提到的這些，都不加說明，就把它們視為高等教育的社會利益。

這份報告之所以特別，也因為它發現，「就算沒有任何公共補貼，高等教育帶來的一些社會利益，無論如何也會以私立教育的副作用而產生出來」❷。但同樣地，這只是嘴巴上講講而已。雖然該委員會贊助過無數昂貴的特殊研究，卻不曾認真確定所謂的社會利益，甚至沒對它們的重要性，或者少了公共補貼時它們可以達成的程度，進行粗略的數量估計。因此，它沒有提出任何證據，證明社會利益是正或負，更別提有任何淨正效益，大到值得政府花納稅人數十億美元在高等教育上。

該委員會自滿於作成這樣的結論：「找不到精確的——或甚至不精確的——方法，可用來評估相對於私人和公共成本的個人與社會利益。」但這沒有阻止它堅決且明確地建議將已經相當龐大的高等教育政府補貼再提高。

我們判斷這是十分單純的片面辯護。卡內基委員會的領導人柯拉克‧凱爾（Clark Kerr），曾經擔任加大柏克萊分校的校長。委員會的十八位成員，包括凱爾在內，有九位當時不是現

任就是曾任高等教育機構的首長,其他五位和高等教育機構有
專業上的關係。其餘四位都曾任職於大學的董事會。如果看到
商人們打著自由企業的大旗,前往華盛頓要求實施關稅、配額
和其他的特殊利益,學界很容易就能指出這是片面辯護,並且
不恥他們的作為。如果鋼鐵工業委員會的十八位成員中,有十
四位來自鋼鐵工業,建議政府大幅增加對鋼鐵工業的補貼,學
界會怎麼說?可是卡內基委員會的類似建議,我們卻不曾聽到
學界發表什麼意見。

(ii) 平等的教育機會。談到利用稅收來挹注高等教育,通
常祭出的一大理由,是為了促進「平等的教育機會」。用卡內
基委員會的話來說,「我們贊成……教育支出的……公共比率
暫時提高,以實現更平等的教育機會」[28]。以它的母機構卡內
基基金會(Carnegie Foundation)的話來說,「高等教育是…
…邁向機會更平等的大道,越來越受到來自低所得家庭者,以
及女性和少數族群歡迎」[29]。

目標令人欽佩,事實的描述也正確。但從這一點到另一
點,卻是八竿子打不著。政府的補貼會促進或阻礙那個目標
嗎?高等教育會因為政府有沒有補貼,而損害它作為「邁向機
會更平等的大道」嗎?

卡內基委員會本身的報告所提的一個簡單的統計數字,說
明了這是解讀上的問題:1971 年,所得低於5,000 美元的家
庭,20% 的學生進入私立學府就讀;所得介於5,000 到10,000

美元的家庭為17％；所得超過10,000美元的家庭為25％。換句話說，和公立學府比起來，私立學府給家庭所得最高和最低的年輕男女較多的機會。❸⓪

　　而這只是冰山一角而已。中高所得家庭的孩子，上大學的可能性是所得較低家庭孩子的兩三倍。另外，他們念比較貴的學校，也在學校待更多年（上四年制學院和大學，而不是兩年制專科學校）。因此，所得較高家庭的學生，從政府的補貼受益最多。❸①

　　來自貧窮家庭的一些人的確受益於政府的補貼。大體來說，他們是窮人翻身的一群。他們擁有一些特質和技能，使他們能從高等教育中獲益；就算不接受大學教育，那些技能也有助於他們賺得更高的收入。總之，他們勢必將是社群中生活好轉的一群人。

　　有兩份詳細的研究，一份在佛羅里達州進行，另一份在加州進行，凸顯了政府的高等教育支出，將所得從低所得群體移轉到高所得群體的程度。

　　在佛羅里達州的研究，比較了1967~68年四個所得類別中的每一個，從政府的高等教育支出得到的總利益，和他們繳納的稅款成本。只有最高所得類別得到淨利益；它收回的利益比繳納的稅款高60％。最低兩個類別繳納的稅款比收回的利益多40％，中間類別則多約20％。❸②

　　1964年在加州的研究，也一樣令人觸目驚心，只是關鍵性

的結果，是以有點不同的方式呈現：比較加州有子女和無子女接受公立學校高等教育的家庭。有子女接受公立學校高等教育的家庭，獲得的淨利益是平均所得的1.5%到6.6%不等；有子女在加州大學念書，平均所得也最高的人，獲利最大。沒有子女接受公立學校高等教育的家庭，其平均所得最低，承受的淨成本是所得的8.2%。❸❸

這個事實不容置疑。連卡內基委員會都承認政府的高等教育支出會產生有違本意的重分配效果──只是我們必須非常細心，甚至逐字逐行閱讀他們的報告，才能在下面這些句子看出他們承認這件事：「『中產階級』通常……獲得的公共補貼比例相當高。如果將補貼重新合理分配，就可以做得更公平。」❸❹它提出的主要解決方案大致相同：要政府花更多錢在高等教育上。

我們找不到任何政府的計畫，像提撥資金挹注高等教育那樣，產生那麼不公平的影響，而且是德瑞克特定律（Director's Law）那麼明顯運作的實例。我們這些中高所得階級在這方面詐騙窮人而大量補貼自己──可是我們不只厚顏無恥，更大言不慚地說自己主張大公無私的公益精神。

高等教育：解決方法

每一位年輕男女，不管父母的所得、社會地位、居住地或

種族，都有機會接受高等教育，是再理想不過的狀況——假使他或她願意現在付費，或者從學校教育使他或她將來能夠賺取更高的所得來支付。我們確實有很強的理由，應該準備夠多的貸款基金，以確保所有的人都有機會接受教育。我們確實有很強的理由，把有助學貸款可供利用的資訊散播出去，並且敦促比較弱勢的族群好好把握這個機會。我們沒有理由犧牲未接受高等教育的人，去補貼接受高等教育的人。只要政府還經營高等教育機構，對學生的收費就應該依據所提供給學生的教育和其他服務的全部成本。

取消納稅人對高等教育的補貼，可能是最理想的做法，目前在政治上卻似乎不可行。因此，我們只好退而求其次，建議用比較沒有那麼激烈的改革，替代政府出資補貼——高等教育券辦法。

政府出資補貼的替代方法。高等教育定額助學貸款辦法的一個缺點，是沒有考慮到大學畢業生將來的收入差異很大。有人會賺很多錢，償還定額貸款對他們來說不是大問題。可是有人將來的收入不高，他們會覺得固定償還本息是相當沉重的負擔。教育支出有如對高風險事業的資本投資，就像投資在新創小型企業那樣。要資助這種事業，最令人滿意的方法，不是透過固定金額貸款，而是經由股本投資——「購買」那個事業的一部分，將來分享一部分的利潤，作為投資報酬。

對教育來說，可行的做法是「購買」個人將來收入前景的一部分。也就是，供應必需的資金讓他完成學業，條件是他同意從將來的收入提撥一定的百分比支付給投資人。投資人用這種方式，可望從相對成功的人身上，獲得高於原始投資的報酬，以補償投資於不成功的人遭受的損失。雖然法律似乎並未明令禁止訂定這種私人契約，但它們並不普及。我們推測，主要原因出在長期執行的困難度和成本相當高。

四分之一個世紀以前（1955年），我們兩人之一曾經發表一套計畫，建議透過政府機構，實施高等教育的「股本」投資。那個政府機構，

> 可以提供資金，或者協助提供資金，資助符合最低品質標準的任何人接受教育訓練。它將在一定的年數內，每年提撥一定的資金，但錢必須用於在認可的機構接受教育訓練。相對地，個人必須同意，從政府每取得1,000美元，將來每一年的收入超過某個數額的部分，依一定的百分比償還政府。還款額很容易和所得稅合併繳納，所以額外的行政管理費用可以壓到最低。基準收入的設定，應該等於不接受特殊教育訓練的估計平均收入；還款額占收入的百分比，應該訂得能讓整個計畫自籌財源。這麼一來，接受教育訓練的人，等於承擔全部的成本。所以投資金額的多寡，是由個人的選擇決定的。[35]

由詹森總統任命、麻省理工學院教授杰洛德·傑克萊爾斯（Jerrold R. Zacharias）領導的一個小組，最近（1967年）建議

採行這個計畫的特殊版本，名稱相當吸引人，稱作「教育機會銀行」（Educational Opportunity Bank），並且廣泛詳細研究它的可行性和需要什麼條件，才能自給自足。㊱州立大學協會（Association of State Universities）和土地撥贈學院（Land Grant Colleges）起而抨擊這個建議，本書的讀者一定不感驚訝——這正是亞當斯密所說「對於自利謊言的強烈信心」（the passionate confidence of interested falsehood）的好例子。㊲

1970年，在籌措高等教育資金的十三個建議案中，卡內基委員會的第十三號建議，主張設立全國助學貸款銀行（National Student Loan Bank），提供長期貸款，一部分的還款額取決於當期收入。該委員會說：「和教育機會銀行不一樣的是……我們認為全國助學貸款銀行是提供給學生不足的資金，並不是要融通全部的教育成本。」㊳

不過，包括耶魯大學在內的一些大學，最近考慮或者採行由校方本身辦理的依收入比例還款計畫（contingent-repayment plans）。所以還有一線生機。

高等學校的教育券。談到花納稅人的錢來補貼高等教育，壞處最少的壞做法，是實施像前面談過的小學和中學的那種教育券辦法。

我們可以要求所有公立學校所收的學費，涵蓋所提供教育服務的全部成本，也因此需要和非公立學校公平競爭。把準備

每年用在高等教育的稅款總額，除以每年理想的補貼學生人數。學生教育券的面額應該等於算出的結果。然後，允許教育券用於學生選擇的任何教育機構，唯一的條件是，那些教育機構是理想的補貼目標。如果申請教育券的學生人數多於可用的數量，那就採用社群覺得最能接受的任何標準來實施教育券的配給：考試、體能、家庭所得，或者其他所有可能的標準。因此產生的制度，大致上和退伍軍人法提供的退伍軍人教育辦法相近，只是退伍軍人法不設限額，所有的退役軍人都能申請。

我們首次建議採行這種計畫時寫道：

> 採用這種做法，有助於各類學校之間更有效的競爭，以及更有效率地運用它們的資源。這將消除政府直接補助私立學院和大學的壓力，也因此同時保存它們完全獨立的地位和多樣性，進而有助於它們相對於州立院校而成長。它也可能帶來附屬的利益：仔細審查提供補貼的目標。補貼機構，而不是補貼個人，就會不分青紅皂白補貼適合這些機構的所有活動，而不是適合州政府補貼的活動。就算隨便看一眼，也看得出這兩類活動雖有重疊之處，卻一點都不相同。
>
> 替代性（教育券）的安排，以公平為出發點的用意……十分清楚。……例如，俄亥俄州對州民說：「如果你有孩子想上大學，我們一定給他或她優厚的四年獎學金，前提是他或她符合相當低的教育要求，而且他或她也夠聰明，懂得選擇進俄亥俄大學（或者其他某所州立學府）。如果你的孩子想上，或者你希望他或她上奧伯林學院（Oberlin College）、西儲大學（Western Reserve University），更別提耶魯、哈佛、西北、貝洛伊特（Beloit）或芝

加哥大學，那就一毛錢都別想。」這種計畫如何說得出口？把俄亥俄州想花在高等教育上的錢，改為任何學院或大學都能申請的獎學金，而且要求俄亥俄大學和其他學院、大學公平競爭，不是更為公平，而且可以提高獎學金的標準嗎？**㉟**

自我們首次提出這個建議以來，許多州已經稍微往這個方向邁進，採行有限的計畫，提供該州私立學院和大學可以申請的獎學金。另一方面，紐約州本來訂有非常好的會考（Regents）獎學金計畫，精神和上面所說非常接近，卻因為州長尼爾森·洛克斐勒（Nelson Rockefeller）想模仿加州大學，為紐約州立大學設計一個宏偉的計畫而縮水。

高等教育的另一個重要發展，是聯邦政府大幅擴張，介入資金的提供，甚至加強管理公立和非公立院校。政府以提升公民權益之名，推展所謂的「致力消除差別待遇的積極行動」（affirmative action），聯邦的活動因而大幅擴增。干預高等教育，是這些活動的重要部分。聯邦的干預已經引起各學院和大學教職員與行政管理人員高度的關切，也相當反對聯邦官僚的作為。

如果我們不是那麼重視高等教育的未來，我們會說整件事正是現世報。學界一向走在前頭，支持這種政府干預——當然是針對社會的其他部門。只有在這些措施掉過頭來，以他們為目標的時候，他們才發現干預的缺點——干預的成本很高，干擾到高等學校的主要使命，而且未收其利，反見其弊——現

在，他們成了自己先前的主張，以及為了自利持續捧聯邦政府
大腿的受害人。

小結

我們和一般人的習慣一樣，把「學養」（education）和
「學校教育」（schooling）當作同義詞。但將兩個詞混為一談，
是一般人喜歡使用勸誘性語彙的另一個例子。真要區別兩者的
話，我們必須說，不是所有的「學校教育」都在豐富人的「學
養」，不是所有的「學養」都從「學校教育」而來。許多受過
高等學校教育的人缺乏學養，許多「學養」高的人沒上過學。

亞歷山大‧漢彌爾頓是美國的開國先賢中最富「學養」，
學問、文化出類拔萃的人物之一，但只受過三、四年的正式學
校教育。類似的例子不勝枚舉，而且無疑每位讀者都認識一些
他或她覺得缺乏學養的高學歷人士，以及他或她覺得博學多聞
卻沒上過學念書的人。

我們相信，政府在學校教育的資金來源和行政管理上扮演
愈來愈重的角色，不只嚴重浪費納稅人的金錢，也使得我們的
教育體系，遠比自願性合作持續扮演較重要的角色所發展出來
的教育體系要差。

我們的社會中，極少機構的狀況比學校令人更不滿意。極
少機構比學校製造更多的非議，或者對我們的自由造成更大的

傷害。教育機構正起而保衛它現有的權力和特權。熱心公益且同樣抱持集體主義觀點的許多公民支持它。不過，它也遭到抨擊。全國的學生測驗分數每下愈況；都市學校的犯罪、暴力和失序問題與日俱增；絕大多數白人和黑人齊聲反對強迫混合；許多學院和大學教師與行政管理人員，在衛生教育福利部官僚的高壓之下反彈——所有這些，正使學校教育的集權化、官僚化和社會化趨勢出現逆流。

我們在這一章試著概述小學和中學教育的教育券制度，允許所有所得水準的父母自由選擇子女所上的學校；高等教育的依收入比例還款的助學貸款辦法，不但提供平等的機會，也消除目前令人感到慚愧的對窮人課稅以支付富人高等教育學費的做法；或者，高等教育改用教育券計畫，既能改善高等教育機構的品質，又能使本來用於補貼高等教育的納稅人資金，分配得更加公平。

這些建議只是想望，但不是辦不到。障礙來自既得利益和成見，不在於執行這個建議的可行性。美國和其他地方已有一些走在前頭的類似計畫正在運轉，只是規模比較小。但有民眾支持它們。

我們不必同時做到所有這些事情。但只要我們往它們——或者指向相同目標的替代計畫——的方向邁進，就能強化自由的基礎，並給「教育機會平等」更完整的意義。

第7章

誰來保護消費者？

Who Protects the Consumer?

「不是因為屠夫、釀酒商、麵包師傅慈悲為懷，我們才有晚飯可吃。我們能有晚飯吃，是他們追求私利的結果。我們能夠滿足自己，不是他們富於人道精神的緣故，而是他們自私的結果。而且，不必把我們的需要告訴他們，只要談他們能夠獲得什麼好處就行。除了乞丐，沒有人會選擇依賴他人的仁慈為生。」

—— 亞當斯密，《國富論》，第 1 卷第 16 頁

我們的晚餐確實不能依賴他人的仁慈 —— 但我們能夠完全依賴亞當斯密那隻看不見的手嗎？無數經濟學家、哲學家、改革家、社會評論家都期期以為不可。自私心會使賣方欺騙顧客。他們會利用顧客的無知和愚昧，多收他們錢和賣他們低劣的產品。他們會哄騙顧客購買他們不需要的產品。此外，批評者指出，如果你任憑市場去運作，結果可能會影響到直接參與之外的人。它可能影響我們呼吸的空氣、飲用的水、所吃食物的安全。他們表示，市場必須輔以其他的安排，才能保護消費

者不受自己和貪心的賣方傷害，而且保護我們每一個人不受市場交易產生的鄰域效應（neighborhood effects）波及。

我們在第1章提過，針對看不見的手所作的這些批評，有它們的道理。問題是，為了因應它們、為了彌補市場的缺憾，而建議或者採行的安排，設計是否良好，可望達成目的，還是會像經常發生的那樣，用藥之後，病情反而更加嚴重？

這個問題，在今天和我們格外切身相關。不到二十年前，由於一連串的事件——瑞秋・卡森（Rachel Carson）發表《寂靜的春天》（*Silent Spring*）一書、參議員艾斯特斯・基霍佛（Estes Kefauver）調查製藥業、拉爾夫・納德（Ralph Nader）抨擊通用汽車（General Motors）生產的科威爾（Corvair）「任何速度都不安全」——一個運動因此展開，使得政府以保護消費者之名介入市場的程度和特質，起了很大的變化。

從1824年的工兵團（Army Corps of Engineers），到1887年的州際商務委員會（Interstate Commerce Commission; ICC），到1966年的聯邦鐵路管理局（Federal Railroad Administration），聯邦政府設立來管理或督導經濟活動的機關，管轄範圍、重要性和目的不一，但幾乎都只針對單一行業，而且對該行業運用的權力，定義相當明確。至少從ICC開始，保護消費者（主要是保護他的錢包），成了改革者宣稱的一個目標。

「新政」實施之後，干預的步調大大加快——1966年時已有的三十二個政府機構，有一半是1932年羅斯福選上總統之

後設立的。不過，干預仍然相當溫和，而且仍然限於單一行業。1936年起發行的《聯邦公報》(*Federal Register*)，是為了記錄所有的法令規定、聽證會，以及和管理機構有關的其他事務而發行的。這份公報的厚度起初增加得相當緩慢，之後變厚的速度加快。1936年才三冊，厚2,599頁，占掉6吋寬的書架空間；1956年計十二冊，厚10,528頁，占掉26吋的書架空間；1966年共十三冊，厚16,850頁，占掉36吋的書架空間。

接著，政府的管理活動激增。接下來十年設立的新機構不下二十一個。它們不再針對特定的行業，而是無所不包：環境、能源的生產和分配、產品安全、職業安全等等。除了關心消費者的錢包，保護他不遭賣方剝削，最近設立的機關，關心的主要是消費者的安全和福祉，不只保護他不受賣方傷害，也不受自己傷害。❶

新、舊政府機關的支出飛增——從1970年不到10億美元，增為1979年估計約為50億美元。這段時期的物價大約上漲一倍，這方面的支出卻增加四倍以上。負責管理活動的政府官僚人數增為三倍，從1970年的28,000人成長為1979年的81,000人；《聯邦公報》的頁數從1970年的17,660頁，增為1978年的36,487頁，占127吋的書架空間——整整十呎寬的書架。

同一個年代，美國的經濟成長急遽減慢。1949到1969年，民間企業所有受雇員工的平均每人小時的產出（這是簡單而完整的生產力評量指標）一年上升3%以上；接著的十年，

成長率不到這個數字的一半；這個（七〇）年代末，生產力不增反減。

為什麼要將這兩個發展相提並論？一件事是要確保我們的安全、保護我們的健康、維護乾淨的空氣和飲水；另一件則顯示我們的經濟運作效能如何。為什麼這兩件好事相互衝突？

答案在於不管公開宣稱的目標是什麼，過去兩個年代所有的運動——消費者運動、生態保護運動、回歸土地運動、嬉皮運動、有機食品運動、保護原野運動、人口零成長運動、「小就是美」運動、反核運動——都包含相同的一件事。它們都反對成長。它們反對新的發展、工業創新、增加利用天然資源。政府設立各種機關來回應這些運動，對一個又一個產業施加沉重的成本，以符合日益詳盡和廣泛的政府規定。它們阻止企業生產或銷售若干產品；它們要求依據政府官僚規定的方式，將資金投入於不具生產力的目的。

結果影響深遠，而且有更為深遠之虞。就像傑出的核子物理學家愛德華・泰勒（Edward Teller）說的：「我們花了十八個月的時間製造第一具核能發電機；現在得花十二年；這不叫進步。」納稅人負擔的直接管理成本，是總成本中最少的一部分。政府一年花50億美元，遠不及工業界和消費者為遵守法令規定需要負擔的成本。保守估計，這方面的成本約為一年1,000億美元。而這還沒有把消費者的選擇受到限制，以及能夠買到的產品價格上漲等成本算進去。

政府扮演的角色起了革命性的變化，是隨著勸導民眾大有成就而來的，也主要是勸導民眾有成促成的；這方面的成就，罕見其匹。不妨問問自己，現在哪些產品最令你不滿意，以及長期以來改善得最少。郵局、小學和中學教育、鐵路客運一定排在很高的位置。再問問自己，哪些產品最令你滿意，而且一段時間以來改善最多。家電、電視機和收音機、立體音響設備、電腦，還有，我們會加上超級市場和購物中心，肯定排在很高的位置。

拙劣的產品都是由政府或者政府管理的行業生產的。卓越的產品都是政府極少插手或者根本不過問的民間企業生產的。可是一般大眾——或者其中很多人——卻被說服，相信民間企業生產拙劣的產品，所以我們需要眼尖的政府員工來抑制企業偷偷生產不安全、虛誇不實的產品，否則他們會用高價賣給無知、不了解內情、脆弱的顧客。政府的公共關係活動做得相當成功，吸引我們倒向他們，但他們帶給我們的郵政服務，遠比以前更需要創造活力和散發活力。

納德對科威爾的抨擊，是這股運動中，詆毀民間工業生產的產品，最戲劇性的單一事件。這個實例不只見證了那股運動的效果有多大，也告訴我們，它能夠把人誤導到什麼地步。納德嚴厲批評科威爾不管開多快都不安全之後約十年，為了因應隨後激起的民眾怒吼，政府終於設立一個機構，著手測試引起整件事的科威爾。他們花了一年半的時間，比較科威爾和同級

車的性能，作成結論：「1960~63年出廠的科威爾，和測試中使用的其他同期車種，比較起來占上風。」❷今天，全美各地都有科威爾車迷俱樂部。科威爾成了收藏車種。但是大部分人，連見聞廣博的人還是認為科威爾「任何速度都不安全」。

鐵路業和汽車業的對比，是絕佳的例子，可用來說明受政府管制和保護、不受競爭威脅的行業，和完全暴露在競爭力量之中的民間工業，最後的結果有什麼差別。這兩個行業都服務相同的市場，最後也提供相同的服務——交通。但其中一個行業落後、缺乏效率，幾乎沒什麼創新。用柴油引擎取代蒸汽機是一大例外。今天柴油引擎所拉的貨車，和上個年代中蒸汽機拉的貨車幾乎沒什麼兩樣。客運服務比五十年前更慢和更難令人滿意。鐵路公司正在賠錢，就要被政府接管。相形之下，汽車業在海內外的競爭刺激之下，無拘無束地發揮創意，已有長足的進步，源源不絕推出一個又一個創新，結果，五十年前的車子已經變成博物館收藏的骨董。消費者身受其益——汽車業的勞工和股東也一樣。這實在叫人驚歎不已——卻也感到可悲，因為汽車正快速轉化為由政府管制的行業。我們將看到汽車業在我們眼前，重新演出蹣跚不振的鐵路業發展史。

政府干預市場會受制於它本身的定律；那不是法律上的定律，而是科學上的定律。它會受各種力量左右，所走的方向，可能和肇始者或支持者原先的意圖或渴望搭不上關係。我們已經探討過和福利措施有關的這個過程。當政府干預市場，不管

是為了保護消費者不受高價或低劣的產品傷害、增進他們的安全，還是為了保護環境，都不改其本質。每一次的干預行動，都會建立起權力地位。居於最佳位置的人如何控制那種權力和用於什麼目的，對那種權力將被如何使用，以及用於何種目的所造成的影響，遠遠超過支持干預行動的肇始者訂下的目標和目的所能產生的影響。

州際商務委員會可以回溯到1887年，主要是由自稱消費者代表的人——可說是當時的納德——所領導的政治運動，促成設立的第一個機構。它經歷幾段生命週期，已經有人對它做了詳盡的研究和分析。它是個絕佳的例子，可以用來說明政府干預市場的自然史。

食品藥物管理局（Food and Drug Administration; FDA）是1906年為回應艾普頓‧辛克萊（Upton Sinclair）所寫《叢林》（*The Jungle*）一書引起民眾關切而設立的；那本小說揭露了芝加哥屠宰場和肉類加工廠衛生狀況慘不忍睹的情形。食品藥物管理局也經歷了幾段生命週期。除了原有的業務，由於1962年的基霍佛修正案，業務經過調整後，它也有點像是以前針對特定行業實施管理，和近來的職能式或跨行業式管理的綜合體。

從消費產品安全委員會（Consumer Products Safety Commission）、全國道路交通安全管理局（National Highway Traffic Safety Administration）、環境保護署（Environmental Protection Agency），可以看出最近設立的管理機構所屬的種類

——超越行業，而且相較之下，並不關心消費者的錢包。全面分析這些機構，將遠遠超過本書能用的篇幅，但我們要以ICC和FDA為例，簡短討論它們的相同傾向，以及將來會製造的問題。

美國各州和聯邦政府干預能源業已有很長的歷史，但1973年石油輸出國家組織（OPEC）實施禁運，以及原油價格飆漲為四倍，政府的干預變本加厲。

如果我們要說，不能依賴政府的干預來保護身為消費者的我們，那麼我們能依賴什麼？市場發展出什麼樣的機制來保護消費者？以及它們可以如何改善？

州際商務委員會

南北戰爭之後，美國的鐵路擴增之快，史所未見——1869年5月10日，猶他州普羅蒙特里角（Promontory Point）敲進金色道釘，象徵聯合太平洋（Union Pacific）和中央太平洋（Central Pacific）鐵路接軌，完成美國第一條橫貫大陸的鐵路。不久又有第二條、第三條，甚至第四條橫貫鐵路。1865年，鐵路已有35,000哩長；十年後，接近75,000哩；1885年，超過125,000哩。1890年，鐵路公司超過一千家。美國的鐵路四通八達，深入每一個遙遠的小村莊，銜接東西兩岸，鐵路哩數超過其他國家的總和。

業界的競爭十分激烈。貨運和客運費率因此相當低廉，可說是世界最低的。鐵路業員工當然抱怨這種「割喉式的競爭」。每過一段時間就來襲的經濟不振，總有鐵路公司破產，被其他公司收購，或者乾脆關門大吉。一旦經濟復甦，另一股鐵路興建熱潮又接踵而至。

當時的鐵路公司試著攜手合作，組成集團來改善經營環境。它們同意將費率訂在能有獲利的水準，並且分食市場。令人洩氣的是，協議到頭來總是瓦解。只要集團的其他成員維持費率不變，任何一家成員都可以藉降低費率，從其他鐵路公司搶走業務而獲益。當然了，它不會公開降低費率，只會拐彎抹角，盡可能將其他的成員一直蒙在鼓裏。這一來，諸如提供托運人祕密回扣，以及對不同的地區和不同的商品採取差別定價（discriminatory pricing）的做法相當流行。某些業者暗地裏削價競爭的手法，遲早紙包不住火，於是集團瓦解。

紐約和芝加哥等相距遙遠、人口稠密的城市之間，競爭最為激烈。托運人和旅客有多家鐵路公司經營的多條路線可以選擇，也可以選擇早已在全國各地開鑿好的運河。相較之下，任何一條路線較短的兩個點之間，例如哈里斯堡（Harrisburg）到匹茲堡，可能只有一條鐵路。於是那條鐵路享有類似於獨占的地位，只需要和運河或河流等不同的運輸方式競爭。它當然會盡可能充分利用獨占地位的優勢，收取托運人或旅客能夠負擔的最高費用。

因此產生的結果，是短程票價之和——或甚至只是一趟短途行程——有時高於相距遙遠兩點之間的長程票價。消費者當然不會抱怨長途價格低廉，卻肯定會抱怨短程價格比較高。同樣地，享有優惠待遇的托運人，在偷雞摸狗的削價戰中獲得回扣，不會有什麼怨言，但未能拿到回扣的人，則高聲指責鐵路公司實施「差別定價」。

鐵路公司是當時的主要企業。它們眾所矚目，競爭激烈，和華爾街及金融東岸往來密切，而且金融炒作和上層階級爾虞我詐的故事時有所聞。它們自然而然成了攻擊目標，尤其是來自中西部的農民。格蘭其（Grange）運動興起於1870年代，攻擊「壟斷性的鐵路」。綠鈔黨（Greenback party）、農民聯盟（Farmers' Alliance）之類的組織也加入他們的行列。他們鼓噪要求州議會通過措施，由政府管制貨運費率和實務做法，而且經常如願以償。威廉‧詹寧斯‧布萊恩（William Jennings Bryan）賴以成名的人民黨（Populist party），不只要求管制鐵路業，更要求政府祭出鐵腕措施，擁有和經營鐵路。❸當時的漫畫家喜歡把鐵路畫成章魚，緊緊勒住全國，發揮巨大的政治影響力——事實的確如此。

隨著反鐵路業的活動增多，一些有遠見的鐵路業人士發現，他們可以借力使力，引導情勢往對自己有利的方向發展，也就是利用聯邦政府來執行他們的價格限定和市場分享協議，並且保護他們不受州政府和地方政府的干預。他們加入改革者

的行列，支持政府出面管理。結果是1887年設立州際商務委員
會（ICC）。

大約十年後，這個委員會才充分運轉。到那個時候，改革
者已經將目標移轉到下一個運動。鐵路只是他們關心的許多事
情裏面的一件。他們已經達成目標，而且沒有那麼強烈的興趣
繼續理它，偶爾看一眼ICC正在做什麼就了事。對鐵路業人士
來說，情況卻完全不同，鐵路是他們的事業，他們最關心的事
情，他們願意一天二十四小時全心全力投入。而且，誰有那種
專長，能夠充實ICC的人力和處理它的日常事務？他們很快就
知道如何借重這個委員會，造福自己。

委員會的第一任主席湯瑪斯・庫里（Thomas Cooley），是
曾經代表鐵路業多年的律師。他和同事爭取國會授予更多的管
理權限，果真得償所願。美國總統克利夫蘭（Cleveland）的司
法部長理查・歐爾尼（Richard J. Olney），在ICC設立之後僅僅
六年，寫信給鐵路業大亨、伯靈頓昆西鐵路公司（Burlington
& Quincy Railroad）的總裁查爾士・伯金斯（Charles E.
Perkins），說：

> 這個委員會的職能現在已經遭到法院限縮，對鐵路公司大有用
> 處，也能變得很有用處。它滿足了輿論要求政府督導鐵路業的呼
> 聲，而那種督導幾乎完全徒具虛名。此外，這種委員會成立愈
> 久，愈傾向於從企業和鐵路業的角度來看事情。它因此成了鐵路
> 公司和一般人之間的一道擋板，保護鐵路業的利益不遭到倉促、

草率立法的傷害。……明智之舉是不要摧毀這個委員會，而是好好利用它。❹

這個委員會解決了長途和短途費率的問題。解決之道主要是調高長途費率，使等於短途費率的總和。你聽了一定不感驚訝。除了顧客，大家都很高興。

這個委員會的權力與日俱增，而且控制鐵路業的每一個層面愈來愈緊。此外，權力從鐵路業的直接代表，移轉到愈來愈多的ICC官僚手中。但是這並沒有威脅到鐵路業者。許多官僚來自鐵路業，他們的日常業務通常是和鐵路業人士往來，而且，他們將來優渥的事業前途，主要也是在鐵路業。

1920年代，鐵路業才真正感受到威脅。汽車貨運崛起成為長途運輸業者。ICC用人為的力量維持的鐵路業高貨運費率，令汽車貨運業者有機可乘而急遽成長。這個行業不受管制，而且競爭力強大。任何人只要有夠多的資金，能買一輛貨車，便可以進入這個行業。主張政府出面管理鐵路業，所持的主要論點──它們是獨占事業，必須加以控制，以防剝削一般大眾──在汽車貨運業根本站不住腳。很難找到一種行業，比汽車貨運業更符合經濟學家所說的「完全競爭」（perfect competition）條件。

不過這並沒有阻止鐵路公司群起要求將長途汽車貨運納入州際商務委員會的管理範圍。它們辦到了。1935年汽車貨運公

司法（Motor Carrier Act）賦予ICC管理汽車貨運業的權力——目的是保護鐵路公司，不是保護消費者。

汽車貨運業重演鐵路業的故事。它形成卡特爾，費率固定，路線也被分配好。隨著汽車貨運業的成長，汽車貨運業者的代表對ICC的影響力愈來愈大，並且逐漸取代鐵路業的代表，成為支配性的力量。於是ICC成了致力於保護汽車貨運業，不受鐵路業和未受管理的貨運業者傷害的機構，就像當年保護鐵路業不受汽車貨運業者傷害那樣。總而言之，只有保護自己的官僚結構的部分是重疊的。

汽車貨運公司要經營州際公共運輸業務，必須取得ICC發給的公共便利與必需許可證（certificate of public convenience and necessity）。1935年汽車貨運公司法通過後，這種許可證的申請起初有約89,000件，ICC只准許約27,000件。「此後……該委員會非常不願意准許新的競爭業者加入營運。此外，現有汽車貨運公司的合併和經營失敗，使得這類公司的數目，從1939年超過25,000家，減為1974年的14,648家。在此同時，受管理貨運業者的城市間運量，從1938年的2,550萬噸，增為1972年的6億9,810萬噸，成長27倍」❺。

許可證可以買賣。「運量成長、公司家數減少，以及費率委員會和ICC的實務不鼓勵費率競爭，使得許可證的價值大為提高。」湯瑪斯・摩爾（Thomas Moore）估計1972年時許可證的總價值在20億到30億美元之間❻——這個價值，只因為

政府授予獨占地位而產生。它給持有許可證的人創造了財富，但對整個社會來說，卻是政府干預所造成損失的一個指標，不是產能的指標。每一份研究都指出，取消ICC對汽車貨運業的管制，可以大幅減輕托運人的成本──摩爾估計，成本也許能夠降低多達四分之三。

俄亥俄州的汽車貨運公司達頓空運（Dayton Air Freight）是個具體的例子。它擁有ICC的營業執照，獨家經營達頓到底特律的貨物運輸業務。如果要對其他的路線提供服務，就必須向ICC執照的持有人購買權利，其中一家卻連一輛貨車也沒有。它一年必須支付多達10萬美元的權利金。公司業主一直嘗試爭取執照涵蓋更多條路線，到目前都無法成功。

該公司的顧客梅爾康‧李察茲（Malcolm Richards）表示：「坦白說，我不懂為什麼ICC按兵不動，什麼事都不做。就我所知，這是我們第三次支持達頓空運提出申請，幫助我們省錢，幫助自由企業，幫助這個國家節省能源。⋯⋯到頭來，所有的成本都是消費者在負擔。」

達頓空運的業主之一泰德‧赫克（Ted Hacker）補充說：「在我看來，州際商務根本沒有自由企業可言。它不再存在於這個國家。你必須付出代價，付出非常昂貴的代價。而且，這不只表示我們必須付出代價，也表示消費者需要付出代價。」

但是對照另一位業主赫瑟爾‧維莫（Herschel Wimmer）說的話，赫克所言不能盡信。維莫說：「我對已經獲有ICC許

可的人沒有意見，只想說，美國這麼大，自ICC於1936年設立以來，進入這一行的業者卻少之又少。他們不允許新業者加入這一行，和現有的業者競爭。」

我們推測，這反映了我們在鐵路業者和汽車貨運業者身上一再見到的反應：贊成發給我們許可證，或者豁免我們於規定之外；但是反對取消發放許可證並廢除政府的管理制度。從既得利益已經壯大的角度來看，那種反應完全可以理解。

再回頭來談鐵路業。政府干預所造成的最後影響還沒有結束。日益僵化的規定，阻止了鐵路公司以有效的行動，因應小汽車、大客車和飛機崛起，成為替代鐵路的長途客運選擇。他們再度訴諸政府，這一次是以美國鐵路公司（Amtrak）的形式，把客運業務國有化。同樣的過程發生在貨運業務。東北部的不少鐵路貨運業務，在紐約中央鐵路公司（New York Central Railroad）戲劇性的破產之後，透過聯合鐵路公司（Conrail）的設立，等於收歸國營。鐵路業其他業者的未來，很可能也是走這一條老路。

航空運輸重演鐵路和汽車貨運的故事。民用航空局（Civil Aeronautics Board; CAB）1938年設立的時候，負責管制十九家國內主幹線航空公司。今天，儘管航空運輸巨幅成長，以及儘管「公共便利與必需許可證」的申請者眾，受到管制的業者數量卻更少。航空公司的故事，在一個重要的層面確實有所不同。基於種種不同的理由——例如，英國某大國際航空公司雄

心勃勃的業主佛瑞迪・雷克（Freddie Laker），成功地降低飛越
大西洋的價格，以及民航局前董事長艾爾佛烈德・卡恩（Alfred
Kahn）展現獨特的個性和能力——近來不管是在管理上，還是
立法上，航空票價已經大幅解除管制。這是各行各業中，擺脫
政府管制，取得更大自由的第一個重大行動。這方面戲劇性的
成功——降低票價的同時，航空公司的盈餘升高——激勵陸上
運輸也朝解除管制的方向邁進。但是強大的反對勢力，尤其是
汽車貨運業者正在集結，阻擋解除管制；到目前為止，能否闖
關成功，希望相當渺茫。

　　長途和短途費率之爭，一個諷刺性的案例，最近發生在航
空業，不過和鐵路業的情況恰好相反——短途票價比較低。這
個案例發生在加州。加州相當大，養得活幾家大航空公司，只
經營州內航線，所以不受民航局管制。舊金山到洛杉磯之間的
航線競爭十分激烈，州內票價遠低於民航局准許的州際航線相
同行程的收費。

　　諷刺的是，自稱消費者捍衛鬥士的納德，1971 年向民航局
投訴這種票價上的差異。納德旗下的一個組織，發表關於 ICC
的一份精彩分析，強調長途和短途的差別定價如何解決。航空
業這件案子將如何解決，納德不可能不心知肚明。研究政府管
制的任何學生都猜想得到，民航局果然作出裁決，要求州內公
司提高票價，以符合民航局准許的水準。最高法院後來判決，
維持民航局原議。幸好由於法律技術上的問題，它的判決暫時

擱置，而且被認為可能有違航空票價管制解除的趨勢。

　　從ICC的發展，看得出政府干預的自然史到底是怎麼寫的。由於一件真實或者想像中的壞事，人們要求應該做點什麼事情。於是一個政治聯盟形成，成員包括真心誠意、品格高尚的改革者，和同樣真心誠意的利益團體。聯盟成員的目標如果水火不容（例如消費者要求價格低廉，生產者要求提高價格），則用「公眾利益」、「公平競爭」等華麗的詞藻一筆帶過。接著聯盟成功地促使國會（或者州議會）通過法律。法律的緒言講得冠冕堂皇，本文則授權政府官員去「做點事情」。品格高尚的改革者嚐到勝利的喜悅之後，把他們的注意力轉向新的理想。利益團體則努力確保官員運用權力造福他們。他們通常如願以償。成功產生本身的問題，於是通過擴大干預的範圍來解決。官僚造成傷害，連原來的特殊利益團體也不再受益。最後造成的影響，恰好和改革者的目標背道而馳，而且通常甚至不符合特殊利益團體的目標。可是因為政府官僚的活動已經根深蒂固，和許多既得利益盤根錯節，廢除原來的立法近乎不可想像。於是人們呼籲訂立新法，以處理先前的法律造成的問題。一個新的循環再次展開。

　　ICC很清楚地見證這些步驟的每一步——從促使它成立的奇怪聯盟，到美國鐵路公司成立的第二個循環開始。美國鐵路公司存在的唯一藉口，是它大致不受ICC的管制，所以能做ICC不准個別鐵路公司做的事。當然了，對外說得很漂亮：經

營美國鐵路公司的目的，是改善鐵路客運服務。鐵路公司支持它，因為那時存在的許多客運服務可以就此取消。由於來自航空和私用車的競爭，1930年代出色而且賺錢的客運服務每下愈況，可是ICC硬是不准鐵路公司縮減客運服務業務。現在有了美國鐵路公司，客運業務量便可縮減，剩下的部分則接受補貼。

如果ICC不曾設立，並且允許市場力量運作，今天的美國會有一個更令人滿意的運輸體系。鐵路業會更加精實（leaner），但因為在競爭的刺激之下，藉由科技的創新而更有效率，也會用更快的速度，因應交通需求的變化而調整路線。客運火車可能服務較少的顧客，設施和設備卻遠比現在要好，而且服務更為便利和快捷。

同樣地，汽車貨運公司會增加，但貨車數量可能減少，因為不必像ICC現在強制規定的，發生回程空載和路線迂迴等浪費，同時經營得更加有效率。成本會降低，服務會更好。曾經利用領有ICC執照的公司搬運私人物品的人，一定接受上面的說法。但我們不是根據個人的經驗才這麼說，相信對商業托運人來說也一樣。

整個運輸業的面貌可能大不相同，包括不同交通工具的聯運利用量可能增加許多。同一列火車既載運乘客，又載運他們的汽車，是近年來民間鐵路公司難得獲有利潤的營業項目之一。如果沒有ICC，人車同時載運的營業項目無疑會更早推

出，其他許多聯運方式也可能出現。

聽任市場力量自行運作的一大論點，是我們很難想像會有什麼結果發生。我們可以確定的一件事，是使用者不很重視，不想花錢去買的服務，不會繼續存在；而且，使用者願意支付的價格，必須讓提供服務的人獲得的收入，高於他們能夠從事的其他活動。使用者和生產者都無法把他們的手伸進其他任何人的口袋，以維持那些無法滿足上述條件的服務。

食品藥物管理局

聯邦政府第二次大力介入保護消費者—— 1906 年的食品藥物法（Food and Drug Act）——和ICC不同，不是源於消費者抗議價格昂貴，而是來自消費者對食品清潔衛生的關切。那時正值新聞記者猛挖內幕醜聞的年代。一家具有社會主義傾向的報社，派艾普頓‧辛克萊前往芝加哥調查牲畜飼養場的情況。結果，他那本著名的小說《叢林》誕生了。他寫這本小說的用意，本來是要引人同情工人的處境，想不到裏面描述的肉類加工處理過程不潔，激起讀者更大的反感。辛克萊當時說：「我瞄準一般人的心，卻意外擊中他們的胃。」

早在《叢林》上市，並且引發民眾贊成立法管制之前，基督教婦女戒酒聯盟（Women's Christian Temperance Union）和全國戒酒學會（National Temperance Society）等組織，已經組

成全國清潔食品藥物聯盟（National Pure Food and Drug Congress; 1898 年），鼓吹立法，取締當時誇大不實的假藥——大多加了大量的酒精，因此消費者能以買藥之名，喝到烈酒。這可以解釋為什麼戒酒團體會介入。

在這個領域，特殊利益團體也加入改革者的行列。肉類加工業者「在有這個行業之初，便知道毒害顧客不符合本身的利益，尤其是在競爭激烈的市場中，消費者大可掉頭而去，到別的地方去買」。他們特別關切歐洲國家以肉品含有病毒為由，限制美國的肉類進口。他們熱切抓住這個機會，希望政府認證他們的肉品不含病毒，同時願意支付檢驗費用。❼

另一群特殊利益團體是藥劑師和醫生，經由本身的專業協會發聲，但他們的參與動機比肉品加工業者（或者ICC 設立時的鐵路公司）複雜，不單單著眼於經濟面。他們的經濟利益十分清楚：由江湖郎中和其他方式直接賣給消費者的成藥與假藥，和他們提供的服務相互競爭。除此之外，就專業利益來說，他們關心市面上販售的藥品，對無用的藥物可能危害民眾相當敏感；那些藥物聲稱它們具有神奇的療效，能夠治療癌症到麻瘋病等一切疾病。也就是說，熱心公益和追求私利並存。

1906 年的法律，大致上限於檢驗食品和成藥上面的標示，但是，主要是出於意外，而不是有意設計，它也將處方藥納入管制，但這個權力要到很久以後才行使。管理單位原本設於農業部內，後來演變成現在的食品藥物管理局（FDA）。直到過

去十五年左右，不管是原來的機構，還是FDA，對製藥業的影響都不大。

1937年年中，磺胺（sulfanilamide）問世之前，重要的新藥開發出來的數量很少。之後發生了磺胺酏劑（Elixir Sulfanilamide）慘劇。一位藥劑師想要製造磺胺，讓不能服用膠囊的病人使用。但他所用的溶劑和磺胺形成致命的組合。悲劇結束時，「共一百零八人死亡──包括服用那種『靈丹妙藥』（譯註：elixir有靈丹妙藥的意思）的一百零七位病患，以及自殺的藥劑師」[8]。「製造商本身從這段……經驗得知，販售這類藥物可能會承受責任損失，所以有必要實施行銷前的安全測試，以避免重蹈覆轍。」[9]它們也了解，政府的保護對它們可能十分寶貴。於是有1938年的食品藥物化妝品法（Food, Drug, and Cosmetic Act）通過實施，將政府的管制擴大到廣告和標示，並且規定所有的新藥都需要FDA認為安全，才能跨州銷售。FDA必須在一百八十天內批准或駁回。

製藥業和FDA發展出融洽的共生關係，直到另一件悲劇發生。FDA依據1938年的法條，不准沙利竇邁（Thalidomide）在美國上市，但醫生做實驗的時候，可使用有限的數量。當報導指出，歐洲的懷孕媽媽服用沙利竇邁之後生出畸形兒，有限的配用量也取消了。報導所引發的民眾怒吼，促成1962年的修正案。前一年，參議員基霍佛調查了製藥業，有助於1962年法條的形成。這件悲劇也急遽改變修正案的方向。基霍佛本來最

關心的是民眾檢舉效果可疑的藥物以極高的價格販售——這是獨占企業剝削消費者的標準指控。結果，修正案重視藥物的品質，更甚於價格。他們「在1938年法律規定的安全證明之外，加進效力證明的規定，而且將FDA接獲新藥申請後的處理時間限制取消。現在，除非直到FDA確定，依據1938年的法律，不只有實質的證據顯示藥品安全無虞，而且它標明的用途的確有效，否則新藥不准上市行銷」❿。

1962年的修正案，和促使政府干預激增及改變方向的一連串事件同時發生：沙利竇邁悲劇；瑞秋‧卡森《寂靜的春天》出書，激起環境保護運動；以及拉爾夫‧納德「任何速度都不安全」引發的爭議。FDA參與了政府角色的改變，而且行事作為遠比以往活躍。禁用環己胺磺酸鹽和威脅禁用糖精，最引人注目，卻不是FDA最重要的行動。

1962年修正案達到高潮時的立法目標，沒人不表同意。一般大眾受到保護，不致買到不安全和無效的藥物，當然再好不過了。但是新藥物的開發也應該受到激勵才是，而且新藥物應該盡可能趕快供應可望受益的人使用。一個好目標，總是經常和其他的好目標相互衝突。往某個方向力求安全和審慎，便代表另一個方向會有人不幸死亡。

我們要問的重要問題是，FDA的管理是否有效地調和了這些目標，以及還有沒有更好的方式。這些問題曾經被人仔細研究。現在已經累積不少證據，指出FDA的管理造成反作用，也

就是，阻礙寶貴藥物產銷進步的「弊」，多於防止有害或無效藥物產銷的「利」。

FDA 對新藥創新速度造成的影響十分強烈：1962 年以後，每一年推出的「新化合物」（NCEs）數量減少50% 以上。同樣重要的是，現在新藥獲得批准的時間遠比從前要長，而且，部分由於這個原因，開發新藥的成本增加了好幾倍。針對1950 年代和1960 年代初的一項估計，當時開發一種新藥和上市的成本約為50 萬美元，以及需要約25 個月的時間。考慮那時以來的通貨膨脹，成本提高為略超過100 萬美元。1978 年，「一種藥品上市，得花5,400 萬美元的成本和投入約八年的努力」——成本增加一百倍，時間拉長為四倍，而一般物價只上漲為兩倍。[11]如此一來，製藥公司不再有能力在美國為罕見疾病病患開發新藥。它們愈來愈必須依賴銷售量高的藥物。長久以來居於新藥開發領先地位的美國，正快速落後給其他國家。而且，我們甚至無法完全受益於海外開發的新藥，因為FDA通常不接受海外提出的證據，作為藥效的證明。最後的結果，很可能和鐵路客運業務相同，把新藥的開發收歸國營。

因此產生所謂的「藥物上市延滯」（drug lag），可以從美國和其他國家藥品的相對供應情況看得出來。羅徹斯特大學藥品開發研究中心（Center for the Study of Drug Development）的威廉・沃戴爾（William Wardell）博士詳細做了一項研究，發現英國上市，而美國沒有上市的藥品，多於相反的情況，而在

兩國都有上市的藥品，平均來說在英國比較快上市。沃戴爾博
士1978年說，

> 世界其他某個地方，例如英國，具有療效的藥物有上市，而美國
> 卻買不到，你會看到病患忍受病痛折磨的無數實例。舉例來說，
> 有一兩種稱為乙型阻滯劑（Beta blockers）的藥物，似乎能夠防止
> 心臟病發後死亡——我們稱之為心肌梗塞後動脈性猝死預防——
> 如果在美國上市，每年可以拯救約一萬條人命。1962年的修正
> 案通過以後十年內，美國不曾批准高血壓用藥——用於控制血壓
> ——英國卻批准了幾種。就心血管疾病來說，67到72年的五年
> 內，只批准了一種藥品。這和F.D.A.已知的組織問題有關。……
>
> 　對病患來說，這□面的含意是，以前保留給醫生和病患做的治
> 療決定，日益交給國家層級的機關，由專家委員會做決定，而他
> 們所代表的委員會和機構——也就是F.D.A.——非常偏重於避免
> 風險，所以我們得到的通常是比較安全的藥，不是有效的藥。我
> 聽過這些諮詢委員會討論藥物時發表的精彩言論，例如：「嚴重
> 罹患某種疾病的病患不夠多，不足以作為這種藥物上市，普遍使
> 用的依據。」如果你想把全體人口遭受的藥物毒害減到最低，這
> 麼說再好不過，但如果你碰巧是那些「不夠多的病患」□面的一
> 位，罹患某種疾病十分嚴重，或者罹患某種罕見的疾病，那麼只
> 好說你運氣實在不好。

講了這麼多，這些成本都比不上防止危險藥品上市、阻止
一連串的沙利竇邁災難發生的好處嗎？關於這個問題，山姆・
裴爾茨曼（Sam Peltzman）所做最嚴密的經驗性研究，得出的

結論是，證據一清二楚擺在眼前：弊遠大於利。他在解釋這個結論時說：「1962年之前，市場對無效藥物銷售者的懲罰，似乎已經夠大，幾乎沒留下什麼空間，可讓管理機構加以改善。」⑫沙利寶邁的製造商為它們造成的傷害，付出數千萬美元代價——這肯定會製造強烈的誘因，促使它們努力避免發生類似的事情。錯誤當然還是會發生——沙利寶邁的悲劇是其一——但在政府管理之下也難以避免。

他的證據，證實了一般的推理所強烈顯示者。儘管FDA立意良善，它的運作卻抑制了廠商開發和上市可能有效的新藥。這絕非偶然。

設身處地，假使你是負責審批新藥的FDA官員。你可能犯下兩種很不一樣的錯誤：

1. 批准一種藥品，想不到發生始料未及的副作用，造成許多人死亡或嚴重受害。
2. 拒絕批准能夠拯救許多人命或減輕很大的痛苦，卻沒有意外副作用的藥品。

如果你犯了第一種錯誤——批准沙利寶邁——你的名字會刊登在每一份報紙的頭版。你會名譽掃地。但如果你犯了第二種錯誤，誰會知道？只有促銷新藥的製藥公司，以及參與開發和測試新產品的一些藥劑師及醫生知道；那些製藥公司會被斥為貪得無厭、鐵石心腸的企業人士，藥劑師及醫生則只能發發

牢騷。本來可以保住性命的患者，已經不在人世，沒辦法抗
議。他們的家人無從得知摯愛與世長辭，是某不知名FDA官員
「慎重其事」造成的。

　　銷售沙利竇邁的歐洲製藥公司遭到猛烈的抨擊，在美國力
阻沙利竇邁上市的女士則得到無上的名聲和掌聲（法蘭西絲‧
凱爾希〔Frances O. Kelsey〕博士榮獲甘迺迪總統頒授傑出政
府服務金牌），兩者形成如此鮮明的對比，你想要避免犯下什
麼錯誤，還有任何懷疑嗎？你我縱使悲天憫人，坐上那個位
置，也會拒絕或者延後批准許多好藥上市，以避免即使有那麼
一點小小的可能性：藥物批准上市後，發生有新聞報導價值的
副作用。

　　這種不可避免的偏見，因為製藥業的反應而得到強化。這
種偏見引出了過度嚴格的標準。取得政府批准變得更花錢、費
時、風險高。研究新藥的利潤變薄。每一家公司都比以前不擔
心競爭對手的研究努力會得到什麼樣的成果。現有的公司和現
有的藥物，都受到保護，不必害怕競爭。新的對手遭到抑制。
製藥公司的研發努力，於是集中在最沒有爭議的領域，也就是
新的可能性中最缺乏創意的部分。

　　當我們之一在《新聞周刊》（*Newsweek*）的一篇專欄文章
（1973年1月8日）建議，由於這些理由，FDA應該裁撤。製
藥業一些從業人員看了這篇文章，來信提到一些令人苦惱的故
事，證實FDA的確阻礙了藥品的開發。但是也有許多人表示，

「我和你的意見恰好相反，我不認為FDA應該裁撤，但相信它的權力應該」如何如何的調整。

我們後來的一篇專欄文章，題為「會吠的貓」（Barking Cats；1973年2月19日），回覆這些人的看法：

> 如果有人說：「一隻貓如果會吠，我想養牠」，聽了這話，你會怎麼想？你說，如果FDA的行為，像你認為應有的那麼理想，那麼你贊成FDA繼續存在。這樣的說法，不是和前面那種說法完全一樣？根據生物法則，貓的特徵並不比政府機構建立之後，規範它們行為的政治法則僵固。FDA現在的行為方式，以及製造的不良後果，絕非偶然，也不是很容易矯正的人為錯誤造成的，而是它的構成必然的後果，正如貓的構成使牠喵喵叫那樣。自然科學家知道不能隨心所欲賦予化學物和生物某些特性，也就是不能要求貓汪汪叫或者水燃燒起來。為什麼你認為社會科學的情況不同？

以為社會組織的行為可以隨心所欲去捏塑，這種錯誤的想法十分普遍。這是大部分所謂的改革者犯下的根本錯誤。這可以解釋為什麼他們經常覺得錯在人身上，不是錯在「體系」；所以解決問題的方法，是「趕出壞分子」，改由心地良善的人掌舵。這可以解釋為什麼他們的改革表面上達成，卻經常誤入歧途。

FDA造成的傷害，不是源於主其事者的缺憾──除非那是生而為人的缺陷。許多人是能幹且埋頭努力工作的公務員。但

是社會、政治和經濟壓力，影響政府機構主管官員的行為，遠甚於影響政府機構的行為。當然了，這有例外，但例外十分罕見——幾乎像會吠的貓那麼罕見。

這並不是說，我們不可能推動效果顯著的改革，但我們需要考慮支配政府機構行為的政治法則，不是只譴責官員缺乏效率和浪費，或者質疑他們的動機和一味敦促他們做得更好。基霍佛修正案之前，FDA造成的傷害遠低於目前；基霍佛修正案改變了公務員的壓力和誘因。

消費產品安全委員會

消費產品安全委員會（Consumer Products Safety Commission; CPSC）是近十年來政府的管理活動發生變化的實例。它跨越了不同的行業，主要關心的不是價格或成本，而是產品的安全。它的裁量權限很寬，以最一般性的指針在運作。

1973年5月14日開始運作，「這個委員會專責保護一般大眾不致承受消費性產品不合理的傷害風險；協助消費者評估這些產品的安全性；訂定消費性產品的標準，把聯邦、州和地方層級這些標準的衝突減到最低；以及促進和產品有關的死亡、疾病、傷害的成因與預防之研究及調查」[13]。

它的職權涵蓋「(i)銷售給消費者……或(ii)供消費者個人使用、消費或享受，而生產或配銷之任何物品或組件」，

但下列產品除外：「菸草及香菸產品；動力車輛和動力車輛設
備；藥品；食品；飛機和飛機組件；若干船艇；以及其他若干
項目」——這些產品幾乎已經全由下列其他管理機構負責：菸
酒武器管理局（Bureau of Alcohol, Tobacco and Firearms）、全
國道路交通安全管理局（National Highway Traffic Safety
Administration）、FDA、聯邦航空管理局（Federal Aviation
Administration）、海岸防衛隊（Coast Guard）。❶

　　雖然CPSC才剛開始運作，卻很可能成為大機關，對我們
可購買的各種產品和服務產生深遠的影響。它已經對書夾式紙
板火柴、自行車、兒童玩具手槍、電視接收器、垃圾桶、耶誕
樹小型燈泡等各種產品進行測試和發布標準。

　　加強產品的安全，顯然是個好目標，但要承擔多大的成
本，以及根據什麼標準？「不合理的風險」不是能給客觀規格
的科學詞彙。玩具手槍產生的噪音，分貝水準多少才對兒童
（或成人）的聽力構成「不合理的風險」？在回答這個問題的
過程中，受過訓練、領取高薪的「專家」，戴著耳罩射玩具手
槍的情景，很難讓納稅人安心，覺得他們的錢花得有道理。
「比較安全」的自行車，可能比「安全性較差」的自行車慢、
重、貴。CPSC的官僚是根據什麼標準來決定應該犧牲多少速
度、增加多少重量、提高多少成本，以增進多少安全性？「比
較安全」的標準確實能夠提升安全性？或者它們只是鼓勵使用
者掉以輕心？大部分自行車和類似的意外，畢竟都是由人的疏

忽或錯誤造成的。

這些問題大多難有客觀的答案——可是在規畫和發布標準的過程中，這些問題必須有確切的答案。答案會部分反映相關公務員的任意判斷，偶爾反映和相關商品有特殊利益的消費者或消費者組織的判斷，但主要受到產品製造商的影響。大體來說，只有它們才有足夠的利益和專長，就擬議中的標準發表內行的評論。其實，不少標準都只是交給各同業公會去制定。可以肯定的是，那些標準的制定，一定符合公會會員的利益，尤其著眼於保護自己不受國內新產品和外國產品競爭的威脅。結果將是強化現有國內製造商的競爭地位，並且導致新產品和改良產品的創新與開發更加昂貴及困難。

當產品以正常的程序進入市場，便有機會進行試驗、反覆嘗試摸索。毫無疑問，品質低劣的產品會被人生產出來，錯誤難免發生，始料未及的瑕疵出現了。錯誤的規模通常相當小——但有些很大，例如最近的凡世通500（Firestone 500）輻射輪胎案件——而且有辦法逐步矯正。消費者可以自行試驗，決定他們喜歡什麼特色和不喜歡什麼特色。

當政府透過CPSC介入，情況就不一樣了。許多決定必須在產品實際使用、廣泛嘗試錯誤之前做好。標準沒辦法視不同的需求和品味而調整。它們必須一體適用於所有的產品。消費者不可避免被剝奪了機會，沒辦法試用多種選擇。錯誤還是會發生，而且一旦發生，規模十之八九都很大。

CPSC的兩個實例可以說明這個問題。

1973年8月，CPSC才開始運作三個月，便「禁止若干品牌的噴霧粘合劑販售，認為它們帶有迫切的危險。它的決定主要是根據一位學者的初步研究發現。他宣稱這些產品可能導致新生兒缺陷。更多詳盡的研究未能證實初步的報告屬實之後，該委員會於1974年3月撤銷禁令」❶。

知錯馬上能改，值得嘉許。就政府機構來說，也十分難得。但縱使如此，傷害已經造成。「似乎至少有九位使用過噴霧粘合劑的懷孕婦女，聽了該委員會初步決定的消息之後去墮胎。她們擔心生出畸形兒，所以決定不把孩子生下來。」❻

一個更為嚴重的例子，和三羥甲基氨基甲烷（Tris）有關。CPSC設立的時候，應負的職責之一是管理1953年的「易燃織物法」（Flammable Fabrics Act）。頒訂這項法律的目的，是為了減低產品、織物或相關材料意外起火所造成的傷亡。CPSC的前身機構1971年發布的兒童睡衣標準，由CPSC於1973年年中加以強化。廠商當時為符合標準，最便宜的做法是在布料中加入阻燃化學物——三羥甲基氨基甲烷。不久，美國產銷的兒童睡衣，大約99%都加進三羥甲基氨基甲烷。後來發現，三羥甲基氨基甲烷可能致癌。1977年4月8日，該委員會禁止在兒童服裝使用它，並且規定從市場撤回經三羥甲基氨基甲烷處理的衣服，消費者也可以退貨。

不用說，該委員會在1977年的《年報》中，把危機處理的

功勞據為己有,卻不提問題完全是由它先前的行動引起的,也就是不承認自己在問題產生的過程中扮演的角色。先前的規定導致數百萬兒童暴露在致癌的危險之中。原來的規定和後來禁用三羥甲基氨基甲烷,都給兒童睡衣製造商增添沉重的成本,而這些成本最後當然轉嫁到顧客身上。他們可說來回都被剝了一層皮。

這個例子深具啟發性,可用以說明全盤的管理和市場運作之間的不同。要是允許市場自由運作,有些製造商無疑會使用三羥甲基氨基甲烷,宣稱它們的睡衣具有阻燃特性,而提升產品的吸引力。但總之三羥甲基氨基甲烷會逐漸被廠商使用。這一來,便有時間讓三羥甲基氨基甲烷致癌特性的資訊被人發現,不致被人大規模使用。

環境保護

環境保護運動是政府的干預行動成長最快的領域之一。環境保護署(Environmental Protection Agency)成立於1970年,目的是「保護和改善實體環境」,權力和職責日益加重。它的預算從1970年到1978年增為七倍,現在超過5億美元,員工數約7,000人。❶它加重工商業和各地方、州政府的成本,以符合它所訂的標準,每年成本增加達數百億美元。企業的新資本投資,現在有約十分之一到四分之一的總淨投資額用於汙染防

治。而這還沒有把其他機關的規定所產生的成本算進去，例如控制汽車的廢氣排放量，或者土地利用規畫或原野保育，以及聯邦、州和地方政府以保護環境為名的其他許多活動所製造的成本。

保護環境和避免過度汙染的確是大問題，也是政府可以起重要作用的領域。當任何行動的所有成本和效益，以及受害或受益的人都很容易確認時，市場便是絕佳的管道，能夠確保只有所有參與者的效益超過成本的行動才會被採行。但當成本和效益，或者受影響的人沒辦法確認，便會發生像第1章所說，起於「第三人」或鄰域效應那樣的市場失靈。

用個簡單的例子來說，如果上游的某個人汙染了河流，他實際上有如用髒水和下游的人交易乾淨的水。下游的人很可能願意依照某些條件，和他進行交易。問題是，那筆交易不可能成為自願性的交易、不可能找出上游的某人應該為下游用到髒水的哪些人負責、不可能要求他取得許可。

要補償「市場失靈」，或者嘗試更有效利用我們的資源產生我們願意花錢取得的乾淨空氣、水和土地數量，政府是可以考慮的一個管道。很遺憾，造成市場失靈的因素，也使政府難以取得令人滿意的解決方法。大體來說，和市場參與者比起來，政府並沒有比較容易確認特定的受害人和受益人，政府也沒有比較容易評估每個人的受害或受益數量。利用政府來矯正市場失靈的企圖，往往只是以政府失靈來取代市場失靈而已。

　　一般人討論環境議題，往往情緒多於理性。很多時候，好像這只是汙染和無汙染二選一的議題，好像營造一個沒有汙染的世界最理想，也可以辦到似的。這顯然是無稽之談。慎重思考這個問題的人，不會認為零汙染是理想或者可以辦到的狀態。比方說，只要捨棄所有的汽車，我們就會有汽車零汙染。這也會使我們現在享有的農業和工業生產力成為不可能，並且導致大部分人的生活水準急遽降低，甚至許多人因而死亡。汽車汙染的一個來源，是我們都會呼出的二氧化碳。我們能用很簡單的方法消除汙染，但是成本顯然超過利益。

　　我們必須付出一些成本，才能得到乾淨的空氣，就像需要付出成本，才能得到我們想要的其他好東西。我們的資源有限，必須衡量減低汙染的利益和成本。此外，汙染不是客觀的現象。一個人的汙染，可能是另一個人的享受。某些人認為搖滾樂是聲音汙染；其他人卻覺得那是享受。

　　真正的問題不在「消除汙染」，而是試著做一些安排，得到「正確」的汙染數量：在這個數量，再減低一單位汙染所得到的利益，剛好能夠平衡我們放棄其他好東西──房子、鞋子、外套等等──才能減低汙染所作的犧牲。再進一步的話，我們的犧牲就會多於利益。

　　阻礙我們用理性的方式分析環境議題的另一道路障，是人們傾向於用善或惡來談事情──好像邪惡的壞蛋正昧著良心，把汙染物注入空氣中似的；認為那是動機的問題；覺得如果我

們這些高尚的人，在群情激憤之餘，挺身而出，壓制那些壞人，一切就會變好。責怪別人遠比純做知性的分析要容易。

談到汙染，通常被怪罪的惡棍是「企業」，也就是生產商品和勞務的公司。其實，該為汙染負責的人是消費者，不是生產者。他們可說創造了汙染的需求。使用電力的人，必須為發電廠煙囪冒出的黑煙負責。如果我們想要使用汙染比較少的電力，那就必須直接或間接付出夠高的價格去買電力，以涵蓋那多出的成本。要取得更乾淨的空氣、水，以及其他所有的東西，成本最後都必須由消費者來負擔。不會有別人來付這筆錢。商業只是個中介，用來協調消費者和生產者的活動。

控制汙染和保護環境的問題，往往因為由不同的人得到利益和蒙受損失而大為複雜。比方說，由於原野更加開闊，或者河湖的遊憩品質改善，或者都市空氣更乾淨而受益的人，和食物、鋼鐵、化學品成本因此上漲而承受損失的人通常不同。我們認為，大體而言，從汙染減少受益最多的人，不管是財務狀況，還是教育程度，都優於從允許更多汙染，壓低產品的成本而受益最多的人。後者可能喜歡比較便宜的電力甚於比較乾淨的空氣。德瑞克特定律在汙染的領域並不缺席。

為了控制汙染，通常採用的方法，和管理鐵路與汽車貨運、控制食品與藥物、促進產品安全所用的方法相同，也就是設立一個政府管理機構，握有發布規定和命令的權限，可以規範民間企業或個人、州和地方社區必須採取的行動，並且透過

該機構或法院，以懲罰的方式執行相關的法令規定。

但是這個體系缺乏有效的機制，不能確保成本和效益的平衡。把整件事當成是在執行法律命令，讓人覺得是在犯罪和可能遭受懲處，而不是在進行買賣；是對和錯的問題，不是更多或較少的問題。此外，它和其他領域的這種管制，缺點相同。被管制的人或機構，著眼於本身的重大利益，會設法動用資源，但目的不是為了想要達成的目標，而是設法取得有利的裁決和影響政府官僚。主管官員基於自身的利益，所作所為又和基本目標相去甚遠。一如平常的官僚作業程序，廣泛散布各處的個別利益遭到漠視；集中在一起的利益占得上風。以前，力量集中的這些利益是企業，尤其是大型和重要的企業。最近，高度組織化、自稱為「公眾利益」努力的團體，也加入它們的行列；這些團體宣稱為某一群人講話，可是那一群人也許根本不知道有這些團體存在。

大部分經濟學家都同意，要管制汙染，遠比目前的特定管理和督導辦法要好的做法，是徵收排放費（effluent charges），引進市場機能。比方說，不必規定企業要設立某種廢棄物處理廠，或者將廢水排放到河湖時，必須符合特定的水質標準，而是對每單位的排放量課徵一定的稅額。這麼做，企業才有誘因使用最便宜的方式，把排放量壓低。同樣重要的是，這麼一來才有客觀的證據，顯示減低汙染的成本是多少。如果低稅額便能使汙染大減，那就很清楚告訴我們，防制汙染的成本極低。

相反地，即使徵收高稅額，汙染排放還是很多的話，便表示情況相反，卻也能徵得大筆稅款，以補償蒙受損失的人，或者在傷害造成之後回復舊觀。稅率的高低，可以根據從經驗得到的成本和效益資訊去訂定。

排放費和政府主管機關的管理一樣，都會將成本自動加在製造汙染的產品的使用者身上。得花大錢才能減輕汙染的產品，相對於花小錢就能降低汙染的產品，價格會上漲，正如現在因為政府的管制而致成本大增的產品，價格相對於其他產品會上漲。前者的產出會減少，後者則增加。排放費和管制不同的地方，在於排放費能以較低的成本，收到更好的汙染控制效果，並且減輕無汙染生產活動的負擔。

邁爾里克・佛利曼三世（A. Myrick Freeman III）和羅伯・赫夫曼（Robert H. Haveman）在一篇精彩的文章中寫道：「具有經濟誘因的一種方法，沒在這個國家試用，原因正是出在它一定行得通。這樣說可不完全是開玩笑。」

他們說：「配合環境品質標準，建立一個汙染收費制度，將解決和環境有關的大部分政治衝突。而且，它將以高度透明的方式做這件事，因此，會被這種政策傷害的人，可以看到發生了什麼事。這種選擇是公開且毫不隱諱的，難怪決策官員避之唯恐不及。」❸

這是以非常簡單的方法，處理極為重要和影響深遠的問題，卻可能顯示出，政府在不該干預的領域（例如在汽車貨

運、鐵路和航空業限定價格與分配路線），管理上所遭遇的困
難，同樣會出現在政府適合干預的領域。

　　或許這也引導我們再次探討市場機制在它們運作不完美的
領域會有什麼樣的表現。畢竟，不完美的市場，表現可能和不
完美的政府一樣好或更好。談到汙染，這方面的探討可能引出
令人驚訝的許多事情。

　　如果我們不是只聽其言，而是去看事實，就會發現今天的
空氣遠比一百年前普遍乾淨，水遠比一百年前普遍安全。今天
先進國家的空氣比落後國家乾淨，水也更安全。工業化產生了
新的問題，卻也提供方法，供我們去解決以前的問題。汽車的
發展的確增添了某種形式的汙染——但它大致上結束了一種更
為不良的汙染形式。

能源部

　　石油輸出國家組織（OPEC）卡特爾1973年禁運石油到美
國，揭開一連串能源危機，以及加油站偶爾大排長龍的序幕。
美國政府的因應方式，是設立一個又一個官僚組織，以控制和
管理能源的生產與使用，最後是在1977年設立了能源部
（Department of Energy）。

　　政府官員、報紙的報導、電視的評論員，總是把能源危機
歸咎於貪得無厭的石油業、揮霍無度的消費者、壞天氣，或者

阿拉伯的酋長。其實，他們都不用負責。

畢竟，石油業已經存在很長的一段時間——而且業者一直貪得無厭。消費者並沒有突然之間揮霍無度。以前我們也有過惡劣的冬天。就我們記憶所及，阿拉伯酋長早在很久以前就努力追求財富。

在報紙專欄寫文章、在電視上發表評論，那些心思縝密、老練圓熟的人，卻用上面所說那麼蠢的理由來解釋，似乎不曾問過自己這個顯而易見的問題：為什麼1971年之前一個多世紀（二次世界大戰那段時期除外），不曾有過能源危機、不曾有過汽油短缺、燃料油不曾出問題？

能源危機會發生，是政府製造的。政府當然不是故意把它製造出來。尼克森、福特或者卡特總統不曾致函國會，要求它立法通過能源危機和讓汽車在加油站大排長龍。但他們說了A，其實卻是B的意思。自尼克森總統1971年8月15日凍結工資和物價以來，政府已經對原油、零售汽油、其他的油品，限定了最高價格。很遺憾，OPEC卡特爾1973年促使原油價格飆漲為四倍，阻止了那些最高價格被廢止，而其他所有的限價都已取消。油品實施最高法定價格，是二次世界大戰和1971年以後共同的重要現象。

經濟學家懂的也許不多。但我們很清楚一件事：如何製造供給過剩和短缺。你想要過剩嗎？找政府立法，將最低價格訂在普遍存在的價格之上。我們以前時常這麼做，果然造成小

麥、糖、奶油，以及其他許多商品生產過剩。

你想要生產短缺嗎？找政府立法，將**最高**價格訂在普遍存在的價格*之下*。紐約市，以及最近其他城市，對於出租住宅就是這麼做的，結果將是人們苦於房荒。這是為什麼二次大戰期間有那麼多產品供不應求的原因，也是為什麼會有能源危機和汽油短缺的原因。

要在明天結束能源危機和汽油短缺——我們說的是明天，不是六個月後，也不是六年後——有個簡單的方法：取消原油和其他油品所有的價格管制。

政府其他走入岔路的政策，加上OPEC卡特爾的獨占行為，可能會使油品價格居高不下，但它們不會造成我們現在所面對的失序、混亂和混淆局面。

或許令人驚訝的是，這個解決方案會減低消費者的汽油成本——**真實**的成本。加油站每加侖汽油的價格可能上漲數美分，但是加油的成本包括排隊加油、尋找有油可加的加油站所浪費的時間和汽油本身，*加上*能源部每年的預算（1979年為108億美元，或者合每加侖汽油約9美分）。

為什麼這麼簡單明瞭的解決方法沒被採納？就我們所知，基本理由有兩個——一個是一般性的，另一個則有針對性。每一位經濟學家都覺得很失望的一件事是，除了術業有專攻的經濟學家，大部分人似乎不可能理解價格體系如何運作。記者和電視播報員似乎特別抗拒他們理應已經了解的基礎經濟學基本

原理。第二，撤消價格管制，會暴露皇帝其實沒穿衣服的事實
——勢必顯示能源部的二萬名員工所做的事不但無用，更是有
害。甚至於，有些人可能猛然覺醒，發現能源部設立之前的日
子要好過得多。

但是，卡特總統宣稱，政府必須推動龐大的計畫，生產人
造燃料，否則1990年之前我國的能源將耗盡，這件事怎麼說？
這也是個迷思。政府的計畫看起來好像是唯一的解決方案，是
因為政府千方百計，四處封殺有效的自由市場解決方案。

我們依據長期契約，支付OPEC國家每桶約20美元購買石
油，現貨市場（立即交貨的市場）價格更貴，但政府強迫國內
生產商以低到每桶5.94美元的價格賣油。政府是以向國產石油
課稅的方式，補貼從海外進口的石油。我們向阿爾及利亞購買
進口液化天然氣的價格，是政府允許國內天然氣生產商售價的
兩倍以上。政府對能源的使用者和生產者實施嚴格的環境規
定，卻幾乎不顧或者完全不顧相關的經濟成本。複雜的規定和
繁瑣的作業程序，使得興建核能、石油、火力發電廠，以及將
我們供給充沛的煤投入生產，所需的時間大為拉長——成本跟
著水漲船高。這些起反效果的政府政策，抑制了國內能源的生
產，並使我們比以前更加依賴外國石油——雖然卡特總統說
過：「依賴橫渡半個世界、脆弱的油輪航線，是很危險的事。」

1979年年中，卡特總統建議推動大規模的政府計畫，為期
十年，動用880億美元，生產人造燃料。要納稅人直接或間接

花錢，從葉岩生產一桶40美元或更高價格的石油，卻同時禁止國內油井的業主，某些類別的石油售價不得超過5.94美元，有道理嗎？或者，像愛德華・米契爾（Edward J. Mitchell）在《華爾街日報》的一篇文章（1979年8月27日）說的：「我們大可質疑……花880億美元，在1990年取得數量不多的每桶40美元人造石油，如何『保護』今天或者1990年，能以每桶20美元的價格買到OPEC石油的我們。」

從葉岩、瀝青砂生產燃料，只有在那種能源的生產方式比其他方式便宜的情況下才有意義——而且需要把所有的成本都算進去。要確定是不是比較便宜，效果最好的機制是市場。如果比較便宜，掌握利用這些機會便符合私人企業的自利精神——如果利益歸它們所得，成本由它們承擔的話。

私人企業只有在深信未來價格不會遭到管制的情形下，才有希望獲得利益。如果不是這樣的話，它們等於被要求參與你贏我輸的賭博。目前的狀況正是如此。如果價格上漲，管制和「暴利稅」便會等著伺候；要是價格下跌，它們便兩手空空。那樣的前景，無異於閹割了自由市場，使得卡特總統的社會主義政策，成了唯一的可行之道。

只有要求私人企業為破壞環境而付費，它們才會承擔所有的成本。要做到這一點，一個方法是開徵排放費——而不是設立一個政府機關，隨意制定標準，再設立另一個機關來減少第一個機關繁瑣的作業程序。

　　價格控制和管理的威脅，是私人企業發展替代燃料唯一重大的障礙。有人說，風險太大，資金成本太重。這根本是錯的。冒險本來就是私人企業的本質。把風險從資本家移到納稅人身上，風險並沒有消失。從阿拉斯加鋪設的油管可以看出，民間市場能為前景看好的計畫募集到龐大的資金。利用收稅員，而不是透過股票市場來募集資金，整個國家的資本資源並不會增加。

　　總之，不管可能的發展如何，我們消費的能源都必須由我們付費。如果能夠直接付費，以及為自己自由選擇如何使用能源，和透過繳稅與通貨膨脹間接支付，並由政府官僚告訴我們如何使用能源比起來，我們的總支出金額一定少得多，可用的能源也會多出許多。

市場

　　這個世界並不完美。世界上一定有劣質產品、江湖郎中和騙子。但是整體而言，市場競爭機制獲准運作時，對消費者的保護，比日益凌駕在市場之上的政府機制要好。

　　就像本章一開始引用的亞當斯密的話，競爭能夠保護消費者，不是因為商人比官僚寬厚，或者因為他們比較博愛或慷慨，或者甚至因為他們比較能幹，而是因為商人出於私利才服務消費者。

　　如果一家商店賣給你的產品，品質比其他商店要差，或者價格比較貴，你一定不會再光顧那家商店。如果那家商店買來出售的產品不符合你的需求，你也不會買它們。商人因此找遍全世界，尋找可能滿足你的需求和可能吸引你的產品。它們一定會保證那些產品的品質，因為不這麼做的話，它們會關門大吉。當你走進一家商店，沒人強迫你買東西。你可以自由決定要不要買，或者到別的地方。這便是市場和政治機關的基本差別。你有選擇的自由。沒有警察硬從你的皮包掏錢出來，支付你不想要的東西，或者逼你做不想做的事情。

　　但是擁護政府出面管制的人會說，假使沒有FDA，誰來阻止企業產銷偽劣產品或危險的產品？企業要真那麼做的話，可得付出很高的代價──就像磺胺酏劑、沙利竇邁，以及報導沒那麼多的無數實例所顯示的那樣。這是很糟糕的企業經營實務──不是培養忠誠和忠心顧客的好方法。錯誤和意外當然在所難免──但是就像三羥甲基氨基甲烷的案例告訴我們的，即使有政府的管制，也不能防患於未然。不一樣的地方是，私人公司犯了嚴重的錯誤，可能就此停業。政府機關卻反而可能得到更多的預算。

　　有時，始料未及的有害影響可能發生──但政府不比私人企業更長於預測這類事情。要防止所有這種事件，唯一的方法是停止進步，而這也會消除始料未及的有利發展發生的可能性。

　　但是主張政府管制的人會說，少了消費產品安全委員會，

消費者如何判斷複雜產品的品質？市場給的答案是：他不必有能力自行判斷。他有其他的選擇辦法。其中之一是利用中間人。舉例來說，百貨公司主要的經濟功能，是代我們監控品質。我們不必是所有想買產品的專家，甚至不必很懂最平常普通的東西，例如襯衫、領帶或鞋子。如果我們買了一樣東西，發現它有瑕疵，比較有可能的做法，是到原來購買的零售商那裏辦理退貨，而不是退還製造商。零售商遠比我們更會判斷品質。施樂百（Sears, Roebuck）和蒙哥馬利華德（Montgomery Ward）等百貨公司，除了是配銷商，也是成效很好的消費者測試和認證機構。

另一個市場機制是品牌名稱。奇異（General Electric）、通用汽車（General Motors）、西屋（Westinghouse）或勞斯萊斯（Rolls-Royce）以生產可靠的產品，留下良好的名聲。這麼做，符合它們的私利。這是它們的「商譽」來源，對公司價值的貢獻，很可能多於它們擁有的工廠對公司價值的貢獻。

民間測試組織是另一個機制。這種測試實驗室在工商業十分常見，而且在認證多種產品的品質上，扮演極其重要的角色。對消費者來說，我們有消費者研究（Consumers' Research）和消費者聯盟（Consumers Union）等民間組織。前者創立於1928 年，目前仍在營運，並在每個月出刊的《消費者研究》（*Consumers' Research*）雜誌上發表範圍廣泛的消費性產品的評估結果。後者成立於1935 年，出版《消費者報導》（*Consumer*

Reports）。

消費者研究和消費者聯盟都營運得相當成功──所以能夠
繼續雇用大量的工程師，以及其他科班出身的測試與文書人
員。可是經過約半個世紀之後，他們頂多只能吸引到1%或2%
的潛在顧客。其中比較大的消費者聯盟，有約二百萬會員。它
們的存在，是市場對消費者需求的回應。它們的規模小，以及
其他這類機構未能現身，證明了只有少數消費者需要和願意花
錢買這種服務。大部分消費者一定能以別的方式，得到他們想
要的指引，也願意花錢在那些地方。

至於消費者會被廣告牽著鼻子走的說法呢？我們的答覆
是：不會──無數花大錢的廣告跌得鼻青臉腫可以作為見證。
福特汽車公司（Ford Motor Company）推出的艾德賽（Edsel）
汽車，大作廣告宣傳，卻是有史以來銷路最慘的產品之一。從
比較基本的層面來說，廣告是經營生意的成本，商人當然希望
從花下去的錢撈回最多的東西。投合消費者真實的需求或渴
望，不是比試著製造人為的需求或渴望，要有道理嗎？銷售某
種產品，滿足消費者已有的需求，一般來說一定比創造人為的
需求要便宜。

我們喜歡引用的一個例子，是改變車型，用人為的力量製
造渴望。可是，儘管福特公司花了大錢打廣告，艾德賽卻還是
不能成功。市場上總有一些汽車不常改變車型──例如美國市
場上的超霸（Superba；相當於奇克〔Checker〕出租汽車的一

種小客車），以及許多外國汽車。它們永遠只能吸引一小部分
顧客。如果那真是消費者想要的，供應那種產品的公司就會欣
欣向榮，其他公司也會跟進。批評廣告的大多數人，真正反對
的不是廣告操縱品味，而是一般大眾的品味俗不可耐──也就
是，他們的品味和批評者不合。

　　無論如何，你不能用「無」去打「有」。我們要比較的一
定是不同的選擇：真實和真實相互比較。如果企業廣告容易起
誤導作用，那麼不打廣告，或者由政府來管制廣告，是不是比
較好？至少民間企業還有競爭可言。某位廣告主可以駁斥另一
位廣告主的說法。政府要做到這件事則比較困難。政府也在打
廣告。它有成千上萬的公共關係代理人，為它把產品包裝得十
分漂亮。它的廣告往往比私人企業更有誤導作用。拿財政部用
來推銷儲蓄債券所用的廣告詞來說就好。美國財政部製作、由
銀行發給顧客的傳單，上面的口號說：「美國儲蓄債券……多
棒的儲蓄方式！」可是上個年代或更久以前購買政府儲蓄債券
的人，只能眼睜睜看著錢被騙走了。債券滿期時他領回的錢，
能買到的產品和服務少於當初買債券的錢能買的東西，而且，
標示不實的「利息」還得繳稅。所有這些，是賣他債券的政
府，製造通貨膨脹所造成的！可是財政部依然大言不慚，繼續
大作廣告。同一張傳單說那種債券「營造個人的安全保障」，
是「不斷成長的禮物」。

　　可能招來反托拉斯法伺候的獨占危險又怎麼說？這真的很

危險。想要制衡它,最有效的方法,不是擴大司法部的反托拉斯處,或者提高聯邦交易委員會的預算,而是透過消除現有的國際貿易障礙。這將允許來自全球各地的競爭,發揮比現在更有效的力量,打擊國內的獨占事業。英國的佛瑞迪·雷克不需要司法部協助他打破航空業的卡特爾。日本和德國汽車製造商會迫使美國製造商推出比較小型的車子。

　　獨占是消費者面對的一大危險 —— 不管是民間,還是政府的獨占。保護消費者最有效的方法,是國內自由競爭,以及全球自由貿易。由於有另一位賣方的存在,消費者才能受到保護,免於某位賣方的壓榨,因為他隨時都可以向另一位賣方購買,而另一位賣方也急於賣東西給他。替代性的供應來源,對消費者提供的保護,遠比世界上的拉爾夫·納德之類的人物要有效。

小結

　　「淚水會乾。貧民窟將只成記憶。我們會把監獄變成工廠,牢房變成倉庫和玉米倉。男人將抬頭挺胸走路,女人會滿臉堆笑。」[19]

　　這是著名的福音傳教士,以及反對喝酒的急先鋒比利·桑戴(Billy Sunday),1920年迎接禁酒令(Prohibition)展開時說的話。禁酒令是在第一次世界大戰結束,社會道德正義感勃

然而發時頒布實施的。那件事正好可以提醒我們，目前勃然而興的道德正義、試圖保護我們不受自己傷害的衝力，會把我們帶到哪裏去。

禁酒令是為了我們好而實施的。酒是危險的物質。酒一年奪走的性命，多於FDA管制之下所有危險物品的總和。但是禁酒令把我們帶到哪裏去了？

由於喝酒變成是犯罪行為，所以必須蓋新的監獄和牢房來關那些罪犯。艾爾‧卡彭（Al Capone）和瘋子莫蘭（Bugs Moran）惡名昭彰，殺人、勒索、綁架、販售私酒，無所不為。誰是他們的顧客？他們非法銷售的酒，是誰買的？品行端正的公民絕對不會讚許或者參與卡彭和他的黨羽所做的那些壞事。他們不過想喝一杯罷了。為了喝一杯，他們就得違法犯紀。禁酒令禁不了人們喝酒，卻只能把許多本來守法的良民變成階下囚。禁酒令反而使喝酒成了迷人和刺激的事，吸引許多年輕人嘗試。它壓制住市場上的許多自律力量；這些力量通常能夠保護消費者不致買到劣質、變造、有危險的產品。它反而導致法律敗壞，道德淪喪。總之，它並沒有阻止人們喝酒。

今天的我們，和那個時候相去甚遠，但是禁止使用環己胺磺酸鹽、DDT、苦杏仁素，顯然正朝那個方向前進。FDA禁止上市的藥物，已有灰市（gray market）那樣的市場存在；美國人前往加拿大或墨西哥，購買他們不能在美國合法買到的藥品——就像在禁酒時期，人民會設法合法喝酒。許多有良知的

醫生左右為難，不知道是該照顧病患的福祉好，還是應該嚴格遵守法律。

如果我們繼續走這條路，路的終點在哪裏，無疑非常明顯。如果政府有責任保護我們不受危險性物品傷害，這個邏輯當然適用在禁止菸酒上。如果政府保護我們不使用危險的自行車和玩具槍，是合宜的做法，同樣的邏輯也可以用在禁止更危險的活動，例如乘滑翔翼、騎摩托車、滑雪。

連在政府主管機關上班的人，對這樣的前景也深感不寒而慄，進而打退堂鼓。至於我們這些人，民眾對於想要控制我們行為的更極端企圖——例如規定汽車安裝連鎖系統（interlock system），或者擬議禁用糖精——產生的反應，更是豐富的證據，顯示我們不想成為其中的一員。如果對於我們食用的東西，或者參與的活動，政府擁有尚未普遍公開的利弊得失資訊，那就麻煩把那些資訊告訴我們。然後，請給我們選擇生活中想冒什麼風險的自由。

第8章

誰來保護勞工？

Who Protects the Worker?

　　過去兩個世紀以來，美國和其他經濟先進社會的一般勞工的處境已大有改善。今天幾乎找不到任何勞工，還從事約一個世紀前十分常見，且目前在世界上許多地方仍然可見的那種非常辛苦的粗活。工作環境變好；工作時數縮短；休假和其他的福利被視為理所當然。收入遠高於從前，一般家庭現在也能過以前只有少數有錢人才能享受的生活水準。

　　如果蓋洛普（Gallup）組織做個民意調查，問：「是什麼原因使得勞工的處境改善？」最常聽到的答案很可能是「工會」，其次是「政府」──但是也許「沒人」、「不知道」或者「無意見」會多於這兩個答案。不過，從美國和其他西方國家兩個世紀來的歷史，可以判斷這些答案都不對。

　　在美國，大部分的時期，工會的影響力都不算大。1900年時，全部的勞工只有3%是工會會員。即使在今天，也只有不到四分之一的勞工是工會會員。工會顯然不是美國勞工處境改

善的主要原因。

同樣地,在「新政」實施之前,政府極少管理和干預經濟安排,中央政府更少這麼做。政府只扮演必要的角色,提供自由市場的架構。但是政府的直接行動,顯然不是勞工處境改善的原因。

至於「沒人」有助於改善,從勞工今天的處境來看,這個答案是錯的。

工會

把「勞工」(labor)當作「工會」(labor unions)的同義詞來使用,是語言被誤用最嚴重的例子之一 —— 例如新聞報導說,「勞工反對」這個和那個立法提案,或者「勞工」的立法計畫是如此這般。這可是犯了雙重錯誤。首先,美國四分之三以上的勞工不是工會會員。即使在長久以來工會勢力遠比美國強大的英國,大部分工人也沒有參加工會。其次,把「工會」的利益和會員的利益畫上等號是不對的。大部分時候,大部分工會是有這種關聯性,而且關係緊密。不過也有足夠的案例顯示,工會幹部的行事作為,只在圖利自己,犧牲會員。他們的做法,有時是合法的,有時卻濫用和誤用工會的資金。因此,我們千萬不能把「工會」的利益和「工會會員」的利益自動畫上等號,更別提等同於全體勞工的利益。

這種語言的誤用，既是普遍傾向於高估工會影響力和角色的因，也是它的果。工會的行動引人注目，而且具有新聞報導價值。它們經常上報紙的頭版，晚間的電視節目也有完整的報導分析。「市場上的討價還價」（The higgling and bargaining of the market）——亞當斯密的用詞——決定大部分美國勞工的工資，但這個過程不是那麼引人注目，所以它的重要性便被人大大低估。

語言的誤用，也使人相信工會是現代工業發展的產物。事實不然。恰恰相反，它們可以回溯到工業化之前，封建時期的城市和城市國家的商人與工匠所發展出來的獨特組織形式——行會（guilds）。其實，現代的工會可以上溯到更久以前，約二千五百年前，希臘醫界達成的一紙協議。

希波克拉底（Hippocrates）被公認為現代醫學之父，約西元前460年生於希臘的科斯（Cos）島。這座島嶼距小亞細亞海岸只有數哩之遙，當時欣欣向榮，也已經是醫學中心。希波克拉底在科斯研究醫學之後，周遊各地，醫技遠播，尤其擅長於治療瘟疫和流行病。過了一段時間，他回到科斯，設立或者說主持一所醫學院和醫療中心。想要學醫的人，他都教——只要繳交學費就行。他的醫療中心聞名於全希臘，吸引來自各地的學生、病患和醫生。

希波克拉底以104歲的高齡去世（傳說是這麼講的）時，科斯島到處是醫生，也就是他的學生和門徒。爭攬病患的競爭

十分激烈，難怪他們顯然發展出一套協議，以處理眼前的狀況
——用現代的術語來說，把這門學科「合理化」，以消除「不
公平的競爭」。

因此，在希波克拉底去世後大約二十年——同樣地，傳說
又是這麼講的——醫界人士聯合起來，制定了一套行為守則，
稱之為希波克拉底誓言（Hippocratic Oath），以紀念他們的老
師和大師。此後，在科斯島，以及日益遍及世界其他地方，每
一位剛學成的醫生在能夠開始執業之前，都被要求簽署那個誓
言。這個慣例持續到今天，成了美國大部分醫學院畢業典禮的
一部分。

希波克拉底誓言和大部分的專業守則、商業交易協定、工
會契約一樣，充滿保護病患的美好理想：「願以自身能力及判
斷力所及，盡力協助病家。……無論至於何處，我之唯一目
的，為病家謀幸福，並檢點吾身，不作各種害人及惡劣行為。
……」等等。

但它也包含一些出乎意料的內容。例如：「凡授我藝者，
敬之如父母，作為終身同業伴侶，彼有急需，我接濟之。視彼
兒女，猶我兄弟，如欲受業，當免費並無條件傳授之。凡我所
知，無論口授書傳，俱傳之吾與吾師之子及發誓遵守此約之生
徒，此外不傳與他人。」今天，我們會說這是只雇用工會會員
的組織之前身。

或者，聽聽誓言提到為腎或膀胱結石所苦的病患：「凡患

結石者，我不施手術，此則有待於專家為之。」❶這是內科醫生和外科醫生分享市場的良好協定。

我們猜想，當一群新的醫界人士宣讀這個誓言，希波克拉底一定死不瞑目。凡是表現興趣和繳交學費的每一個人，他應該都教了他們。他應該會強烈反對從那時到現在，世界各地的醫生採用的限制執業做法，以保護自身不遭受競爭。

很少有人把美國醫學協會（American Medical Association; AMA）看成是個工會。它的確不只是個普通的工會。它對會員和整個醫療專業提供相當重要的服務。不過，它也是個工會，而且依我們的判斷，是美國最成功的工會之一。數十年來，它壓低醫生的數量，推高醫療成本，並且防止「發誓遵守此約之生徒」遭到專業外人士的競爭——所有這些，當然是以協助病家為名。本書走筆至此，實在不需要再重複說明，醫界領導人真心誠意相信，限制踏進醫療這一行，對病患有幫助。每個人都相信，凡是符合我們利益的事，也符合社會的利益。這件事，我們已經耳熟能詳。

隨著政府在醫療領域扮演的角色加重，以及負擔更高比率的醫療成本，美國醫學協會的力量已經在下降。另一個獨占性團體，也就是政府官僚，取而代之。我們相信，這個結果，有一部分是該協會本身的行動造成的。

醫療領域的這些發展，對我們將來能夠利用的醫療保健類型和成本，至關緊要，而且可能具有深遠的含意。但是本章談

的是勞工，不是醫療，所以我們應該只提醫療經濟學中，能夠
說明適用於所有工會活動原則的層面。和醫療保健組織目前的
發展有關的其他重要且有趣的問題，只好擱置一旁。

誰受益？

醫生是美國待遇最高的勞工之一。對受益於工會的人來
說，那樣的地位並不特別。雖然工會給我們留下的印象，往往
是保護低待遇勞工不受雇主剝削，事實卻大不相同。營運最成
功的工會，其勞工從事的職業總是需要特別的技能，而且不管
有沒有工會，待遇都相對偏高。這些工會肩負的任務，只是把
高待遇推升得更高。

舉例來說，美國的航空公司駕駛員一個星期工作三天，
1976年平均年薪五萬美元，此後大幅提高。喬治・霍普金斯
（George Hopkins）在《航空公司飛機駕駛員》（*The Airline
Pilots*）的研究報告中寫道：「今天高得不可思議的飛機駕駛
員薪水，說是來自駕駛員所負的責任或者他們擁有的技術能
力，不如說是來自於他們透過工會所取得的受保護地位。」[2]

美國最古老的傳統工會，是專門技術職業工會──木工、
水管工、泥水工等──會員也是高技能和高待遇的勞工。最
近，成長最快的工會──幾乎只有它們在成長之中──是政府
員工的工會，包括學校老師、警員、公共衛生勞工，以及其他
各式各樣的政府員工。紐約市的市政府員工工會已經證明它們

的力量能使這座城市瀕臨破產邊緣。

學校老師、市政府員工見證了英國所明白展現的一個通則。這些人成立的工會，並不和支付工會會員薪水的納稅人直接打交道。他們是找政府官員當對手。納稅人和工會所往來的官員之間的關係愈疏遠，官員和工會聯手揩納稅人油水的傾向愈強──這是某人花另一個人的錢在第三人身上的又一個例子。這是為什麼紐約等大城市的市政府工會比小城市要強的原因，以及為什麼在學校事務和教育支出的控制更加集權化，進一步脫離地方社區的時候，教師工會變得更加強大的原因。

英國政府收歸國營的工業多於美國──包括煤礦開採、公用事業、電話、醫院。英國國營工業的工會通常最為強大，勞工問題也最嚴重。同樣的原理也反映在美國郵政工會強大的力量上。

由於有強大的工會，會員的工資也高，所以我們忍不住想問的一個問題是：因為工會強大，所以他們的工資高？還是因為他們的工資高，所以工會才強大？為工會講話的人宣稱，會員工資高，是工會組織力量強大的結果；如果所有的勞工都是工會會員，他們的工資都會很高。

但是實際的情況要比這複雜得多。高技能勞工組成的工會，無疑能夠提高會員的工資；但是，無論如何都能獲得高工資的人，居於組成強大工會的有利地位。此外，工會能夠提高一些勞工的工資，不表示勞工普遍加入工會，就可以提高所有

勞工的工資。恰好相反，而且這是誤解的根本來源：**強大的工會為會員爭取到的利益，主要是從犧牲其他勞工而來的。**

　要了解這種狀況，關鍵在於這個最基礎的經濟學原理：需求法則──任何東西的價格愈高，願意買它的人愈少。任何種類的勞力如果變貴，那種工作的數量就會減少。木工如果變貴，房屋的興建數量會變少，即使要興建，也會盡量利用可以少用木工的材料和方法。提高飛機駕駛員的工資，航空旅行會變得比較昂貴，於是搭飛機的人變少，飛機駕駛員的工作機會也因而減少。另一方面，減少木工或飛機駕駛員的數量，他們就會爭取到較高的工資。壓低醫生的數量，他們就能收取更高的費用。

　成功的工會會設法減少它所控制的工作的供給數量。這一來，想要依照工會的工資水準從事那種工作的人，便不能如願以償。他們被迫到別的地方另謀生路。其他工作的勞工供給數量增加，會壓低那些工作給付的工資。就算全面工會化也不會改變這種狀況。於是有工作可做的人，工資可能更高，但伴隨的是失業人數增多。更有可能的情形是，強勢工會和弱勢工會對立，強勢工會的會員獲得更高的工資（就像現在），弱勢工會的會員則被犧牲。

　工會領導人已經表示，希望從企業的獲利來提高工資。這是不可能辦到的：企業的獲利根本不夠多。目前美國約80%的總國民所得，用於支付勞工的工資、薪水和福利津貼。其餘一

半以上用於支付租金和貸款利息。企業獲利——也就是工會領導人覬覦的目標——總計占國民所得的10%不到。而這還是稅前數字。繳稅之後，企業獲利約為國民所得的6%。就算把全部的獲利都拿來發放工資，工資也沒辦法提升許多。而這無異於殺雞取卵。這麼低的獲利，提供了企業投資於廠房和機器，以及開發新產品和方法的誘因。這些投資和創新，多年來有助於勞工生產力提升，也促使了工資一再調高。

某一群勞工能有較高的工資，一定主要來自其他的勞工。大約三十年前，我們之中的一人估計，平均而言，美國約有10%到15%的勞工，能夠透過工會或者美國醫學協會等類似的組織，把他們原來的工資水準提高10%到15%，其他85%到90%的勞工則會蒙受損失，賺得的工資比本來的水準低4%左右。最近的研究顯示，工會的影響程度大致上仍是如此。[3]結果高工資勞工的工資更高，低工資勞工的工資更低。

所有的人，包括高度工會化的人，都因為身為消費者，間接受害於工會的高工資對消費性產品價格的影響。每個人（包括木工）買的房子，都貴得沒必要。工會禁止勞工運用他們的技能，生產價值最高的產品；他們被迫從事他們的生產力較低的活動。所有的人能買的一籃商品，數量少於本來應有的水準。

工會力量的來源

工會要如何提高會員的工資？它們的力量，基本來源是什

麼？答案是：它們能夠壓低工作的供給數量，或者用另一種說法來講，壓低能做某類工作的人數。工會一直能以取得高工資率的方式，而且通常是在政府的協助之下，壓低工作的供給數量。它們能夠壓低有資格從事某類工作的人數，主要方法是透過發給證照，而這又是受到政府的協助。它們偶爾和雇主共謀，想辦法使它們的會員協助生產的產品取得獨占地位。

取得高工資率。假使某個工會採用某種方法，能夠確保立約之一方支付水管工或木工的每小時工資不低於15美元。這一來，能夠供給的工作機會便會減少。想做這些工作的人，數量當然也會增加。

暫且假設那種高工資率能夠維持下去。接著一定要找到某種方法，把數量有限但收入優渥的工作分配給想做的人。可以採用的方法有許多：肥水不落外人田──將工作留給家人做；依年資和師徒傳承的規定；限產超雇──讓更多的人有工作可做；以及受賄貪腐。由於攸關重大，所以這些方法的採用，在工會是相當敏感的事務。有些工會不允許在公開會議上討論年資條款，因為會場總是瀰漫濃厚的火藥味。給工會幹部高回扣，好在工作的分配上獲得優惠待遇，是常見的貪腐形式。工會飽受批評的種族歧視，仍然是分配工作的一種方法。如果申請人多於待分配、數量有限的工作，那麼不管用什麼方法來選擇可以獲得工作的人，最後一定非得任意裁決不可。「圈內人」

往往強力支持從帶有偏見的角度和類似的不理性考量，決定把誰排除在外。種族和宗教歧視，也可見於醫學院的入學申請，而且理由相同：僧多粥少，符合資格的申請人過多，需要在那些人裏面作分配。

再回頭談工資率。工會如何能夠取得高工資率？一個方法是訴諸暴力或者威脅使用暴力：例如威脅毀損雇主的財物，或如果他們雇用非工會勞工，或支付工會會員的工資低於工會規定的水準，便要打他們；或者如果勞工同意接受較低的工資，便要打那些勞工，或者毀損他們的財物。這是工會展開工資安排和協商時，暴力經常如影隨形的原因。

一個比較簡單的方法，是取得政府協助。這是為什麼各個工會總部群聚華盛頓國會山莊，以及他們投入那麼多金錢和注意力在政治上的原因。霍普金斯在飛機駕駛員工會的研究報告中指出：「這個工會取得夠多的聯邦保護立法，因此職業飛機駕駛員可說受到國家的監護。」❹

戴維斯－貝肯法案（Davis-Bacon Act）是政府協助營造工會的一個主要方式。這項聯邦法律規定：所有的承包商，取得的合約價值如果超過2,000美元，而且美國政府或哥倫比亞特區是合約的一方，則支付的工資率不得低於鄰近地區「與之相當的勞工和機械工普遍支領的水準」，而普遍支領的水準「由勞工部長確定」。實務上，「不論營造地區或種類為何……在決定工資的絕大多數場合中」，「普遍支領」的工資率已經規

定為工會的工資率。❺這個法律的觸角，也延伸到將普遍支領
的工資率規定，納入和聯邦政府協助的計畫有關的其他無數法
律，以及三十五個州（迄1971年止）涉及州營造支出的類似法
律。❻這些法律影響所及，是政府在不少營造活動上，執行工
會要求的工資率水準。

連使用暴力也得到政府的縱容默許。民眾普遍同情工會的
態度，使得主管當局在勞資爭議期間，容忍他們在其他的情況
下絕不會容忍的行為。勞資爭議期間，如果有人的車子被推
翻，或者工廠、商店、住家的窗戶遭砸毀，或甚至有人挨打和
重傷，和同樣的事情發生在其他的情況下，滋事分子比較不可
能受罰，更別提關進牢房。

政府執行工資率的另一套措施，是祭出最低工資法。鼓吹
頒定這些法律的人，說這是幫助低所得者的一種方法。其實，
這些法律反倒傷害低所得者。最低工資法的壓力來自哪裏，可
以從在國會作證，主張提高最低工資的那些人是誰看得出來。
他們不是窮人的代表。那些人大多是有組織的勞工，也就是美
國勞工聯合會及產業工會聯合會（AFL-CIO）和其他勞工組織
的代表。他們的工會，沒有一位成員領得的工資接近法定最低
工資。儘管話講得動聽，說要幫助窮人，他們贊成最低工資調
高，是為了保護本身工會的會員不致遭到競爭威脅。

最低工資法要求雇主歧視低技術能力的人。沒人會這麼
說，實際上卻是如此。假設教育程度不高的一名青年，所提供

服務的價值只合每小時2.00美元。他或她可能渴望接受那種工資，好在工作上學習更多的技能，以便將來另找更好的工作。我們的法律卻說，雇主必須支付這種人每小時2.90美元（1979年的水準），才能雇用他或她。雇主如果不願意多加90美分做善事，雇用服務價值只有2.00美元的那位青年，他或她就只好失業。年輕人沒辦法受雇於每小時工資2.90美元的工作，竟然比可以受雇於每小時2.00美元的工作要好，這樣的道理，我們始終無法理解。

年輕人的高失業率，尤其是黑人青年的高失業率，既是丟臉的事，也是社會不安的嚴重來源，而這主要是最低工資法造成的。第二次世界大戰結束時，最低工資是每小時40美分。戰時的通貨膨脹，使得這麼低的工資換算成實質工資後微不足道。後來最低工資大幅提高為1950年的75美分，以及1956年的1.00美元。五〇年代初，年輕人的失業率平均為10%，而所有的勞工是4%左右——對剛踏進勞動行列的一群人來說，比我們的預期溫和偏高。白人和黑人青年的失業率大致相同。最低工資率急遽調高後，白人和黑人青年的失業率都激升。更重要的是，白人和黑人青年的失業率差距拉大。目前白人青年的失業率約為15%到20%，黑人青年則是35%到45%。❼我們認為，最低工資率是所有的法律中，即使不是對黑人最不利的一項，也是非常不利者之一。政府先是開辦學校，結果許多年輕人（黑人居多）反而得不到好教育，沒有學到能夠賺取好工資

的一技之長。接著政府第二次懲罰他們，不讓他們得到低工資工作，作為踏進職場的第一步，接受在職訓練。所有這些，竟然都是以幫助窮人為名。

限制數量。執行工資率的另一種做法，是直接限制能夠從事某種職業的人數。雇主有很多，執行工資率很難的時候，這種技巧特別吸引人。醫療便是個絕佳的例子，因為有組織的醫療活動，有不少是著眼於限制執業的醫生人數。

限制人數要成功，和執行工資率一樣，通常需要政府幫忙。在醫療業，其中的關鍵便是醫生必須取得執業許可——也就是，任何個人要「行醫」，必須先取得州政府發給許可證。不用說，只有醫生才有可能被視為有能力判斷潛在醫生的資格，因此各州的執照核發局（licensing boards；美國的執照核發屬州政府的業務範圍，不是聯邦政府）通常全部由醫生或者絕大多數由醫生組成，他們又通常是美國醫學協會的會員。

執照核發局或州議會規定的執照核發條件，等於給了美國醫學協會權力，能夠影響獲准執業的人數。他們要求接受漫長的訓練，十之八九需要畢業於「經認可的」學校，而且通常需要在「經認可的」醫院實習。「經認可的」學校和醫院名單，和美國醫學協會醫學教育與醫院委員會（Council on Medical Education and Hospitals）發表的名單大致相同，也就不足為奇了。沒有一所學校能夠設立，或者設立之後能夠長期生存，除

非能夠取得美國醫學協會醫學教育委員會的認可。有時這需要依照該委員會的建議，限制入學人數。

　　有組織的醫療活動，限制入行的力量，一個驚人的證據出現在1930年代經濟大蕭條期間，經濟壓力格外強烈時。儘管從德國和奧地利（那時是先進醫學的中心）大量湧入學有專精的難民，但是自希特勒上台後五年內，在外國接受教育訓練，獲准於美國執業的醫生人數，並沒有多於前五年。❽

　　執照核發普遍被用來限制入行人數，尤其是在醫療等職業中，有許多個別執業者和大量的個別顧客往來。和在醫療業一樣，負責執照核發規定管理的單位，主要是由發照職業的成員組成——不管是牙醫、律師、美容師，還是飛機駕駛員、水管工、殯葬業者。沒有一種職業不曾試著用執照的核發，限制執業人數。聯邦交易委員會主席說：「某個州議會最近一次的會期中，職業團體提出議案，希望發給它們拍賣商、鑿井工、房屋修繕承包商、寵物美容師、電蝕療法師、性治療師、資料處理員、鑑價師、電視修理員的執照。夏威夷核發紋身師執照。新罕布夏核發避雷針業務員執照。」❾它們自圓其說的說詞，千篇一律都相同：為了保護消費者。但是真正的理由，看看是誰在州議會遊說實施或者強化證照核發制度便曉得。遊說者總是相關職業的代表，而不是顧客的代表。沒錯，水管工對於他們的顧客需要受到什麼樣的保護，理應懂得比其他任何人要多。但是，他們堅決要取得合法的權力，決定誰可以當水管

工，主要的動機恐怕很難說是把顧客的利益放在心上。

　　為了加強限制數量，有組織的職業團體不屈不撓，努力從法律面著手，希望把他們所屬職業的執業範圍盡量定義得十分寬廣，以提高許可執業者所提供服務的需求。

　　透過證照的核發，限制踏進所屬職業，所產生的一個影響是創造出新的行業：在醫療業，整骨術和按摩療法便是個例子。這兩種行業，又訴諸執照的核發，試圖限制執業的人數。美國醫學協會大舉提訟，指按摩療法醫生和整骨醫生都無照行醫，希望盡量限縮他們的執業領域。按摩療法醫生和整骨醫生又指控其他的執業者無照按摩治療和整骨。

　　醫療保健業最近的一個發展，是對各個社區提供緊急快速救援服務。這和精密的可攜式新設備的開發有部分關係。這些服務有時是由市政府或所屬機構辦理，有時則純由私人企業提供，但主要人力是護理人員，不是領有執照的醫生。

　　附屬在南加州某消防局的一家私人企業組織提供這種服務，業主喬‧杜爾芬（Joe Dolphin）說明它的效果如下：

> 我們服務的加州某一區，是人口有五十八萬的一個郡，在護理人員提供服務之前，心跳遽停的病患，經送往醫院後痊癒出院的比率不到1%。引進護理人員之後，開始運轉的頭六個月內，心臟停止跳動的人有23%恢復心跳並且出院，重回社會具有生產力的工作崗位上。
>
> 　　我們認為這種成果相當驚人。事實會自己說話。但是把這件事

講給醫界聽，有時很困難。他們有自己的想法。

推而廣之的地盤之爭——哪些活動必須留給哪種職業去做——是最常造成勞工停工的原因之一。一個有趣好笑的例子，是某電台記者來採訪我們中的一人，他特別強調，採訪時間必須盡量短，最多只能錄滿錄音帶的一面。翻過來的那一面，必須保留給電機工會的一名會員使用。他說，如果他自己換面，當他回到電台，卡帶會自己洗帶，錄音內容便會消失不見。醫療專業人員反對護理人員的行為正好相同，而且受到相同的目標激勵：提高特殊團體所提供服務的需求。

工會和雇主勾結。工會有時靠幫助企業共同壟斷價格或分食市場而得到力量。根據反托拉斯法，企業壟斷價格或分食市場是非法的行為。

歷史上最重要的案例，是1930年代的煤礦開採。古飛（Guffey）提出的兩個煤業法案，試圖從法律面支持煤礦經營業者形成壟斷價格的卡特爾。三〇年代中期，第一個法案經宣告為違憲之後，約翰・李維士（John L. Lewis）和他領導的聯合礦工工會（United Mine Workers）便踩進紅線。每當已挖出的煤數量太多，有使價格下跌之虞，他們便發動罷工或者停工。李維士和資方未明言的合作關係，控制住產量，進而控制了價格。一家煤業公司的副總裁1938年這麼說：「他們（聯合礦工工會）盡了很大的力量，穩定煙煤業，而且努力使它在獲有利

潤的基礎上經營，只是大家不願承認他們在那一方面的努力，大體上……比煤礦經營業者本身的努力……更為有效一點。」❿

　　因此獲得的利益，由業者和礦工分享。礦工得到高工資率，而這當然表示機械化程度提高，雇用的礦工人數減少。李維士公開承認會有這種影響，卻還是願意接受——把受雇礦工的工資提高，視為對雇用人數減少的一大補償，只要受雇者都是他的工會會員就行。

　　礦工工會能夠扮演這個角色，是因為工會不受謝爾曼反托拉斯法（Sherman Anti-Trust Act）的管轄。工會懂得利用豁免於法律管轄的漏洞，所以與其視為勞工組織，不如看成是個企業，賣的是幫助某個行業形成卡特爾的服務。卡車司機工會（Teamsters' Union）可能是最有名的例子。有個故事（也許所言不實）說，在詹姆斯・霍哈（James Hoffa）之前領導卡車司機工會的大衛・貝克（David Beck）（兩個人最後都鋃鐺入獄），有次和華盛頓州的啤酒廠談判啤酒廠貨車司機的工資。資方告訴他，他要求的工資行不通，因為「東部的啤酒」會賣得比本地的啤酒便宜。他問，東部的啤酒價格必須是多少，他要求的工資才能實現。資方提了一個數字，說每箱X美元。據說他回答：「從現在開始，東部啤酒每箱就賣X美元。」

　　工會能夠，也確實經常提供實用的服務給它們的會員——協商他們的雇用條件、遇有不滿時出面代表他們、給他們歸屬感和參與群體活動等等。我們是自由的信仰者，贊成自願性的

工會組織充分掌握機會，執行它們的會員希望提供，也願意花錢取得的任何服務，但前提是它們尊重別人的權利，而且不訴諸暴力。

但是，工會和專業協會等類似的團體，在它們宣稱的主要目標——改善會員的工資——方面，卻不純粹依賴自願性活動和會員的意見。它們成功地爭取到政府給它們特權和豁免權，好讓它們能夠造福某些會員和幹部，卻犧牲其他的勞工和全體消費者。大體而言，受益者的所得明顯高於受害者的所得。

政府

政府除了保護工會會員，也頒訂無數的法律，保護整體勞工：規範勞工薪酬、禁止雇用童工、訂定最低工資和最高工作時數的法律、設立委員會以確保公平雇用實務、推廣致力消除差別待遇的積極行動（affirmative action）、設立聯邦安全衛生管理局（Office of Safety and Health Administration; OSHA）以管理雇用實務，以及其他不勝枚舉的做法。

有些措施對工作環境產生有利的影響。勞工薪酬和童工法等大部分措施，則只是將私人市場已經相當普遍的事情訂成法律實務，也許再稍微擴延到邊緣地帶而已。其他的措施，結果好壞參半，相信你聽了也不會驚訝。它們為特定的工會或雇主提供權力來源，給政府官僚製造工作來源，卻同時減縮一般勞

工的機會和所得。OSHA 便是個好例子——這個官僚機構夢魘，導致各方的不滿排山倒海而來。最近有個笑話說：裝個燈泡需要多少美國人來做？答案是五個：一個把燈泡旋轉定位，另外四個填寫環境衝擊和OSHA 報告。

政府對某種勞工的保護無微不至。那就是受雇於政府的勞工。

距華盛頓特區車程半小時的馬里蘭州蒙哥馬利郡（Montgomery County），住著許多資深公務員。這個郡的平均家庭所得，居美國各郡之冠。蒙哥馬利郡每四位受雇者就有一位是在聯邦政府工作。他們享有工作保障，薪水隨生活費用調整。退休後，他們領的公務員退休金也隨生活費用調整，而且獨立於社會安全福利之外。許多人也能領取社會安全福利金，成了一般所說的雙收入者（double dippers）。

他們在蒙哥馬利郡的許多鄰居，或許大部分鄰居，也和聯邦政府有關係——如國會議員、遊說工作者、承辦政府合約的公司高階主管。蒙哥馬利郡和環繞華盛頓的其他「臥室社區」一樣，成長得很快。數十年來，政府成了十分可靠的成長性行業。

所有的公務員，即使是基層公務員，都受到政府妥善的保護和照顧。根據大部分的研究，他們的平均薪水高於民間的同級薪水，而且不受到通貨膨脹影響。他們享有優渥的津貼福利，工作保障到了不可思議的程度。

《華爾街日報》的一篇報導說：

> 隨著（公務員服務）法令規定激增為二十一巨冊，約五呎厚，政
> 府的管理階層發現，要開除員工愈來愈不容易。在此同時，升遷
> 和績效加薪幾乎成了例行公事。結果造就了一個幾無誘因和大致
> 上沒人能夠管控的官僚機構。……去年有資格得到績效加薪的一
> 百萬人當中，只有六百人沒通過。幾乎沒人遭到開除；去年丟掉
> 工作的聯邦員工不到1%。⓫

　　舉一個實例來說，1975 年 1 月，環境保護署一名打字員上
班老是遲到，主管決定將她開除，結果花了十九個月才辦成
──而且用了二十一呎長的紙，才將必須符合所有規定和所有
管理與工會協議的程序列出來。

　　整個程序涉及那位員工的直接主管、主管的副主任和主
任、人事行政單位的主管、該署的分處處長、一位員工關係專
家、第二位員工關係專家、特別調查辦公室、調查辦公室的主
任。不用說，電話簿上這些官員的薪水，是用納稅人的錢支付
的。

　　在州和地方的層級，各地的情況差異很大。許多州和紐
約、芝加哥、舊金山等大城市，情況不是和聯邦政府相同，就
是更為嚴重。紐約市主要是因為市政府員工快速加薪，以及可
能更為重要的，在提早退休的年齡，給他們優厚的退休金，所
以走到目前近乎破產的地步。在有大城市的州，公務員的代表
往往是州議會的主要特殊利益團體。

沒人保護的勞工

有兩類勞工沒有受到任何人保護：只可能找到一位雇主的勞工，以及不可能有雇主的勞工。

只可能找到一位雇主的人，他的待遇通常很高，擁有的技能十分罕見，也很寶貴，只有一位雇主開的廟夠大，或者請得起他，能夠充分利用他的專長。

1930年代我們讀經濟學時，傑出的棒球選手貝比・魯斯（Babe Ruth）是教科書上的標準例子。這位全壘打王，人稱「打擊蘇丹」（Sultan of Swat），是他那個時代最紅的棒球球員。美國職棒大聯盟的任何一座球場，有他上場，一定座無虛席。紐約洋基隊（New York Yankees）的球場恰好最大，因此比其他任何球隊更有能力請得動他。洋基隊可說是他能夠找到的唯一老闆。當然這並不表示魯斯不能要到很高的薪水，不過，沒人來保護他的確是實情；他必須和洋基隊談判，唯一的武器是威脅不為他們打球。

無法選擇雇主的人，主要是政府措施的受害人。其中一類人已經提過：因為法定最低工資而失業的人。我們也說過，其中許多人是政府措施的雙重受害人：學校教育程度差，加上最低工資高，妨礙他們接受在職訓練。

接受救濟或者公共援助的人，處境類似。只有在他們賺進的錢足夠彌補失去的福利給付或其他的公共援助時，就業才對

他們有利。也許是沒有雇主覺得他們提供的服務有那麼高的價值。領取社會安全給付而且不到七十二歲的人也是這樣。只要他們稍微多賺點錢，就會失去社會安全給付。這是為什麼近數十年來，六十五歲以上人口中，仍然投入勞動行列的比率顯著下滑的原因：就男性來說，從1950年的45%降為1977年的20%。

其他的雇主

對大部分勞工而言，最可靠和最有效的保護，是在有許多雇主存在的情況下。我們說過，一個人如果只能找到一位雇主，那麼他可說幾無保護，或者根本沒有保護。想要雇用某位勞工的雇主，才會去保護他。他們需要他的服務，所以雇主支付他的工資，等於他所做工作的全部價值，如此便符合雇主自身的私利。要是他的雇主不這麼做，其他某個人可能準備這麼做。希望得到他提供服務的競爭，正是勞工的實質保護所在。

其他雇主的競爭當然有時強，有時弱。這些機會，有時相互衝突，有時不為人知。雇主要找到理想的員工，以及員工要找到理想的雇主，成本可能很高。這是個不完美的世界，因此競爭不能提供完全的保護。但對最多數的勞工來說，競爭是他們所能找到或設計的最好保護，或者也可以說是最不壞的保護。

競爭所扮演的角色，是我們在自由市場經常遇到的一個特

色。由於有其他的雇主存在，勞工可以選擇到別的地方工作，所以他受到保護，不被目前的雇主傷害。由於有其他的勞工存在，雇主能夠雇用他們，所以雇主受到保護，不遭現有的員工予取予求。由於有其他的賣方存在，消費者可以向他們購買，所以消費者受到保護，不必遭到某一賣主的剝削。

為什麼我們的郵政服務很糟？長途火車服務很糟？學校很糟？因為基本上我們只能到一個地方購買服務。

小結

當工會以限制踏進某種職業的方式，提高會員的工資，那些比較高的工資，一定是以其他勞工為犧牲；後者會發現他們的機會減少。當政府支付其員工較高的工資，那些較高的工資是以納稅人為犧牲。但當勞工經由自由市場得到較高的工資和較好的工作條件，當他們因為企業相互爭攬最好的勞工、勞工彼此爭取最好的工作而致工資提高，那些提高後的工資不會使任何人遭到犧牲。它們只能來自更高的生產力、更多的資本投資、分布更廣的技能。整塊餅會變大——勞工分得的部分變大，但是雇主、投資人、消費者，甚至收稅員，也都分到更大的一部分。

這便是自由市場體系將經濟進步的果實分配給所有人的方式，也是過去兩個世紀，勞動者的境遇大幅改善的祕密所在。

第9章

通貨膨脹對策

The Cure for Inflation

　　我們有兩張大小差不多一樣的紙。其中一張，背面的主色調是綠色，正面是林肯肖像，每一個角落有數字5，還有一些圖案。你可以拿這張紙去交換某種數量的食物、衣服或其他物品。別人非常樂意和你交易。

　　另一張紙，或許是從精美的雜誌剪下來的，可能包含一幅人像、一些數字和圖案。背面也可能印成綠色。但它只能用來點火。

　　為什麼有這種差別？5美元鈔票上的印刷圖文沒有給我們答案。上面只寫著：「聯邦準備鈔券／美國／五美元」，另有比較小的字體說：「這張鈔票是所有公共和民間債務的法定貨幣」。沒有多少年之前，「美國」和「五美元」之間有「承諾兌付」（WILL PROMISE TO PAY）的字樣。這似乎解釋了上述兩張紙之間的不同。但它的意思只是，如果你到某家聯邦準備銀行（Federal Reserve Bank），請櫃員履行承諾，他會給你五

張相同的紙，除了四角數字由5改成1，以及華盛頓的肖像取
代林肯。如果你接著要求櫃員支付其中一張紙所承諾的1美
元，他會給你一些硬幣。要是你將它們熔化（這麼做是非法
的），當作金屬賣掉還賣不到1美元。目前印在鈔票上的字，至
少比較老實，但同樣語焉不詳。法定貨幣的地位，意思是說政
府會接受這張紙，以償還債務和稅負，而且法院會接受它們來
償還以美元計價的債務。但為什麼一般人在私人交易中，也接
受它們以交換商品和勞務呢？

　　簡單的說，每一個人接受它們，是因為他相信其他人也會
接受它們。這些綠紙之所以有價值，是因為每個人都認為它們
有價值。每個人之所以認為它們有價值，是因為根據他的經
驗，它們一直都有價值。少了通用和普遍接受的交易媒介
（medium of exchange）（或者這些媒介的數量很少），美國的生
產力水準可能遠比目前要低；可是通用和普遍接受的交易媒
介，是根據一種約定，而約定的存在，從某種角度來說，是源
於大家共同接受一種虛構的東西。

　　這種約定或虛構，絕不是脆弱的東西。恰好相反，擁有一
種通用貨幣是十分有價值的，人們即使處於極端動盪的狀況，
還是會堅守著那個虛構的東西——我們將談到，貨幣發行者的
部分利益，能從通貨膨脹而來，因此他們容易受到誘惑去促進
通貨膨脹。但這種虛構的東西也並非牢不可破：「一陸不值」
（not worth a Continental；即「一文不值」的意思）一詞，提醒

我們，美國大陸會議（Continental Congress）為了挹注獨立戰爭，過量發行大陸貨幣，如何毀掉這種虛構的東西。

雖然貨幣的價值是建立在虛構的東西之上，卻能發揮極其有用的經濟功能。不過這也只是一層面紗。決定一國財富的「真實」力量，是公民的才能、勤奮和智慧、他們能夠運用的資源、他們的經濟和政治組織模式等等。就像約翰・彌爾（John Stuart Mill）一個多世紀前寫的：「簡單的說，在人類社會的經濟中，沒有什麼東西的本質比貨幣更不足取；它只是可以省時省力的奇巧發明物。它就像機器，能把該做的事做得既快速又方便，但是少了它，只不過是沒那麼快速和方便罷了。而且，和其他許多種機器一樣，一旦它損壞失控，便會展現它特有的獨立影響力。」❶

他描述貨幣扮演的角色，說得一點沒錯，只要我們認清，社會擁有的其他任何發明物一旦損壞失控，所造成的傷害很少像貨幣那麼大。

我們已經談過一個例子：經濟大蕭條，是貨幣因為數量急遽減少，失去控制所造成的。這一章要談的是更常見的相反情形：貨幣因為數量急遽增加，失去控制而造成的影響。

各式各樣的貨幣

歷史上不同的時候，被拿來當作貨幣的東西琳瑯滿目，多

得令人瞠目結舌。「pecuniary」（金錢的）一字來自拉丁語的
「pecus」，意思是「cattle」（牛）。這是被當作貨幣的許多東西
之一。其他還有鹽、絲、毛皮、魚乾，甚至還有羽毛，太平洋
的雅浦（Yap）島用過石頭。瑪瑙貝珠是使用最廣的原始貨幣
形式。金、銀、銅、鐵、錫等金屬，是在紙和記帳員的筆占上
風之前，比較先進的經濟體使用最廣的形式。

　　所有被用作貨幣的東西，共通的一件事是，在特定的時
地，被人接受用來交換其他的商品和勞務，因為大家都相信其
他人也會接受它們。

　　美洲早期的移民者用來和印地安人交易的「貝殼串珠」
（wampum），是用貝殼串成，相當於非洲和亞洲使用的瑪瑙
貝。美洲殖民地用過的最有趣和最具啟發性的一種貨幣，是維
吉尼亞州、馬里蘭州和北卡羅來納州的菸葉貨幣。「1619年7
月31日（約翰・史密斯〔John Smith〕船長登陸和在詹姆士城
〔Jamestown〕建立新世界第一個永久居住地之後十二年），維
吉尼亞州第一屆州議會通過的第一個法律，和菸葉有關。它將
那種作物的價格訂為『上等一磅3先令，次等18便士』。菸葉
成了當地的貨幣。」❷

　　有好幾個時期，菸葉曾經被宣布為唯一合法的貨幣。將近
兩個世紀的時間內，它是維吉尼亞州和鄰近殖民地的基本貨
幣，直到獨立戰爭之後很久還在使用。殖民地居民用它來買食
物、衣服、繳稅──甚至娶得美嬌娘：「維吉尼亞州的作家、

牧師魏姆斯（Weems）先生說，每當有船從倫敦到來，年輕英俊的維吉尼亞州小伙子，個個挾著一捆上好的菸葉，一擁而上，衝到岸邊，帶回美麗賢慧的年輕太太，看了真叫人開心。」[3]另一位作家引用這段話，並補上一句：「除了年輕英俊，他們一定體格魁梧，才能挾著一百到一百五十磅重的菸葉衝上前去。」[4]

利之所趨，勢之所趨，菸葉也不例外。菸葉以英國貨幣設定的原始價格，高於種植成本，於是種植商開始努力愈種愈多。結果，貨幣供給不只象徵性地增加了，實際上也告增加。當貨幣數量增加的速度快於供人購買的商品和勞務數量，一定發生通貨膨脹。以菸葉計價的其他東西價格大漲。約半個世紀後通貨膨脹結束時，以菸葉計價的物價上漲了四十倍。

菸葉種植商對於通貨膨脹很不高興。以菸葉計價的其他東西價格上漲，所以菸葉能買到的東西變少了。用商品計算的貨幣價格，正是用貨幣計算的商品價格的倒數。菸葉種植商當然求助於政府。於是政府通過一個又一個法律，禁止某些人種植菸葉；規定銷毀一部分的收成；禁種菸葉一年。所有的做法都無濟於事。最後，人們只好自己動手，成群結黨，到鄉村各地毀損菸葉：「破壞行為十分囂張，以致於1684年4月，議會通過法律，宣布這些破壞分子逾越了暴動的尺度，意在顛覆政府。法律規定，八人或以上結夥毀損菸葉，將被判叛國，處以極刑。」[5]

　　菸葉貨幣生動地說明了一條最古老的經濟學法則：格雷欣
法則（Gresham's Law），即「劣幣驅逐良幣」。菸葉的種植商
必須支付稅款或者履行以菸草計價的其他義務，想當然會以品
質最差的菸葉來履行義務，保留品質最好的菸葉供出口，以賺
取「硬」貨幣，也就是英鎊。這一來，往往便只有品質差的菸
葉作為貨幣而流通。人們挖空心思讓菸葉的品質看起來高一
點：「馬里蘭州1698年覺得有必要立法，遏阻將垃圾裝進桶
內，上層覆以好菸葉的詐欺行為。維吉尼亞州1705年採取類似
的措施，但問題顯然沒有紓解。」❻

　　「1727年立法實施菸券（tobacoo notes）」，品質問題才略
微減輕。「菸券的性質就像存款單，由檢驗人員簽發。法律宣
布，菸券可以在所發行的倉儲地區內流通，以及償還一切的菸
葉債務」❼。儘管這套制度弊端叢生，「這種簽條卻能執行通
貨的功能，直到十九世紀前夕」❽。

　　這不是菸葉最後一次被用作貨幣。二次世界大戰期間，德
國和日本的戰俘營中，香菸被廣泛用作交易媒介。二次大戰結
束後，占領軍在德國以法定貨幣規定的價格上限，遠低於市場
的成交水準，於是香菸也被廣泛當作貨幣使用，結果導致法定
貨幣喪失用途。人們改用以物易物交易，並以香菸作為小額交
易的媒介，白蘭地酒則作為大額交易的媒介——無疑是我們所
知「流動性」最強的貨幣。魯威格‧艾爾哈特（Ludwig Erhard）
的貨幣改革，結束了這段具有啟發性——以及破壞性——的時

期。❾（譯註：艾爾哈特是二次世界大戰後西德的經濟部長。）

　　從維吉尼亞州的菸葉貨幣得到的一般性原則，時至今日依然適用，但政府發行的紙幣，以及稱作存款的簿記項目，已經取代商品或者商品的倉庫收據簽條，成為社會的基本貨幣。

　　貨幣數量如果增加得比可供購買的商品和勞務數量要快，則會產生通貨膨脹，使得以那種貨幣計算的物價上漲。這個道理，今昔皆然。貨幣數量為什麼增加無關緊要。在維吉尼亞州，菸葉貨幣數量增加，導致以菸葉計算的物價上漲，發生通貨膨脹，原因是以勞工和其他資源計算的菸葉生產成本大跌。歐洲中世紀時期，銀和金是主流貨幣，以金銀計算的物價會大漲，是因為從墨西哥和南美洲而來的貴重金屬，經由西班牙湧進歐洲。十九世紀中葉，全球各地發生以黃金計價的通貨膨脹，原因是加州和澳洲發現黃金；以及1890年代到1914年，從低級礦提取黃金的氰化法商業應用成功（主要是在南非）。

　　今天，共同接受的交易媒介和任何商品沒有任何關係，每一個主要國家的貨幣數量是由政府決定。貨幣數量如果快速增加，該負責的是政府，而且只有政府需要負責。這個事實，是談到通貨膨脹的成因和對策時，容易產生混淆的主要來源。

造成通貨膨脹的近因

　　通貨膨脹是一種病，一種危險，有時會致命的病。這種病

如果不及時治好，將摧毀一個社會。相關的例子俯拾皆是。一次世界大戰後的俄羅斯和德國發生惡性通貨膨脹（hyperinflation）——有時才隔一天，物價就上漲一倍或一倍以上——結果是其中一個國家走上共產主義，另一個國家走向納粹主義。二次世界大戰後中國爆發惡性通貨膨脹，有助於毛澤東擊敗蔣介石。1954年巴西的通貨膨脹率高到一年約100%，導致軍政府上台。更為嚴重的通貨膨脹，使得智利的阿言德（Allende）1973年遭到推翻，阿根廷的依莎貝兒‧裴隆（Isabel Perón）1976年下台，兩國接著都由軍事執政團掌權。

沒有一個政府願意接受造成通貨膨脹的責任，即使為害不是那麼大也一樣。政府官員總是找理由來搪塞——企業家貪得無厭、工會獅子大開口、消費者揮霍無度、阿拉伯酋長見錢眼開、天候惡劣，或者八竿子打不著的其他任何理由。沒錯，企業家十分貪婪，工會的要求不嫌多，消費者不知節制，阿拉伯酋長把油價調高，天氣經常奇差無比。所有這些，會推高個別商品的價位，卻不能使各種商品的價格普遍上揚。它們能促使通貨膨脹率短暫上升或下跌，卻不能製造持續性的通貨膨脹，理由很簡單：上面這些被指稱的禍首，無一擁有印鈔機，沒辦法印出讓我們放在錢包裏的那些紙；無一可以合法授權記帳員在帳簿記下相當於那些紙的數字。

通貨膨脹不是資本主義的現象。共產國家南斯拉夫的通貨膨脹率上升速度之快，曾經居歐洲國家之冠；資本主義堡壘的

瑞士，通貨膨脹率則是最低者之一。通貨膨脹也不是共產主義的現象。毛澤東統治下的中國，幾無通貨膨脹；義大利、英國、日本、美國——全都主要是資本主義國家——在過去十年通貨膨脹率曾經大幅攀升。現代世界中，通貨膨脹是印鈔機現象。

認清嚴重的通貨膨脹不論何時何地都是一種貨幣現象，只是了解通貨膨脹成因和對策的起步而已。更為基本的問題是：為什麼現代政府會使貨幣數量增加得太快？既然知道通貨膨脹為害的潛力，它們為什麼要製造通貨膨脹？

在探討這些問題之前，值得多花點時間談「通貨膨脹是一種貨幣現象」這個命題。儘管這個命題十分重要，儘管有大量的歷史證據支持它，卻還是被普遍否定——主要因為政府使出障眼法，企圖掩飾它們必須對通貨膨脹負起的責任。

如果可供購買的商品和勞務數量——簡單的說，就是產出（output）——增加的速度和貨幣數量一樣快，價格就會傾向於穩定。價格甚至可能慢慢下跌，因為所得提高以後，人們會想將更高比率的財富，以貨幣的形式持有。當貨幣數量增加的速度遠快於產出，就會發生通貨膨脹，而且，每單位產出的貨幣數量增加得愈快，通貨膨脹率愈高。經濟學可能找不到其他的命題像它這般確定。

產出受限於可用的實體和人力資源，以及使用它們的知識和能力的改善。產出頂多只能相當緩慢地成長。過去一個世

紀，美國的產出平均每年成長約3%。即使在二次大戰後日本快速成長的顛峰，每年的產出也只成長10%左右。雖然商品貨幣的數量受限於類似的實體限制，如新世界的菸葉、貴重金屬，以及十九世紀的黃金等實例所示，商品貨幣有時卻成長得遠比整體的產出為快。現代的貨幣形式——即紙幣和簿記數字——根本沒有實體上的限制。名目數量，也就是美元、英鎊、馬克和其他貨幣單位的數量，可以以任何速度成長，而且成長率有時快得十分驚人。

舉例來說，一次大戰後德國發生惡性通貨膨脹期間，流通貨幣（hand-to-hand money）每個月的平均成長率超過300%，長達一年多，物價也一樣。二次大戰後匈牙利的惡性通貨膨脹期間，流通貨幣平均每個月成長12,000%以上，物價上漲更快，月增長率達20,000%左右。❿

1969年到1979年，在美國遠為溫和的通貨膨脹期間，貨幣數量平均每年增加9%，物價平均每年上漲7%。2個百分點的差距，反映了同一時期平均2.8%的產出成長率。

從這些例子可以看出，貨幣數量的增幅通常遠高於產出的增幅；因此我們把通貨膨脹稱為貨幣現象，而不再附加任何關於產出的條件。這些例子也告訴我們，貨幣成長率和通貨膨脹率不是完全相等。但是就我們所知，歷史上找不到嚴重且持久的通貨膨脹，不伴隨著大致相當的貨幣數量快速增長的例子；也找不到貨幣數量快速增長，不伴隨著大致相當的嚴重通貨膨

脹的例子。

從圖1到圖5，可以看出近年來這種關係持續存在。每一張圖的實線，都畫出1964年到1977年，各國每年每單位產出的貨幣數量。另一條線是消費者物價指數（consumer price index）。為了使這兩個系列的數字能夠比較，兩者都以整段期間（兩條線都以1964~1977 = 100）平均值的百分比表示。這兩條線的平均值雖然相同，但是兩條線在任何一年算出來的數字不見得要相同。

圖1中，美國的兩條線幾乎難以區分。從其他的圖可以知道，這不是美國獨有的現象。雖然其他一些國家的這兩條線差異比美國大，卻還是相近得驚人。不同國家的貨幣成長率非常不同，但是每一個國家的那種差異，都有與之相稱的不同通貨膨脹率。巴西的情況最極端（圖5）。它的貨幣成長比其他國家都快，通貨膨脹率也比較高。

何者造成何者？是因為物價快速上漲，貨幣數量才跟著快速成長？還是反過來說才對？一個線索是，大部分的圖中，貨幣數量取用的某一年數字，結束的時間比相對應的物價指數所用的該年數字早六個月。更決定性的證據，可以檢視這些國家決定貨幣數量的機制性安排，以及大量的歷史事件，便十分清楚何者是因，何者是果。

美國的南北戰爭提供了一個戲劇性的例子。南方主要是靠印鈔機籌措軍費，因而在這段過程中製造了通貨膨脹，從1861

圖1　貨幣與物價：美國（1964~1977）

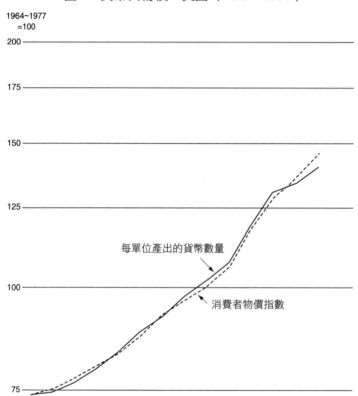

1964~1977
=100

每單位產出的貨幣數量

消費者物價指數

縱座標的數字為對數值

圖2　貨幣與物價：德國（1964~1977）

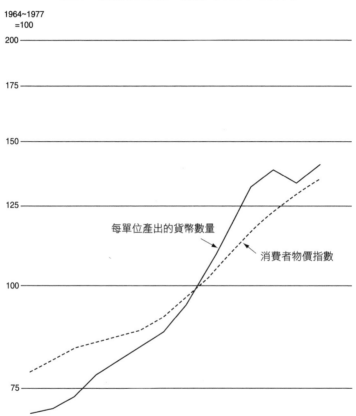

1964~1977
＝100

200

175

150

125

每單位產出的貨幣數量

消費者物價指數

100

75

50
1964　1966　1968　1970　1972　1974　1976　1978

縱座標的數字為對數值

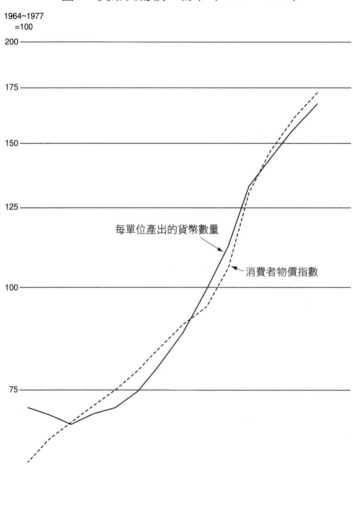

圖3　貨幣與物價：日本（1964~1977）

每單位產出的貨幣數量

消費者物價指數

縱座標的數字為對數值

圖4 貨幣與物價：英國（1964~1977）

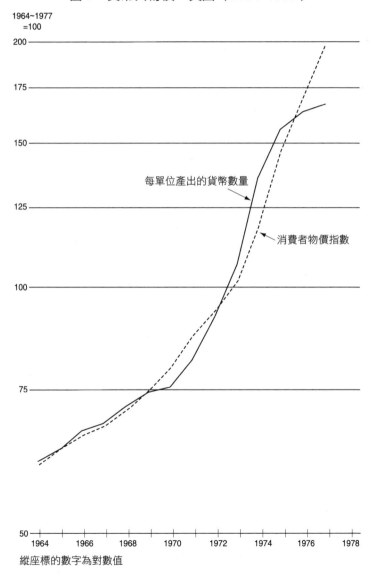

1964~1977
=100

每單位產出的貨幣數量

消費者物價指數

縱座標的數字為對數值

圖5　貨幣與物價：巴西（1964~1977）

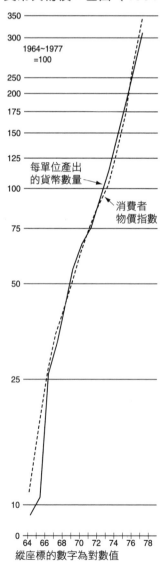

縱座標的數字為對數值

年 10 月到 1864 年 3 月平均每個月上漲 10%。為抑制通貨膨脹，南部邦聯（Confederacy）立法實施貨幣改革：「1864 年 5 月，貨幣改革生效，貨幣存量減少。儘管聯邦（Union）軍攻入、軍事挫敗在即、對外貿易減少、政府陷入混亂、南部邦聯軍士氣低落……整體物價指數卻急遽下滑。減少貨幣存量對物價產生的影響，比那些強大的力量還大。」[11]

這些圖推翻了解釋通貨膨脹許多廣泛持有的說法。人們很喜歡拿工會來當替罪羔羊，指它們利用獨占力量，強迫推升工資，導致成本上揚，進而使物價上漲。那麼，為什麼工會力量微不足道的日本，以及表面上許可，卻受政府嚴密控制的巴西，圖上兩條線的關係，會和工會比其他國家強大的英國，以及工會力量相當強大的德國、美國相同？工會也許能對會員提供實用的服務，卻也可能因為限制其他人的就業機會，而造成很大的傷害，但它們不會製造通貨膨脹。工資的漲幅超過生產力的漲幅，是通貨膨脹的果，不是因。

同樣地，企業家並沒有造成通貨膨脹。他們收取的價格上漲，是其他力量的結果或者反映了其他力量。通貨膨脹率高的國家，和通貨膨脹率低的國家比起來，企業家肯定沒有比較貪婪，也不會在某個時期比其他的時期貪婪。那麼，為什麼某些地方和某些時候，通貨膨脹率遠高於其他地方和其他時候？

另一個常見的通貨膨脹解釋，特別受到喜歡推卸責任的政府官員歡迎，那就是通貨膨脹是從海外進口而來的。當主要國

家的貨幣經由金本位制而連動時，這種解釋是正確的。這時通
貨膨脹是種國際現象，因為許多國家使用相同的商品作為貨
幣，任何事情只要使這種商品貨幣的數量成長得比較快，就會
影響到它們全部。但是近年來，這顯然不正確。如果是對的話，
不同國家的通貨膨脹率怎麼會那麼不同？1970年代初，日本和
英國一年的通貨膨脹率超過30%，而美國只有10%左右，德國
更不到5%。通貨膨脹只是一種全球（worldwide）現象，也就
是許多國家同時發生，正如政府支出高和政府赤字大是全球現
象那樣。但是通貨膨脹不是國際（international）現象，意思是
說，每個國家並不缺乏控制本身通貨膨脹的能力，就像政府支
出高和政府赤字大，不是每個國家控制力以外的力量造成的。

　　生產力低落是通貨膨脹另一個常見的解釋。可是以巴西為
例來說，它的產出成長率是世界上最高者之一，通貨膨脹率也
是最高者之一。沒錯，對通貨膨脹來說，重要的是每單位產出
的貨幣數量，但是就像我們說過的，實際上，產出的變化面對
貨幣數量的變化相形失色。就一國的長期經濟福祉而言，沒什
麼比生產力的提升更加重要。如果生產力每年成長3.5%，產
出會在二十年後增為兩倍；每年成長5%，則十四年後增為兩
倍——相去甚遠。但生產力只是通貨膨脹的小角色；貨幣才是
主角。

　　阿拉伯酋長和石油輸出國家組織（OPEC）呢？他們給我
們強加了沉重的成本。油價激漲減少了可供我們使用的商品和

勞務數量,因為我們必須出口更多東西,才有錢購買石油。產出下降,推升了物價水準。但這種影響只是僅此一次而已。它不會在那個較高的物價水準,對通貨膨脹率產生任何更長期的影響。1973年的石油震撼之後五年,德國和日本的通貨膨脹率都下降,德國從每年約7%降為低於5%;日本從超過30%降為低於5%。石油震撼發生後,美國的通貨膨脹率一度升到每年約12%的高峰,1976年降為5%,然後在1979年上升到超過13%。這些非常不同的經驗,可以將石油震撼解釋為所有國家共同的原因嗎?德國和日本百分之百依賴進口石油,降低通貨膨脹的表現,卻比只依賴50%進口石油的美國,或者石油生產大國英國要好。

回頭談我們的基本命題。通貨膨脹主要是一種貨幣現象,由貨幣數量增加得比產出要快所產生。貨幣數量的表現是老大哥,產出則是小老弟。許多現象能使通貨膨脹率暫時波動,但只有在它們能夠影響貨幣成長率時,才有持久的效果。

為什麼貨幣會過度成長?

通貨膨脹是貨幣現象的命題很重要,但這只是回答通貨膨脹成因和對策的起步。它之所以重要,因為它引導我們去尋找基本的成因,並且限制可能的對策。但這只是答案的起點,因為更深層的問題是:為什麼貨幣會過度成長?

不管是菸葉貨幣，或者以金銀為本位的貨幣真實的情況到底如何，就今天的紙幣來說，貨幣過度成長，以及因此發生通貨膨脹，是政府造成的。

美國近十五年來貨幣成長加快，是從三個相關的原因而來：第一，政府支出快速增加；第二，政府實施充分就業政策；第三，聯邦準備制度執行錯誤的政策。

如果政府是以稅收或者向民眾借款的方式增加支出，那麼政府支出增加不會使貨幣成長變快和產生通貨膨脹。這種情況下，政府有更多的錢可供支出，民眾能支出的錢則變少。也就是在政府支出增加的同時，民間的消費和投資支出減少。但是用課稅和向民眾借款以挹注政府的額外支出，在政治上是不受歡迎的方式。許多人樂見政府增加支出，卻極少人歡迎加重稅負。政府向民眾借款，會提高利率，使資金轉離民間用途，導致個人取得抵押貸款購置新屋和企業借款經營事業更加昂貴且困難。

政府想要有錢增加支出，剩下的唯一方式，是增加貨幣數量。我們在第3章曾經指出，要做到這一點，美國政府可以要財政部（政府的一個機構）出售債券給聯邦準備制度（另一個政府機構）。聯邦準備拿剛印好的聯邦準備鈔券，或者在它的帳簿上為財政部記入一筆存款，作為支付那些債券的價款。財政部接著可以拿現金，或者利用它在聯邦準備的帳戶開立支票，去支付它的其他帳單。當最初的收受者將更多的強力貨幣

（high-powered money）存入商業銀行，它便成為那些銀行的準備，進而成為添增更多貨幣數量的基礎。

以增加貨幣數量的方式挹注政府的支出，往往極其吸引總統和國會議員。他們因此能夠增加政府的支出，給選民甜頭吃，卻不必投票加稅來支付，也不必向民眾告貸。

近年來美國貨幣成長加快的第二個原因，是政府嘗試創造充分就業（full employment）。它的目標和許多政府的施政計畫一樣值得嘉許，但結果卻不然。「充分就業」這個概念遠比表面上看到的要複雜和含糊不清。在變動不停的世界中，新產品會出現，舊產品會消失，需求從一種產品轉向另一種產品，創新會改變生產方法，種種原因不一而足，所以勞工保持高流動性是件好事。人難免從一件工作換到另一件工作，而且在換工作的時候，經常閒置在家。有人先離開不喜歡的工作，再另找新工作。新加入勞動行列的年輕人，得花一段時間才能找到工作，並且嘗試不同類型的工作。此外，勞動市場的自由運作會遭遇一些障礙——工會施加限制、政府實施最低工資等等——提高了人求事和事求人撮合的困難度。在這些情況之下，平均多少人受雇才叫充分就業呢？

這方面和支出及稅收一樣，也有不對稱的情形存在。可以視為增進就業的措施，具有政治上的吸引力。可以視為增進失業的措施，在政治上當然缺乏吸引力。結果是促使政府的政策偏向於採行野心過大的充分就業目標。

它和通貨膨脹的關係有兩層。第一，政府的支出可以被視為增進就業，政府的稅收則因為減少民間支出而增進失業。因此，充分就業政策強化了政府增加支出和減低稅收的傾向，以及以增加貨幣數量，而不是提高稅收或者向民眾借款的方式，挹注因此產生的任何赤字的傾向。第二，聯邦準備制度不必用融通政府支出的方式，也能增加貨幣數量。要做到這一點，它可以買進流通在外的政府債券，用剛印好的強力貨幣支付。這一來，銀行便能借出更多的民間貸款，而這也可以視為增進就業。在促進充分就業的壓力下，聯邦準備的貨幣政策和政府的財政政策一樣，具有相同的通貨膨脹傾向。

這些政策並沒有實現充分就業，卻帶來通貨膨脹。英國首相詹姆斯・卡拉漢（James Callaghan）1976年9月對英國工黨全國代表大會發表演說，勇氣十足地說：「我們一向認為，你可以靠支出走出經濟衰退，以及靠減低稅收和增加政府支出而促進就業。坦白告訴你們，那個選項不再存在；而且，如果它曾經存在，發揮的作用只不過是將更大劑量的通貨膨脹注入經濟體，接著下一步則是帶來更高的失業水準。過去二十年的歷史就是如此。」

近年來美國貨幣成長率升高的第三個來源，是聯邦準備制度採取錯誤的政策。聯邦準備的政策，不只因為承受促進充分就業的壓力，而具有通貨膨脹的傾向，更因為試圖追求兩個互不相容的目標而變本加厲。聯邦準備有權力控制貨幣的數量，

卻對這個目標光說不練。和莎士比亞《仲夏夜之夢》(*A Midsummer Night's Dream*) 裏面的狄米特律斯 (Demetrius) 逃避愛上他的海麗娜 (Helena),卻去追求愛上別人的赫米婭 (Hermia) 一樣,聯邦準備的心並沒有放在控制貨幣數量上,而是想做它沒力量去做的控制利率。結果兩件事都沒做好。貨幣和利率大幅波動。這些波動也有通貨膨脹傾向。聯邦準備對於1929年到1933年犯下錯誤,引起重大的傷害,記憶猶新,所以對貨幣成長率往低檔波動採取的矯正行動,遠快於貨幣成長率往高檔波動採取的矯正行動。

政府支出增加、追求充分就業政策,以及聯邦準備念茲在茲於利率的結果,是如坐雲霄飛車般沿著一條上升的路線走。通貨膨脹上升之後又下跌,但每一次上升都把通貨膨脹率推到比上一次高峰還高的水準,每一次下跌仍使通貨膨脹率高於上一次的低谷。政府支出占國民所得的比率一直在攀升,政府的稅收占國民所得的比率也在上升,只是不如支出增加得那麼快,所以赤字占國民所得的比率也一直上升。

這些發展不是美國或者近數十年來所獨有。自古以來,不管是國王、皇帝,還是議會,握有最高權力的人,總是忍不住會去增加貨幣數量以取得資源,好進行戰爭、興建紀念碑,或者投入其他的用途。他們往往受不了誘惑。每當他們這麼做,通貨膨脹總是接踵而至。

大約兩千年前,羅馬皇帝戴奧克理先 (Diocletian) 將硬幣

「貶值」——也就是用外表看起來很像的硬幣取代銀幣，但是銀的含量愈來愈少，沒有價值的合金含量卻愈來愈多，直到它們「不過是摻點銀的賤金屬」⓬——而造成通貨膨脹。現代政府如法炮製，印製紙鈔和在帳簿上加進存款——但是古老的方法並沒有完全消失。美國曾有的足值銀幣，現在成了銅幣，甚至不摻銀，而是摻鎳。美國曾經發行鑄有蘇珊・安東尼（Susan B. Anthony）肖像的一元小硬幣，取代足值銀幣。

政府從通貨膨脹取得的收入

用增加貨幣的方式挹注政府的支出，看起來好像變魔法，有點像是無中生有。用個簡單的例子來說，政府築了一條路，用剛印好的聯邦準備鈔券支付因此產生的費用。看起來好像每個人都得到好處。築路的工人領得工資，可以拿去買食物、衣服和房子。沒有人的稅負加重，可是現在有了一條以前沒有的路。是誰出錢興建的？

答案是所有持有貨幣的人花錢鋪了那條路。多出來的錢，用來勸誘工人鋪那條路，而不是從事其他某種生產活動，結果提高了物價。隨著多出來的錢從工人手中流向賣東西給他們的銷售者，再從那些銷售者流向其他人，一直在支出之流中流通，較高的物價就此保持不變。物價上漲，表示人們持有的錢，現在能買的東西少於從前。為了讓手頭上的錢能買到數量

和從前相同的東西，他們必須自制，不能把全部的所得都花掉，需要留下一部分加進他們所持有的貨幣餘額（money balance）。

政府多印出來的錢，相當於對貨幣餘額課徵的稅。如果多出來的錢使物價上漲1%，那麼持有貨幣的每一個人，等於就他所持有的貨幣繳納1%的稅。他為了維持和以前相同的購買力，現在必須以貨幣的形式增加他所持有的紙鈔（或者帳簿上必須增加的存款數字），這些和他口袋裏或保險箱（或存款簿）中的其他紙鈔沒兩樣，但其實只是繳納稅款的收據。

政府為了鋪路而課稅，會使得原本可用這些稅款生產出來的商品和勞務消失了。那些想要維持他的貨幣餘額購買力的人，賺了錢之後減少支出，等於是放棄那些商品和勞務，好讓政府有錢可用於鋪路。

你可以理解為什麼凱因斯在一次大戰後，討論通貨膨脹時寫道：「要顛覆社會現有的基礎，沒什麼方法比敗壞貨幣更巧妙和更可靠。這個過程把經濟定律所有的隱形力量，都投入破壞的一面，而且那種方法，一百萬個人裏面也不會有一個人察覺到。」[13]

多印出來的紙幣和聯邦準備銀行帳簿上多出來的存款，只是政府從通貨膨脹得到的收入的一部分。

通貨膨脹也會自動提高有效稅率，而使政府的收入間接增加。人們的所得隨著通貨膨脹而增加，落入較高的稅率級距，便需要按較高的稅率課稅。企業所得因為不適當的折舊攤提和

其他的成本計算方法而虛增。一般來說，所得如果增加10%，
剛好可以抵銷10%的通貨膨脹率，但聯邦政府的稅收通常會增
加15%以上——所以納稅人必須愈跑愈快，才能保持在相同的
位置。總統、國會、各州州長和議會因此能夠裝腔作勢，大喊
減稅，其實他們所做的，不過是避免稅收不要增加得那麼多。
每一年，總有人談「減稅」，事實上稅並沒有減少。用正確方
式衡量的稅收不減反增——聯邦政府的稅收從1964年占國民所
得的22%，升為1978年的25%；州和地方稅收則從1964年的
11%升為1978年的15%。

通貨膨脹給政府帶來收入的第三種方法，是償還政府一部
分的債務——如果你想的話，可以說成是一部分的債務賴帳不
還。政府借鈔票，還鈔票。但由於通貨膨脹，它還的鈔票能買
的東西，少於所借鈔票能買的東西。如果在這段期間，政府支
付的債務利率夠高，能夠補償借款人的通貨膨脹風險，那麼政
府根本沒有淨利益。但大部分時候，政府支付的利率不夠高。
儲蓄債券就是最明顯的例子。假設你在1968年12月買進一張
儲蓄債券，持有到1978年12月滿期贖回。1968年買一張面額
50美元的十年期債券，得花37.50美元，1978年還本時領得
64.74美元（因為政府在其間曾經提高利率，以補償若干通貨
膨脹）。但是1978年，投資人得花70美元買1968年花37.50美
元就能買到的同樣東西。但是，你不只只能領回64.74美元，
還必須就收付之間27.24美元的差額繳納所得稅。所謂有幸借

錢給政府，不賺反賠。

政府靠通貨膨脹還債，意思是說，雖然聯邦政府年復一年赤字龐大，而且債務金額上升，但是從購買力來看，債務上漲的幅度低了許多，債務占國民所得的比率其實是下降的。從1968年到1978年的十年內，聯邦政府累積的赤字超過2,600億美元，可是1968年債務占國民所得的30%，1978年降為28%。

矯正通貨膨脹

矯正通貨膨脹說起來容易做起來難。正如貨幣數量增加過多，是通貨膨脹的唯一重要成因，因此，減低貨幣成長率，是矯正通貨膨脹的唯一方法。問題不在於知道做什麼事，那再容易不過了。政府增加貨幣數量的速度必須放慢。問題在於拿出政治意願，採取必要的措施。如果通貨膨脹之病是發生在先進國家，就得花很長的時間去矯正，而且會產生痛苦的副作用。

用兩個醫療上的比方，可以看清問題的所在。其一是一位年輕人罹患伯格氏病（Buerger's disease）。這種病會干擾血液的供應，造成肢體壞死。於是這位年輕人會失去手指和腳趾。矯治方法說起來簡單：戒菸。可是這位年輕人沒有那種意願；他的菸癮太大了。就某種意義來說，他的病有救，但從另一種意義來說，卻又沒救。

用酗酒來比喻通貨膨脹更具啟發性。當酒鬼開始喝酒，好

影響會先來到，壞影響要到隔天早上宿醉醒來才有──就算想到宿醉之苦，他依然抗拒不了杯中物的呼喚。

套用到通貨膨脹完全一樣。當一國開始出現通貨膨脹，起初的影響似乎是好的。貨幣數量增加，拿到錢的任何人──今天主要是政府──就能花更多的錢，而別人卻不需要少花錢。就業機會變得更加充沛，百業欣欣向榮，幾乎每個人都很高興──起初是這樣。這些是好影響。但是支出增加開始使物價升高；勞工發現領得的工資雖然增多，能買的東西卻變少；企業家發現他們的成本升高，雖然銷售額增加，獲利卻不如他們的預期，除非能把價格調得更高。壞影響開始浮現：價格上漲，需求不如先前活絡，也就是通貨膨脹（inflation）加上景氣遲滯（stagnation）一起來。和酒鬼一樣，政府受到的誘惑，是加快增加貨幣的數量，於是使我們如坐雲霄飛車。不管是酒精，還是貨幣，都需要愈來愈大的量，才能給酒鬼或經濟體相同的「快感」。

酗酒和通貨膨脹相似，談到如何矯治，也是一樣。治療酗酒的方法說來簡單：戒酒。但要真的戒酒，談何容易，因為這一次是壞影響先來，好影響後來。酒鬼戒酒必須忍受酒蟲蠢蠢欲動的痛苦，之後才能進入樂土，不再有想再喝一杯那種難以抗拒的欲望。通貨膨脹也是一樣。貨幣成長率減慢的初期副作用很痛苦：經濟成長下降，失業率暫時居高不下，但一段時間內，通貨膨脹率沒有降低太多。約一兩年後，好處才來：通貨

膨脹率下降，經濟**轉趨健**全，可望在沒有通貨膨脹的情況下快
速成長。

　　想到痛苦的副作用，是酒鬼或通貨膨脹國家很難結束癮頭
的一個原因。但還有另一個理由，至少在生病的比較早期階
段，甚至可能更為重要：缺乏真正的渴望去結束那種癮頭。酒
鬼覺得喝酒快活似神仙；他發現很難接受自己真的是酒鬼；他
不確定是不是真的要接受治療。通貨膨脹國家的情況相同。它
們禁不住認為通貨膨脹只是暫時且溫和的現象，是由異常的外
部狀況引發的，日後就會自動消失──可惜永遠不曾發生那種
事。

　　此外，我們許多人喜歡通貨膨脹。我們當然樂於看到所買
的東西價格下跌，或者至少停止上漲。但是看到我們所賣的東
西價格上漲，才令我們高興──不管那是我們生產的產品、我
們提供的勞力服務，還是我們擁有的房子或其他的物品。農民
抱怨通貨膨脹，卻群集華盛頓，遊說提高農產品的價格。我們
其他大部分人也用這種或那種方式做相同的事。

　　通貨膨脹的破壞性那麼強，是因為有些人深受其利，其他
人則大受其害；於是社會分裂成贏家和輸家。贏家把發生在他
們身上的好事，視為他們自身深謀遠慮、小心謹慎、主動積極
的自然結果。至於壞事，也就是他們所買東西的價格上漲，是
他們控制之外的力量造成的。幾乎每個人都會說，他反對通貨
膨脹；其實他的意思是說，反對發生在他身上的壞事情。

　　舉個具體的例子來說,過去二十年來,幾乎每一個擁有房子的人都受益於通貨膨脹。他的房屋價值大漲。如果他辦了抵押貸款,那麼利率一般都會低於通貨膨脹率。結果就是,他房屋的增值,就足以清償他付的貸款,不管是利息(interest)還是本金(principal)。用個簡單的例子來說,假設利率和通貨膨脹率都是一年7%。如果你辦理的10,000美元抵押貸款只付利息,一年後,這筆抵押貸款的購買力會相當於一年前的9,300美元。考慮通貨膨脹的影響,你實質上等於欠款減少了700美元——正好等於你支付的利息。所以從實質面來說,使用那筆10,000美元的貸款,你其實沒花一毛錢。(計算所得稅時,抵押貸款利息可以列為扣除額,所以你其實獲有利益。也就是說,你因為貸款而得到收入。)屋主能夠看清這種影響,是因為他的房屋淨值迅速上升。相對之下,蒙受損失的是小額存款人,他們供應資金給儲蓄貸款機構、共同儲蓄銀行和其他機構辦理放款。小額存款人別無更好的選擇,因為政府把這些機構可以支付存款人的最高利率限制得很緊——說是為了保護存款人。

　　正如政府支出高,是貨幣過度成長的一個理由,政府減少支出,是使貨幣成長下降的一個要素。這方面,我們也好像患有精神分裂症。如果政府不支出對我們有利,大家都喜歡看到政府減少支出。我們都喜歡看到政府的赤字縮減,只要那是對別人課稅的結果。

但是隨著通貨膨脹加快，遲早它會對社會造成很大的傷害，製造許多不公不義和痛苦，升斗小民會想方設法做點事情，應付通貨膨脹。通貨膨脹水準的高低，和一個國家及它的歷史有很大的關係。德國的通貨膨脹率一向偏低，因為一次大戰和二次大戰後的經驗太過痛苦；英國和日本的通貨膨脹率則高得多；那麼高的通貨膨脹率還沒有發生在美國。

矯正方法的副作用

我們一而再，再而三讀到，失業升高和成長減慢，是矯正通貨膨脹的方法；不這麼做的話，我們必須面對更高的通貨膨脹或更高的失業；政府正在調整，或者積極促進成長減慢和失業升高，以矯正通貨膨脹。可是數十年來，美國的經濟成長已經放慢，平均失業水準上升，而在此同時，通貨膨脹率卻愈來愈高。我們同時有更高的通貨膨脹和更高的失業。其他國家也有同樣的經驗。怎麼會這樣？

答案在於成長減慢和失業居高，不是通貨膨脹的矯正方法。它們是矯正成功的副作用。阻礙經濟成長和製造更多失業的許多政策，可能會同時提高通貨膨脹率。我們採取的一些政策——零星的價格和工資管制、政府加強干預企業——一直是這個樣子，全都伴隨著愈來愈高的政府支出，以及貨幣數量快速增加。

　　另一個醫療上的例子，可能讓我們更清楚治療和副作用的差別。假設你患有急性闌尾炎，醫生建議截除，但警告說，手術後必須躺在床上一段時間。你拒絕開刀，卻躺在床上一段時間，把它當作比較不那麼痛苦的*治療方法*。沒錯，很蠢，但將失業這個副作用當作矯正方法，混為一談，卻如出一轍。

　　矯正通貨膨脹產生的副作用很痛苦，所以了解為什麼它們會發生，以及設法緩和它們，是很重要的一件事。副作用為什麼發生的基本理由，已在第1章指出。它們會發生，是因為變化無常的貨幣成長率，在價格體系傳遞的資訊中引進了靜態因子，進而轉化為經濟行為人不合宜的反應方式，而這需要時間去克服。

　　我們先來設想，具有通貨膨脹作用的貨幣成長啟動時會發生的事。對商品、勞務或其他服務的銷售者來說，利用剛創造出來的貨幣增加的支出，和其他任何支出並沒有什麼不同。比方說，鉛筆的銷售者發現，他可以用以前的價格，賣出更多的鉛筆。起初他賣的鉛筆並沒有調整價格。他向批發商訂購更多的鉛筆，批發商再向製造商訂貨，如此一路往前。*如果在鉛筆需求增加的同時，其他某些產品的需求卻減少了，例如原子筆的需求受到傷害*。在貨幣成長不具通貨膨脹作用的情形下，鉛筆通路的訂單流量增加，原子筆通路的訂單流量則減少。鉛筆和稍後用來製造它們的原料，價格傾向於上漲；原子筆和用來生產它們的原料，價格傾向於下跌；但是*平均物價沒有理由發*

生變化。

當鉛筆增加的需求，是源於新創造的貨幣，情況便完全不同。鉛筆和原子筆，以及其他大部分東西的需求，這一來便會同時增加。總支出（金額）多於以往。但是鉛筆的銷售者不知道這件事。他繼續像從前那樣買賣，還是將售價維持在原來的價位，以能賣出數量更多的鉛筆感到滿足。而且他相信，將來一定能夠補貨。但是現在，在鉛筆通路訂單流量增加的同時，原子筆通路，以及其他許多通路的訂單流量也告增加。訂單流量增加，為了生產更多的東西，勞力和原料的需求增加，但是勞工和原料生產商的初期反應和零售商一樣——拉長工作時間，生產更多的東西，也收取更高的價格。他們相信，他們供應的東西，需求已經上升。但是這一次，沒有其他東西的需求減低，可以大致沖抵這些東西的需求增加；沒有其他東西的價格下跌，和這些東西的價格上漲大致相抵。這種情形一開始當然不是很明顯。在生氣蓬勃的世界中，需求總是不斷在變動，有些價格上漲，有些下跌。需求增加的一般性訊號，會和反映相對需求變動的特定訊號混淆。這是為什麼貨幣成長加快的初期副作用，是出現表面上經濟繁榮，就業增加的景象。但真正的訊號遲早會浮現。

到那時候，勞工、製造商、零售商會發現他們受騙了。他們對自己銷售的那些少數東西的需求增加做出反應時，誤以為只有他們賣的東西需求增加，所以對他們自己要購買的許多東

西的價格不會有什麼影響。當他們發現自己錯了，就會把工資和價格調得更高──不只是回應增加的需求，也把他們所買東西的價格上漲考慮進去。於是我們陷入物價和工資螺旋上升的漩渦；這是通貨膨脹的果，不是因。如果貨幣成長沒有進一步加快上升，就業和產出受到的初步刺激，就會被相反的力量取代：兩者都會因為工資和物價上漲而下滑。也就是原來的狂喜過後，宿醉的痛苦接踵而至。

這些反應要發生，得花一點時間。一個多世紀以來，美國、英國和其他一些西方國家，從貨幣成長增加產生的影響波及整個經濟，到經濟成長和就業升高，平均需要約六到九個月。再過十二到十八個月，貨幣成長的增加會顯著影響物價水準，通貨膨脹發生或者加速。這些國家中，時間落後那麼多，是因為（戰時姑且不論）很久以來，它們的貨幣成長率和通貨膨脹率沒有大幅波動。二次世界大戰前夕，英國的躉售物價平均約與兩百年前相同，美國則與一百年前相同。二次大戰後的通貨膨脹是這些國家的新現象。它們經歷過許多起伏，而不是長期往同一個方向行進。

南美洲許多國家的傳承不是那麼可喜。它們的時間落差要短得多──頂多幾個月。如果美國不矯正近來放任通貨膨脹率大幅起落的傾向，時間落差也會縮短。

貨幣成長減慢之後，事情發生的順序，和剛剛所說相同，只是方向剛好相反。起初支出減少被解釋為特定產品的需求降

低，經過一段時間，導致產出和就業滑落。再過一段時間，通貨膨脹放慢，而且伴隨著就業和產出擴增。換句話說，酒鬼度過了最痛苦的戒酒期，過著無酒一身輕的日子。

所有這些調整，因為改變貨幣成長率和通貨膨脹率而動起來。如果貨幣成長率穩定維持在高水準，以致於（比方說）物價每年上漲10%，那麼經濟體也可能會適應這件事。每個人都會預期將有10%的通貨膨脹率；工資會比原來的水準每年調升10%；利率會比原來的水準高10%——以補償存款人的通貨膨脹影響；稅率也會視通貨膨脹率而調整。其他依此類推。

這種通貨膨脹不會造成很大的傷害，卻也不會帶來任何好處。它只是把不必要的複雜因素引進各種安排之中。更重要的是，這種情況如果出現，可能會變得不穩定。要是製造10%的通貨膨脹率，在政治上有利可圖且可行，那麼一旦它落在那個水準，則進一步將通貨膨脹率調升到11、12或15%的誘惑很大。零通貨膨脹率是政治上可行的目標；10%的通貨膨脹率則不然。這是經驗告訴我們的。

減輕副作用

歷史上，找不到通貨膨脹發生之後一段期間，經濟成長不減慢，失業不高於平常水準的例子。這是我們斷定，矯正通貨膨脹沒辦法避免副作用的經驗依據。

但是我們可以減輕那些副作用，使它們溫和一點。

減輕副作用的最重要機制，是以事先宣布的政策，緩慢但穩定地減緩通貨膨脹，並且堅持政策不變，以昭公信。

用緩步漸進和事先宣布的方式，理由是給人們時間，重新調整他們所作的安排——以及勸誘他們這麼做。許多人已經根據預期的通貨膨脹率，簽訂長期契約——用於人員雇用、金錢借貸、生產或建築。這些長期契約，使我們很難迅速降低通貨膨脹，而且，試圖這麼做的話，會給許多人造成沉重的成本。假以時日，這些契約會有結束、續約或重新磋商的一天，到那時便能根據新的狀況加以調整。

要減輕矯正通貨膨脹所產生的不良副作用，另一個已經證明有利的機制，是在比較長期的契約中，根據通貨膨脹而自動調整一些條件，也就是加入所謂的伸價條款（escalator clause）。最常見的例子，是許多工資契約中納入的生活費用調整條款。這種契約會明訂每小時的工資應該調高（例如）2%，再加通貨膨脹率或者一部分的通貨膨脹率。依照這種方式，如果通貨膨脹低，工資調升的金額少；通貨膨脹高，則工資調整的金額高；但不論何者，工資的購買力都相同。

另一個例子是財產租賃契約。租賃契約可以不載明固定的金額，改為規定租金逐年視通貨膨脹率而調整。零售商店的租賃契約往往會將租金訂為商店總收入的若干百分比。這種契約雖然沒有明訂伸價條款，卻隱含那樣的意思，因為商店的收入

通常會隨著通貨膨脹而上揚。

　　還有一個例子是貸款。貸款通常是借得一筆固定的金額一段固定的期間,按固定的年利率繳息,例如借1,000美元一年,利率約定為10%。但借貸雙方可以約定不以10%的利率計息,而是例如,2%加上通貨膨脹率。因此,如果通貨膨脹率是5%,利率便是7%;通貨膨脹率如果是10%,利率將是12%。和這種貸款契約大致相當的一種方法,是不載明固定的償還金額,而是經通貨膨脹調整後的一筆金額。用我們的簡單例子來說,借方的欠款金額是1,000美元加上通貨膨脹的影響,然後收2%的利率。如果通貨膨脹率是5%,他的欠款金額是1,050美元;如果是10%,則是1,100美元;兩者都依2%計息。

　　除了工資契約,伸價條款在美國並不常見。但它們的應用範圍正在擴大,尤其是以機動利率抵押貸款的形式出現。通貨膨脹率長期居高不下且起伏不定的國家,機動利率也相當常見。

　　這種伸價條款減低了從貨幣成長減慢到工資與物價隨之調整之間的時間落差。它們用這種方式縮短過渡期和降低其間的副作用。伸價條款雖然有用,卻不是萬靈丹。不可能所有的契約(例如紙幣)都訂有伸價條款,而且許多契約訂定伸價條款的代價很高。使用貨幣的一大好處,正是在於能用很便宜和高效率的方式執行交易,而不分青紅皂白的伸價條款會減低這個好處。遠比這要好的狀況,是沒有通貨膨脹,那就不必訂定伸價條款。這是為什麼我們主張只將私人經濟中的伸價條款,當

作矯正通貨膨脹時緩和副作用的機制，而不是永久的措施。

伸價條款在聯邦政府部門是很理想的永久措施。社會安全和其他的退休給付、聯邦員工的薪水（包括國會議員的薪水），以及其他許多政府支出項目，現在都自動根據通貨膨脹而調整。但是，我們見到兩個引人注目和不可寬恕的缺口：所得稅和政府借款。我們應該根據通貨膨脹，調整個人和企業的所得稅結構——如此一來，物價上漲10%，所得稅額只會增加10%，而不是像現在平均增加15%以上——消除未經投票，就強迫加重稅負的做法。這可以結束未經國會同意便逕自加稅的現象，也可以減低政府製造通貨膨脹的誘因，因為來自通貨膨脹的收入會降低。

政府借款不受通貨膨脹影響的說法，也同樣擲地有聲。美國政府製造的通貨膨脹，使得近年來購買長期政府債券成了壞投資。政府如果願意對民眾公平和誠實，就需要把伸價條款引進長期政府借款中。

有時會有人提議以物價和工資管制來矯正通貨膨脹。最近，情況很清楚，人們發現管制不是矯正之道，於是就敦促將它當作減輕矯正方法副作用的機制。他們說，物價和工資管制可以肩負這個職能，說服民眾相信政府真的在努力平抑通貨膨脹。這又可望降低長期契約條款中對未來通貨膨脹的預期心理。

就這個目的來說，物價和工資管制適得其反。它們扭曲了價格結構，降低系統的運作效率。因此導致產出滑落，反而加

重矯正通貨膨脹的不良副作用，而不是減輕它們。物價和工資管制徒然浪費人力，因為價格結構遭到扭曲，也需要數量龐大的人力去建構、執行和逃避價格與工資的管制。無論管制是強制性的，還是被貼上「自願」的標籤，影響效果都相同。

實務上，價格和工資管制幾乎總是被用來當作節制貨幣和財政政策的替代品，而不是與它們互補長短。這個經驗，令市場參與者把政府實施物價和工資管制，視為通貨膨脹將上揚，而非下降的訊號。物價和工資管制因此使他們提高通貨膨脹預期心理，不是降低通貨膨脹預期心理。

物價和工資管制實施之後一段短暫的時間內，似乎經常收到效果。納入指數的商品和勞務報價被壓低，因為有一些間接方法能夠提高物價和工資——降低生產出來的產品品質、取消服務、擢升勞工等等。但是接下來，隨著避開管制的簡單方法用完，扭曲慢慢累積，被管制措施抑制的壓力到達沸點，不利的影響愈來愈惡劣，然後整個計畫潰不成軍。最後的結果是通貨膨脹更高，不是減低。從四千年來的經驗來看，只有政治人物和選民短視的眼光，能夠解釋為什麼一再訴諸物價和工資管制。❶

個案研究

日本近來的經驗，正是最好的教材，可用以說明如何矯正

通貨膨脹。如圖6所示，1971年，日本的貨幣數量成長率開始
攀高，到了1973年年中，年成長率超過25%。❶

　　大約兩年後的1973年初，通貨膨脹才開始有所反應。接下
來通貨膨脹急遽上揚，從根本改變了貨幣政策。政府強調的重
點，從日圓的外部價值（匯率）轉移到它的內部價值（通貨膨
脹率）。貨幣成長急遽滑落，從一年超過25%降為10%到15%
之間，然後除了極少數例外，停留在那邊五年之久。（由於日
本的經濟成長率高，這個範圍的貨幣成長率可以使物價大致持
穩。美國與之相當的貨幣成長率則為3%到5%間。）

圖6　通貨膨脹隨貨幣而來：日本的個案

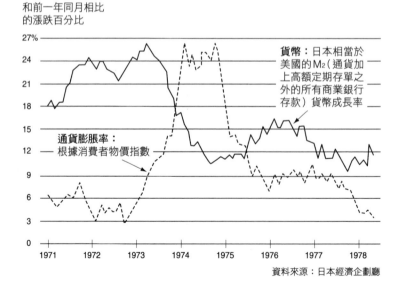

資料來源：日本經濟企劃廳

　　貨幣成長開始下降之後約十八個月，通貨膨脹也跟進，但花了兩年半的時間才跌到兩位數之下。接著通貨膨脹大致持穩約兩年——儘管貨幣成長溫和上揚。之後由於貨幣成長再降，通貨膨脹率開始迅速跌向零。

　　圖中的通貨膨脹數字是消費者物價，用躉售物價會更好。1977年年中，它們實際上是下跌的。戰後日本勞工從低生產力部門湧向汽車和電子等高生產力部門，表示勞務價格相對於商品價格大漲。因此，消費者物價相對於躉售物價上揚。

　　在貨幣成長減慢之後，日本的經濟成長放緩，失業升高，尤其是通貨膨脹因為貨幣成長減低而開始急遽反應之前的1974年。低點出現在1974年底。產出接著開始回升，之後繼續成長——比1960年代的繁華時期要溫和，成長率卻還是相當高：每年超過5%。

　　通貨膨脹走軟期間，日本不曾實施物價和工資管制。而且，通貨膨脹走軟，是在日本適應原油價格上漲的同一期間發生。

小結

　　談到我們所知的通貨膨脹，有五個簡單的事實：

　　1. 通貨膨脹是一種貨幣現象，起於貨幣數量增加得比產出

要快（但是當然了，貨幣增加的理由可能不一而足）。

2. 今天的世界中，是由政府決定——或者能夠決定——貨幣的數量。

3. 矯正通貨膨脹只有一個方法：減慢貨幣數量的成長率。

4. 通貨膨脹需要時間——好幾年，不是幾個月——形成；矯正通貨膨脹也需要時間。

5. 矯正通貨膨脹的令人不快的副作用是無法避免的。

過去二十年，美國曾經四度提高貨幣成長。每一次貨幣成長上升，接著先是經濟擴張，然後通貨膨脹上揚。每一次主管當局降低貨幣成長以平抑通貨膨脹，接下來總是出現通貨膨脹性經濟衰退（inflationary recession）。然後是通貨膨脹下降，經濟改善。到目前為止，這個順序和日本自1971年到1975年的經驗相同。很遺憾，一個十分重要的不同點在於，我們未能展現日本人的那種耐性，持續抑制貨幣成長夠長的時間。相反地，我們對經濟衰退老是反應過度，一見苗頭不對就加快貨幣成長，因而啟動另一回合的通貨膨脹，並且陷自己於通貨膨脹升高加上失業升高的苦境之中。

我們被錯誤的二分法誤導：不是通貨膨脹升高，就是失業升高。那種選擇是一種錯覺。真正的選擇只是：由於通貨膨脹升高而導致失業升高，還是因為矯正通貨膨脹，產生暫時性的副作用，導致失業升高。

第10章

風起雲湧

The Tide Is Turning

　　西方政府未能達成它們宣稱的目標，已經激起人民反對大政府的普遍反應。在英國，1979年那種反應把柴契爾夫人（Margaret Thatcher）推上權力寶座，因為她的政策宣言保證，她領導的保守黨政府將一反二次大戰結束以來工黨政府和先前的保守黨政府採行的社會主義政策。在瑞典，1976年那種反應導致社會民主黨連續執政四十餘年之後黯然下台。在法國，那種反應促使政策急轉彎，取消政府對物價和工資的管制，並且急遽縮減其他形式的政府干預。在美國，橫掃全國的抗稅風潮中，那種反應最為激烈地呈現出來，具體表現在加州通過第13號提案（Proposition 13；譯註：1978年通過的州憲法修正案，旨在降低財產稅），以及許多州限制州稅的憲法修正案。

　　那種反應可能為期短暫，經過一段很短的時間，也許又會故態復萌，恢復邁向更大政府的趨勢。為了減低政府課稅和其他強加的義務，掀起的社會風潮十分普遍，但是消除政府各種

計畫的呼聲卻沒有等量齊觀地響亮——大家只反對對別人有利的計畫。反對大政府的反應，是通貨膨脹激升所引發的；如果政府覺得政治上有利可圖，也會去控制通貨膨脹。真的這麼做的話，民眾的反應可能就會沉寂下來或者消失。

我們相信，那種反應不只是對變化無常的通貨膨脹的反應。恰恰相反，通貨膨脹本身，有一部分正是對那種反應的反應。由於投票增加稅收，以支應更高的支出，在政治上不討喜，所以議員轉為透過通貨膨脹來挹注支出；這是不需要投票就能開徵的隱形稅，不必代議便能實施的稅賦。這在二十世紀受歡迎的程度，和十八世紀相同。

此外，政府施政計畫的表面目標，和它們的實際成果之間的對比——我們前面幾章一直在探討的對比——是那麼無所不在和普遍，連支持大政府最力的許多人，也不得不承認政府運轉失靈——只是他們的解決方案幾乎總是轉向更大的政府。

輿論的浪潮一旦強烈湧起，往往會掃倒所有的障礙，淹沒所有相反的看法。同樣地，當它盛極而衰，相反的浪潮掀起，後者也往往洶湧澎湃。

在亞當斯密和傑弗遜大力鼓吹之下，倒向經濟自由和有限政府的輿論浪潮洶湧澎湃，直到十九世紀末。接著輿論浪潮轉向——部分原因正是出在經濟自由和有限政府成功地創造經濟成長和改善許多人的福祉，使得殘餘之惡（當然還剩不少）變得更加明顯，引起人們普遍想要對它們做點事情。投向費邊社

會和新政自由主義的浪潮接著波濤洶湧，促使二十世紀初英國
的政策轉向，以及經濟大蕭條之後美國的政策轉向。

那個趨勢已在英國持續了四分之三個世紀，在美國持續了
半個世紀，正到了強弩之末。由於經驗一再和期望牴觸，它的
知識分子基礎已經流失。支持它的人落居下風，處於挨打的局
面。除了那套老方法，他們對目前的惡提不出解決方法。他們
再也激不起年輕人的熱情；年輕人現在發現，亞當斯密或馬克
思遠比費邊的社會主義或新政的自由主義要有意思。

雖然倒向費邊社會主義和新政自由主義的浪潮已經盛極而
衰，卻還沒有清楚的證據顯示繼之而起的浪潮是秉持亞當斯密
和傑弗遜的精神，傾向更大的自由和有限的政府，還是以馬克
思和毛澤東為師，倒向全能獨大的政府。這件極其要緊的事尚
未塵埃落定——不管是學界的思潮，還是實際的政策，都是如
此。根據過去的經驗判斷，必須先有思潮，政策才會隨之而
來。

學界思潮的重要性

從第2章談過的印度和日本的例子，可以知道學界思潮的
重要性。學界的思潮會影響大部分人和他們的領導人不假深思
的先入之見、他們對某種行動或另一種行動經過制約的反射動
作。

1867 年，明治時期當權的領導人將心思主要放在強化國家的力量和榮耀。他們並不特別注重個人自由或政治自由。他們相信應該由菁英實施貴族政治統治。可是他們採行的是自由主義經濟政策，擴大廣大人民的機會，而且在最初數十年內，增進了個人的自由。相形之下，印度的掌權者熱中於政治自由、個人自由和民主政治。他們的目標不只是國家的力量，也希望改善廣大人民的經濟狀況。可是他們採行的是集體主義經濟政策，以各種限制措施，令人民動彈不得，並且繼續傷害英國人所鼓勵的個人自由和政治自由大方向。

兩國政策的差異，忠實地反映了兩個時代不同的學界思潮。十九世紀中葉，現代經濟應該經由自由貿易和私人企業而架構起來，被視為理所當然。日本領導人可能壓根兒沒想過可以採取其他的行動。到了二十世紀中葉，現代經濟應該經由中央控制和五年計畫而架構起來，被視為理所當然。印度領導人可能壓根兒沒想過可以採取其他的行動。順帶一提，有趣的是，這兩個觀點都來自英國。日本人採用的是亞當斯密的政策。印度人採用的是哈洛德‧雷斯基（Harold Laski）的政策。（譯註：雷斯基生於1893 年6 月30 日，死於1950 年3 月24 日，是英國政治理論家、經濟學家、作家與演說家，1945~1946 年擔任工黨主席。）

美國人的歷史也同樣強烈見證了學界思潮的重要性。1787年，群賢齊聚於費城的獨立廳，制定新國家的憲法時，也是深

受學界思潮的影響。他們活在歷史之中，受當時英國思潮的影響很大——那個思潮，和後來影響日本政策的思潮相同。他們認為權力集中，特別是集中在政府手中，對自由是一大危害。他們草創憲法時，把這件事放在心上。那份文件，旨在限制政府的權力、維持權力分散、維護個人控制其本身的生活。在權利法案（Bill of Rights），也就是憲法最早的十個修正案，這個理念躍然紙上：「國會不得制定法律：確立國教或禁止信教自由；或者剝奪言論或出版自由」；「人民持有和攜帶武器的權利不可侵犯」；「本憲法對某些權利的列舉，不得被解釋為否定或輕視由人民保留的其他權利」；「憲法未授予合眾國，也未禁止各州行使的權力，由各州各自保留，或由人民保留」（摘自憲法修正案第一條、第二條、第九條和第十條修正案）。

十九世紀末，以及進入二十世紀初，美國學界的思潮——主要受到的影響，和後來影響印度政策的英國觀點相同——開始轉變，不再相信個人責任和依賴市場的力量，而是認為應該負起社會責任和依賴政府。到了1920年代，大專院校中，積極關切公眾事務、力量強大的少數一些教授（如果不是實際多數的話）持有社會主義觀點。《新共和》（*New Republic*）和《國家》（*Nation*）是領先學界思潮的刊物。諾曼・湯瑪斯（Norman Thomas）領導的美國社會黨（Socialist），群眾基礎比較廣，但力量主要來自大專院校。

依我們的看法，社會黨是二十世紀初數十年間，美國最具

影響力的政黨。由於它在全國性的選舉中沒有獲勝的希望（它
確實選上了幾位地方性官員，尤其是在威斯康辛州的密爾瓦基
〔Milwaukee〕），所以能夠當個有原則的政黨。民主黨和共和黨
卻不行。它們必須是權變和妥協的政黨，才能維繫分歧相當嚴
重的各個派系和利益。它們必須避開「極端主義」，走中間路
線。它們並不完全相像，卻十分接近。不過，隨著時間的流
逝，這兩個大黨相繼採行社會黨的立場。在總統選舉的直接投
票中，社會黨獲得的票數不曾超過6%（1912年推出尤金‧德
布茲〔Eugene Debs〕參選）。1928年得票數低於1%，1932年
只有2%（諾曼‧湯瑪斯參選）。可是它1928年總統選舉的政策
宣言中，幾乎每一條政綱現在都已頒訂為法律。

　　一旦思潮改變散播到更廣大的民眾，就像經濟大蕭條之後
那樣，根據非常不同的思潮而成形的憲法，證明只能延緩政府
的權力擴大而已，並沒有構成障礙。

　　用杜利先生（Mr. Dooley）的話來說：「不管憲法是不是
跟著國旗走，最高法院一定跟著選票走。」憲法的遣詞用字被
重新解讀，並且賦予新的意義。本來用於阻止政府擴權的障
礙，終歸無效。（譯註：杜利先生是美國幽默作家芬里‧彼得‧唐
恩〔Finley Peter Dunne〕系列作品中富於機智的主角，在芝加哥當酒
吧服務員。）勞爾‧博格（Raoul Berger）這位權威專家，檢討
法院對一條修正案的解讀時寫道：

第十四條修正案正是絕佳的個案，可用以說明法官哈倫（Justice Harlan）所說的，最高法院「運用修正權」，假釋憲之名，行繼續修正憲法之實。……

我們敢說，法院蔑視制憲者的意願，以釋憲來取而代之，和原始的設計大相逕庭。……

這種行為，令人不得不作成結論，相信最高法院的法官本身正成為法律。❶（譯註：博格是美國著名的法律史學家。）

輿論與大眾的行為

倒向費邊社會主義和新政自由主義的浪潮已到強弩之末的證據，不只來自學者的著述和政治人物在競選言論中表達的情緒，也來自一般人的行為方式。他們的行為無疑受到輿論的影響。一般人的行為又反過來既強化這種輿論，也在將它化為政策的過程中扮演重要的角色。

戴西（A. V. Dicey）六十多年前的先見之明令人折服。他寫道：「如果社會主義立法的進度喊停，原因與其是受任何思想家的影響，不如更受到引起大眾注意的一些獨特事實的影響；例如隨社會主義政策而來的稅負加重，即使不必然發生，但顯然經常看到。」❷通貨膨脹、高稅負，以及從大政府而來，特有的無效率、官僚作風、過度的管制，正產生戴西所預測的效果。它們正引導人們把事情放到自己手中，設法避開政府那塊大石頭。

蓓特·布雷南（Pat Brennan）和她先生因為與美國郵政局
互別苗頭，1978年成了名人。他們在紐約州羅徹斯特
（Rochester）一座地下室開業，保證包裹和信件當天送達羅徹
斯特市區，價格比郵局便宜。不久，他們的業務蒸蒸日上。

他們無疑違反了法律。郵局一狀告上法庭，布雷南夫婦一
路敗訴到最高法院。當地的企業家提供資金，力挺他們到底。

蓓特·布雷南說，

> 我想，將來會有一場靜默的反抗，也許我們起了頭。……你會看
> 到人們抗拒官僚，而在幾年前，你不敢夢想那麼做，因為你會被
> 壓碎。……人民現在認為，命運是自己的，不能交給在華盛頓對
> 他們不感興趣的某個人。所以這不是無法無天的問題，而是人民
> 重新思考官僚握有的權力，並且拒絕接受的問題。……
>
> 　任何種類的業務，都有自由的問題——你是不是有權經營那種
> 業務，以及是不是有權決定你將做的事。還有個問題，是消費者
> 能不能自由利用他們覺得便宜和更為優良的服務，但是根據聯邦
> 政府和稱作「私人快遞法」（Private Express Statutes）的一套法
> 律，我沒有開創事業的自由，消費者也沒有利用它的自由——在
> 整個國家是根據自由和自由企業建立起來的這樣一個國度，這看
> 起來非常奇怪。

蓓特·布雷南對於有人試圖控制她的生活，而她認為這並
不干他們的事，表達了她身而為人的自然反應。面對這種情
況，我們的第一個反應是憤怒；第二個反應是嘗試以合法的手
段避開障礙；最後則是人民對法律的尊重普遍下降。最後的結

果可歎卻不可避免。

一個引人注目的例子，是英國人民對徵用稅（confiscatory tax）的因應之道。英國的專家葛雷姆·特納（Graham Turner）說：

> 我認為，說十或十五年來，我們成了弄虛作假的國家，一點都不為過。
>
> 他們是怎麼做的？方法有千百種。先從最低層級來說。鄉下地區有人開了一家小雜貨店，……他要怎麼賺錢？他發現，向一般的批發商進貨，總是需要用到發票，但如果去找付現自運商（Cash and Carry），在那□購買商品，……那些商品的獲利可以不用繳稅，因為稅捐稽查人員根本不知道他有那些貨品。他就是這麼做的。
>
> 接著，如果你看最高層——例如一家公司的董事——是的，他們有各式各樣的方法可以辦到。他們可以經由公司購買食物，用公司的名義度假，設法讓太太在公司掛名當董事，即使她們不曾巡視過工廠。他們用公司的名義蓋自己的房子，方法很簡單，也就是在蓋廠房的同時順便蓋一棟房子。
>
> 自上而下，所有的人絕對都在做這些事情，從做低賤工作的普通勞動階級，一直到最高層——企業家、資深政治人物、內閣閣員、影子內閣閣員——大家都在做。
>
> 我想，幾乎每個人現在都覺得財稅制度基本上不公平，所以能夠做到的人，都試著避開這套財稅制度。一旦大家取得共識，相信財稅制度不公平，這個國家實際上成了一個共犯集團——每個人都在幫別人作假。
>
> 要在這個國家作假，一點都不困難，因為其他人真的想幫你的

忙。十五年前的情形卻大不相同。那時的人會說，嘿，那麼做是不應該的。

或者，不妨看看梅爾文‧柯勞斯（Melvyn B. Krauss）在《華爾街日報》所寫的「瑞典人抗稅」（The Swedish Tax Revolt）一文（1979年2月1日第18版）：

> 瑞典人起而抗拒西方最高的稅負，是個人自發性的行為。一般瑞典人不靠政治人物，而是靠自己，想方設法不繳稅便是。有一些方法可以做到這一點，其中許多是合法的。……
>
> 瑞典人拒絕繳稅的一種方法是少工作。……瑞典人駕船航行於斯德哥爾摩附近漂亮的群島，正是一幅生動的景象，足以說明這個國家不動聲色進行中的抗稅革命。
>
> 瑞典人用自己動手做的方式逃稅。……
>
> 以物易物是瑞典人向高稅負說不的另一種方式。要引誘瑞典牙醫離開網球場，進入他的辦公室，不是容易的事。但是牙齒痛的律師有成功的機會。律師可以拿法律服務去交換治牙服務。以物易物替牙醫省下兩筆稅：他自己的所得稅，加上律師費用的稅。雖然以物易物好像是原始經濟才有的東西，瑞典的高稅負卻使它成為福利國家流行的做生意方式，尤其是在專門職業。……
>
> 瑞典的抗稅革命不是富人的革命。不管是什麼所得水準的人都在做這件事。……
>
> 瑞典這個福利國家陷入兩難。它的意識形態促使政府的支出愈來愈多。……但它的公民已經到了一個飽和點，抗拒再進一步加稅。……瑞典人能夠抗拒更高稅負的唯一方式，是做出有害經濟的行為。公共支出升高因此傷害福利經濟所依賴的經濟基礎。

為什麼特殊利益占上風？

如果傾向費邊社會主義和新政自由主義的浪潮盛極而衰，繼之而來的是走向更自由的社會和受到更多限制的政府，而不是邁向極權主義社會，那麼一般大眾不只需要認清目前的情況有哪些缺點，也需要知道怎麼會走到今天這步田地，以及我們能夠做些什麼事。為什麼政策實施的結果，往往和表面揭櫫的目標大相逕庭？為什麼特殊利益會凌駕在整體利益之上？我們有哪些機制可用來制止和扭轉這個過程？

華盛頓的權力

每當我們前往華盛頓特區，看到那麼多的權力集中在那座城市，總是再次大開眼界。踏進國會的走道，你很難在一萬八千名員工當中，找到那四百三十五位眾議院議員和一百位參議員——每位參議員約雇用六十五名助理或幕僚，每位眾議員約有二十七名助理或幕僚。此外，超過一萬五千名登記有案的遊說者——經常由秘書、打字員、研究人員，或者他們所代表的特殊利益團體的代表陪同——也踏進相同的走道，搶著運用影響力。

而這只是冰山一角。聯邦政府雇用接近三百萬平民（不計常備軍人）。其中超過三十五萬人在華盛頓和周邊的都會區上班。其他無數人透過政府與名義上的民間組織之間的契約間接

受雇，或者受雇於勞工或商業組織，或者其他的特殊利益團體，它們的總部，或者至少有個辦事處是設在華盛頓，因為那是政府的所在地。

華盛頓像一塊磁鐵般吸引著律師。美國有許多大型和深具影響力的律師事務所設在那裏。據說單單執行聯邦政府或管理實務業務的律師，就有超過七千名律師在華盛頓。超過一百六十家外地律師事務所在華盛頓設有辦事處。❸

華盛頓的權力並不像蘇聯、紅色中國，或者更接近的古巴等極權國家，大權掌握在少數人手中。它分散為許多碎片。全國每一個特殊團體，都試著把手伸向能夠碰到的碎片。結果是幾乎每一個議題，政府都同時站在正反兩邊。

比方說，在華盛頓一棟巨大的建築裏，一些政府員工正卯足全力試著設計和執行一些計畫，花我們的錢來勸我們不要抽菸。在另一棟巨大的建築裏，也許和前面那棟相距才幾哩，另外一批員工同樣全心投入，埋頭苦幹，卯足全力花我們的錢，補貼農民種植菸草。

工資與物價穩定委員會（Council on Wage and Price Stability）正在某棟大樓加班，試著說服、施壓、哄誘企業家壓低物價，勞工抑制他們的工資要求。農業部的所屬機構則正在另一棟大樓，執行計畫，以維持或推升糖、棉花和其他無數農產品的價格。第三棟大樓中，勞工部的官員正依據戴維斯－貝肯法案，確定「普遍支領的工資」，以便調升建築工人的工

資率。

國會設立能源部，雇用二萬人，致力推廣能源節約。它也設立環境保護署，雇用一萬二千餘人，負責發布法令規定，而他們的大部分工作都需要用到更多的能源。毫無疑問，每個機構內，都有一些單位為相反的目的在工作。

如果我們不是那麼嚴肅正視整件事的話，整個情況只能說是荒唐可笑。雖然許多影響相互抵消，它們的成本卻不然。每個計畫都從我們的口袋把錢掏走，而那些錢，本來可用於購買商品和勞務，滿足我們各自的需求。它們都用到術業有專攻的能幹人才，而他們本來大可從事生產性的活動。每個計畫都製造一大堆的法令規定、繁瑣的作業程序和需要填寫的表格，令所有的人不勝其擾。

利益集中相對於利益分散

權力分散，以及政府的政策相互衝突，根源於民主制度的政治現實需要制定詳盡和明確的法案來運作。這種制度往往會給利益高度集中的一小群人過多的政治權力；重視能夠產生明顯、直接、立即效果的政府行動，甚於可能更為重要，但效果隱晦不明、間接和延後出現的政府行動；啟動會犧牲整體利益去照顧特殊利益團體的程序，而不是反過來做。可以說，政治上有一隻看不見的手，運作的方向恰與亞當斯密看不見的手相反。原意只在促進整體利益的個人，被看不見的政治之手引領

著，去促進他們本來無意促進的特殊利益。

　　舉一些例子，可以澄清問題的本質。假設政府實施的計畫
對商用船隻有利，除了補貼造船和營運，也限制大部分的沿岸
航運只准美國籍船隻經營。估計納稅人因此一年負擔約6億美
元的成本——或者說積極參與這個行業的四萬人，每個人每年
花掉納稅人15,000美元。船東、航運公司，以及他們的員工，
有強大的誘因去取得和維護那些措施。他們花大把鈔票進行遊
說和提供政治獻金。另一方面，6億美元除以2億多人口，合
每年每人負擔3美元；一家四口則是12美元。有誰會投票反對
某位國會議員候選人，只因他給我們增加那筆成本？有多少人
認為值得花錢去否決那種措施？或甚至值得花時間去注意那種
事？

　　另一個例子是，鋼鐵公司的股東、這些公司的高階主管和
鋼鐵工人知道得很清楚：美國的外來鋼鐵進口增加，他們賺到
的錢和工作機會便會減少。他們顯然知道，政府採取行動，阻
擋進口貨，對他們有利。由於來自日本的進口減少，所以對日
本的出口也減少，受雇於出口產業的勞工因此將失業，但他們
不知道自己的工作岌岌可危。當他們失去工作，他們不知道原
因何在。汽車、廚房爐具或以鋼鐵生產的其他商品的購買人，
可能會抱怨他們必須支付更高的價格。有多少購買人會去追蹤
價格上漲，發現原來是因為政府限制鋼鐵進口，迫使製造商使
用價格比較貴的國內鋼鐵，而不能使用價格比較低的外國鋼

鐵?他們比較有可能怪罪於製造商「貪得無厭」或者工會會員
「永不滿足」。

農業是另一個例子。農民開牽引車進華盛頓示威,要求提
高價格補貼。在政府轉換角色,使得向華盛頓訴願成為自然而
然的做法之前,農民是怪罪於天候惡劣,並向教會,而非向白
宮請求伸出援手。即令是食物這種不可或缺和肉眼看得見的產
品,也沒有一位消費者上華盛頓遊行,抗議實施價格補貼。而
就農民本身來說,雖然農業是美國的主要出口產業,他們卻不
清楚政府干預對外貿易,給他們製造了多大的問題。舉例來
說,他們不曾想過,限制鋼鐵進口可能傷害到他們。

或者,用美國郵政局這個非常不同的例子來說。每次有人
提議取消政府獨占普通郵件的遞送服務,總是遭到郵務工會工
人的激烈反對。他們十分清楚,開放民間企業經營郵政業務,
可能使他們丟掉飯碗。盡力阻止那種結果發生,對他們來說值
得放手一搏。就像羅徹斯特布雷南夫婦的例子告訴我們的,廢
除郵政業務獨占的話,將有一個精力旺盛的民間產業興起,包
含數以千計的公司,雇用數萬名勞工。可能在這種行業中找到
高報酬機會的人,恐怕極少人知道有那種可能性存在。他們當
然不會前往華盛頓,在相關的國會委員會上作證。

一個人從他有特殊利益的任何一個計畫獲得的利益,可能
被輕微影響他的許多計畫造成的成本抵消還不夠。不過,他贊
成那個計畫,卻不反對其他的計畫,對他是有利的。他很容易

看清楚，他和特殊利益相同的一小群人，有能力花夠多的金錢和時間，促使某個計畫通過實施。不鼓吹那個計畫，並不能阻止傷害他的其他計畫被採納。如果想阻止其他的計畫，他在鼓吹對自己有利的計畫之餘，必須願意且能夠投入等量的心力，去反對其他的每一項計畫。這顯然必敗無疑。

一般人對稅都很注意，但即使這方面的注意，也因為大部分稅是隱形的，令人防不勝防。公司稅和貨物稅包含在消費者購買產品的價格中，不另外記帳。大部分所得稅在給付所得的源頭便預先扣繳。通貨膨脹是最糟的隱形稅，很不容易理解。只有營業稅、財產稅和超過預扣稅額的所得稅，才是一目瞭然和叫人痛苦的稅負——這也成了人們痛恨的目標。

官僚機構

政府單位愈小，指定的職能受到愈多的限制，政府的行為舉止反映特殊利益，而不是反映整體利益的可能性愈小。我們因此想到新英格蘭的鎮民大會。受治理的人民認識且能控制治理他們的人；每個人都能夠表達自己的看法；政府單位的業務範圍相當小，每個人都能合理地掌握或大或小項目的資訊。

隨著政府的業務範圍和扮演的角色擴大——不管是涵蓋更大的區域和人口，還是執行更多樣的職能——受治理者和治理者之間的關係變淡變弱。任何一大群公民都不可能合理地了解大為擴張的政府單位所有業務項目的資訊，而且，超過了某個

點,甚至連所有的大項目都不清楚。執行政府計畫的官僚機構日益壯大,並且介入公民和他們選出來的代表之間。它既是特殊利益團體能夠達成目標的管道,本身也成了一個重要的特殊利益團體——這是第5章所說新階級的重要成員。

目前在美國,能由民眾有效且詳盡控制政府的地方,限於村、鎮、小城市和市郊地區——即使在那些地方,也只限於不由州或聯邦政府發號施令的事務。在大城市、州、華盛頓,我們的人民政府根本不是人民的,而是大體上不知其名的一群官僚擁有的。

可想而知,沒有一位聯邦議員曾經讀過他必須投票表決的所有法律,更別提去分析和研究。他必須依賴無數的助理和幕僚,或者外界的說客,或者其他的議員,或者其他的來源,才能做出如何投票的大部分決定。今天,非民選的國會官僚,對最後通過的詳細法律的影響力,幾乎遠遠超過我們的民選代表。

在政府施政計畫的管理方面,情況甚至更為極端。龐大的聯邦官僚散布在許多政府部門和獨立的機構裏,可說完全不受民選代表節制。我們選舉出來的總統、參議員和代表來了又走,公務員卻繼續留下來。比較高階的官僚長於利用繁瑣的作業程序,延緩和擱置他們不喜歡的計畫;發布法令規定,以「解釋」法律,實際上卻巧妙、有時更粗率地改變法律的意旨;拖拖拉拉,不肯執行他們期期以為不可的法律部分,卻快

馬加鞭推動他們喜歡的部分。

近來聯邦法院面對日益複雜和不著邊際的立法，已經偏離了它們作為法律客觀解讀者的傳統角色，而積極參與立法和管理。這麼一來，它們成了官僚的一部分，不是仲裁調解其他政府機關的獨立單位。

這些官僚並沒有奪權。他們並沒有任何不軌的密謀，企圖顛覆民主程序。權力是別人丟給他們的。除了將責任下授，根本不可能用其他的任何方式，執行複雜的政府活動。當獲得授權、執行不同職能的官僚之間發生衝突——例如最近奉命保護和改善環境的官僚，和奉命鼓勵保育和生產能源的官僚之間的衝突——唯一可用的解決方法，是授權另一批官僚去解決衝突——據說是為了減少繁瑣的官僚作業程序，其實真正的問題不是繁瑣的官僚作業，而是目標之間的相互衝突。

奉命執行這些職能的高階官僚，沒辦法想像他們撰寫或收到的報告、他們出席的會議、他們和其他重要人員的冗長討論、他們發布的法令規定——所有這些竟然是問題，而不是解決方法。他們不可避免一廂情願相信自己不可或缺，以及他們比不知情的選民或自私自利的企業家更懂得應該做什麼事。

官僚的規模和權力與日俱增，影響公民和政府關係的每一個細節。如果你有什麼不滿，或者看出能從政府的某項措施得利，這一陣子，你首先該走的門路，可能是試著去影響某位官僚，做出對你有利的裁決。你可以向民選代表陳情，但如果要

這麼做，比較可能的做法是要求他代你去干預某位官僚，而不是請他支持特定的立法案。

企業經營要成功，愈來愈需要懂得如何繞過華盛頓，以及如何影響立法議員和官僚。政府和企業之間已經發展出所謂的「旋轉門」。在華盛頓當一任公務員，成了拓展成功的商場事業生涯的學徒資格。他們進入政府工作，不是把它當作終身公職的第一步，而是為了建立人脈和獲取圈內知識。這些，對將來可能的雇主也許彌足珍貴。發生利益衝突的立法案激增，但我們頂多只消除濫用最明顯的法案。

當特殊利益團體希望從眾所矚目的立法案受益，它不只必須將本身的訴求，以整體利益的華麗詞彙包裝，也必須說服為數眾多漠不關心的人，相信它的訴求有其價值。赤裸裸圖利自我的立法案很少過關——卡特總統在競選期間，受到相關工會熱情力挺，而支持給予商用船隻進一步的特權，但立法案最近依然被打回票。保護鋼鐵工業不受外來競爭，被稱為是為了國家的安全和達成充分就業；補貼農業被稱為可以確保食物供應可靠；郵政事業獨占，被說成是為了鞏固全國的團結；如此種種，不勝枚舉。

大約一個世紀前，戴西就說明了為什麼打著整體利益的旗號是那麼具有說服力：「國家干預的有利影響，尤其是以立法的形式加以干預，是直接、立即產生的，更可說是看得到的，至於不利的影響，則是緩步漸進、間接產生的，而且是看不到

的。……因此，絕大多數人幾乎必然過度贊成政府干預。」❹

贊成政府干預的「自然傾向」（natural bias；這是他用的詞），在特殊利益團體經由行政管理程序尋求好處，而不是透過立法時，會大大強化。一家汽車貨運公司向州際商務委員會（ICC）陳情，希望對它做有利的裁決時，也會假藉整體利益之名，但是可能沒人認真看待這件事。那家公司除了說服官僚，不必理會其他人。只關切整體利益，覺得那種事事不關己的人，很少持反對立場。反對聲浪只會來自其他的利益團體，例如船運公司或其他的汽車貨運業者，他們各有本身的盤算。其實他們的偽裝很容易一眼看清。

由於法院的角色改變，官僚的成長更加強化。約翰‧亞當斯（John Adams）1779年起草麻州憲法時表達的理念：「法治而非人治的政府」，今天聽來，備覺諷刺。任何人從海外旅行回國，在海關接受徹底的檢查；所得稅申報書遭到國稅局審查；受到職業安全衛生署（OSHA）等許多聯邦機構之一的官員檢查；偶爾需要請求官僚機構裁決或許可；必須在工資與物價穩定委員會（Council on Wage and Price Stability）為價格或工資上漲辯護。這些人都知道我們的法治實施到什麼程度。政府官員理應是我們的公僕。當你和正在審查你的所得稅申報書的國稅局代表面對面坐著，誰是主人，誰是僕人？

或者，用另一種方式來說明。《華爾街日報》最近有篇報導（1979年6月25日），題為一家公司的「前董事面對證管會

的指控和解了事」。報導引述這位前董事莫里斯・麥吉爾（Maurice G. McGill）的話說：「問題不是我個人有沒有從這筆交易中獲利，而是外部董事的責任是什麼。等著看審判的結果如何，是挺有趣的一件事，但我決定和解，純粹是基於經濟面的考量。力抗證管會到底，成本很高。」不管勝訴或敗訴，麥吉爾先生都得自己負擔法律費用。不管勝訴或敗訴，起訴這件案子的證管會官員除了在同僚中的身分地位，其他沒什麼利害得失。

我們可以怎麼做

不必說也知道，想要制止或扭轉近來這股趨勢的人，應該會反對再添增特定的措施，進一步擴大政府的權力和管轄範圍、敦促廢除和改革目前的措施、試著選出看法相近的議員和行政官員。但這不但不是扭轉政府成長的有效方式，更註定要失敗。我們每個人都會為本身的特權辯護，並且試著以犧牲別人的方式，來限制政府的規模。我們奮戰的對象，是隻多頭怪蛇，新頭長出來的速度比我們斬掉的舊頭還快。

建國先賢已經告訴我們怎麼做比較有希望成功。那種方法，可以說是包裹式的。我們應該採行大公無私的條例，限制我們想要透過政治管道追求的目標。我們不必考慮每個個案的價值，而是訂下廣泛的規定，限制政府可以做什麼事。

　　採用這種方法的一個好處，憲法第一修正案已經清楚告訴我們。居於多數的議員和選民很可能會通過許多特定的禁令，以限制言論自由。大多數人很可能贊成禁止納粹主義、基督復臨安息日會（Seventh-Day Adventists）、耶和華見證會（Jehovah's Witnesses）、三K黨（Ku Klux Klan）、素食主義，或者其他任何你能想到的小團體在街角發表演說。

　　第一修正案的智慧，在於它把這些個案視為一體。它採用一個通則：「國會不得制定法律……剝奪言論自由」；它並不考慮每一個個案的價值。大多數人當時都支持它，而且，我們相信，今天大多數人也會支持它。當我們落居少數時，每個人對於自由不被干擾，比我們居於多數，去干擾別人的自由，感受尤為深刻——不要忘了，大多數人總有落居少數的時候。

　　依我們之見，我們在經濟和社會的領域，需要相當於第一修正案的東西，來限制政府的權力——也就是經濟上的權利法案，來和原來的權利法案相輔相成，彼此強化。

　　把這種權利法案納入我們的憲法，這件事情本身不會使邁向更大政府的趨勢反轉，或者阻止它死灰復燃——比原來的憲法更能阻止政府的權力壯大和集中，遠遠超過當年制憲者的意思或想像。成文憲法既非必要，也不足以發展或保存自由社會。雖然英國一向只有「不成文」憲法，卻已經發展出自由社會。許多拉丁美洲國家幾乎一字不變抄襲採用美國的成文憲法，卻未能建立起自由社會。成文——或者非成文——憲法要

發揮效果，必須有一般大眾和他們領導人的整體思潮來支持它。它必須納入他們深信不疑的原則，讓我們將行政、立法、司法部門的言行勢必符合這些原則視為理所當然。我們已經談過，當思潮改變，政策也會跟進。

不過，我們相信，制定和採用經濟權利法案，將是最有效的一步，可以用來扭轉走向更大政府的趨勢，理由有二：第一，因為制定修正案的過程，對於思潮的形塑，具有很大的價值；第二，因為和我們目前的立法程序比起來，制定修正案，是把那種思潮轉化為實際的政策，更為直接和更為有效的方法。

由於鼓吹新政自由主義的思潮已經退燒，制定這種權利法案將引起的全國性辯論，必然絕對有助於確保輿論倒向自由，而不是倒向極權主義。它將把我們對大政府和可能的矯正方法，這些更透澈的資訊散播出去。

採行這種修正案涉及的政治程序，會更為民主，允許廣大民眾的價值決定結果為何，而不是透過我們目前的立法和行政結構去做。人民的政府在一個又一個議題上，行事作為竟然遭到許多人民反對。每一項民意調查都說，絕大多數民眾反對綜合學校採巴士強制共乘制——可是巴士不只繼續照開，更愈開愈多。職場招募員工和高等教育致力消除差別待遇的積極行動（affirmative action）計畫，以及著眼於結果平等而執行的其他許多措施，情況也大致相同。就我們所知，到目前為止沒有一

家民意調查機構這麼問過民眾：「你的所得有40%以上被政府代你花掉，你認為錢花得值得嗎？」調查結果是什麼，有什麼好懷疑的嗎？

　　基於前一節所說的理由，特殊利益總是占上風，整體利益因此被犧牲。大學、新聞媒體，尤其是聯邦官僚機構裏面的新階級，成了力量最強的特殊利益團體之一。儘管民眾廣泛反對，以及特定的立法行動希望得到不同的結果，新階級卻一再成功地將它的觀點強加在別人身上。

　　採行修正案可以得到分權這個很大的優點。修正案需要全國所有州四分之三的各自行動。甚至連新修正案的提案也可以繞過國會：憲法第五條說，「國會……遇諸州三分之二之州議會之請求而召集修憲會議，得提出本憲法之修正案」。近來呼籲召開修憲會議要求聯邦政府平衡預算的主張，到1979年年中，已有三十個州支持。很可能再有四個州議會加入，而達到必要的三分之二門檻，已使得華盛頓驚惶失措——正因為這個機制能夠有效繞過華盛頓的官僚機構。

稅收與支出限制

　　修正憲法以限制政府的行動，已在一個領域展開——稅收和支出。1979年初，五個州已經修正它們的憲法，限制本州可以課徵的稅收金額，有時更限制本州可以支出的金額。其他有

些州正推動和採行類似的修正案,有些州計畫在1979年的選舉
中就修正案舉行投票。其餘各州有半數以上,正積極行動,準
備採取類似的修正案。稱作全國限稅委員會(National Tax
Limitation Committee; NTLC)的一個全國性組織(我們和它有
來往),協助幾個州進行交流和協調它們之間的活動。1979年
年中,它在全國有約二十五萬名會員,人數仍在迅速攀升之
中。

在全國性的層級,有兩個重要的發展正在推進。其一是促
使州議會要求國會召開全國性的會議,提出修正案以平衡預算
——這主要是全國納稅人聯盟(National Taxpayers Union)促
成的。1979年年中,這個聯盟在全國各地的會員超過十二萬五
千人。另一個是在NTLC主導之下提案,修正憲法以限制聯邦
層級的支出。我們兩人都有列席的起草委員會,成員包括律
師、經濟學家、政治學家、州議員、企業家,以及各種組織的
代表。NTLC起草的修正案已經送進國會兩院,而且它正展開
全國性的造勢活動,爭取支持。

州和聯邦修正案背後的基本理念,是矯正我們目前結構上
的缺陷——經由民主程序選出來的代表所投票通過的支出,高
於多數選民覺得理想的水準。

我們說過,這個結果是來自對特殊利益的政治偏見。政府
的預算,是把一大堆獲准推行的個別計畫支出加起來而決定
的。在每個特定計畫擁有特殊利益的少數人,願意投入金錢和

心力促使它通過。至於其他的多數人，因為某個計畫，每個人
只會被課徵區區數美元的稅，而不認為值得投入金錢或心力去
反對它，即使他們終於發現有那麼一個計畫也一樣。

多數的確當家作主。但那是相當特別的一種多數。它是由
擁有特殊利益的少數人組成的聯盟。選上國會議員的方法，是
在你的選民中東拼西湊2%到3%的一群人，每一群人都對某個
特殊議題很感興趣，其餘的選民卻根本不關心那個議題。如果
你承諾，不管其他的議題你做了什麼事，對每一群人關心的議
題你都同意照他們的意思去做，那麼每一群人都會願意投票選
你。這種群體，合起來人數夠多的話，你就會有51%的多數。
這便是我們所說的「多數當家作主」中，「多數」產生的方式。

提議中的修正案，將改變州議員或聯邦議員的運作條件，
方法是限制他們獲准撥用的總金額。修正案將事先講好，給政
府一個有限的預算，就像我們每個人的預算都有限制那樣。不
少特殊利益立法都不是好立法，但我們從來不是那麼清楚地肯
定它們是壞法案。每一個措施都以它是好主張的面目現身。問
題是，好主張的數量何其多。目前議員處於劣勢，很難去反對
「好」主張。如果他反對的理由是稅負將加重，便會被貼上反
動保守的標籤，竟然為了金錢上的理由，罔顧人民的需求——
畢竟，這個好主張只需要對每個人多收幾美分或幾美元的稅。
要是議員能夠這麼說，立場便會好得多：「沒錯，你說的是好
主張，但我們的預算是固定的。投入你的主張的錢增多，別人

的主張能用的錢便會減少。那麼，其他哪些主張的錢應該削減？」這一來，各特殊利益就需要彼此競爭，從同樣大的一塊餅爭取較大的一份，而不能相互勾結，壓榨納稅人，把餅做得更大。

由於各州無權印製鈔票，所以州預算可以用限制總稅收的方式來加以限制。這正是已經採行或者提議中的大部分州修正案所用的方法。聯邦政府可以印製鈔票，所以限制稅收不是有效的方法。因此，我們的修正案必須採取限制聯邦政府總支出的方式，而不問資金來源。

不管是限制稅收，還是限制支出，主要都是以州或國家的總收入來規範，方法是：如果支出等於限額，政府的支出就必須維持在收入的某一比率上。這將使政府變大的趨勢停止，但不會反轉。不過，這種限制會鼓勵趨勢反轉，因為在大部分的情況下，如果任何一年的支出不等於限額，那麼適用於來年的限額就會下降。另外，聯邦修正案的提案，要求如果一年的通貨膨脹率超過3%，則應該降低比率。

其他的憲法條款

政府的支出占我們所得的比率逐步下降，對更自由和更強大的社會將有重大的貢獻。但這只是邁向那個目標的一步而已。

政府控制我們的生活，造成最大傷害的許多措施，並沒有用到很多政府支出，例如：關稅、物價和工資管制、職業證照核發、管制產業、消費者保護立法。

談到這些，最有希望收到效果的方法，也是利用通則，限制政府的權力。到目前為止，極少人注意到可以設計這類適當的規定。認真考慮任何規定之前，需要像以稅收和支出限制修正案那樣，由利益和知識不同的人作徹底的檢視。

在這個過程的第一步，我們就我們認為理想的修正案類別，舉了一些例子。我們強調，這些都屬拋磚引玉，主要目的是刺激人們在這個大致尚未探索的領域，進一步思考和研究。

國際貿易

憲法現在規定：「無論何州，未經國會核准，不得對於進口貨或出口貨，課徵進口稅或出口稅，惟執行檢查法律上有絕對必要者，不在此限。」修正案可以如此規範：

國會不得對於進口貨或出口貨，課徵進口稅或出口稅，惟執行檢查法律上有絕對必要者，不在此限。

期待這種修正案現在就能通過實施，未免不切實際。但是如果連這件事都不切實際，那麼廢除個別關稅，達成自由貿易，不是更屬空談？而且，企圖廢除所有的關稅，等於匯聚所有消費者的利益，去和我們每個人身為生產者都擁有的特殊利

益相互對抗。

工資和物價管制

我們之中的一人幾年前寫道:「萬一有一天,美國屈服於集體主義之下,由政府控制我們生活的每一個層面,那不會是因為社會主義者的理論占了上風,而是經由工資和物價管制間接辦到的。」❺正如我們在第 1 章指出的,價格傳遞資訊——華爾特・芮斯頓(Walter Wriston)說得真好,他把價格描述成一種言論形式。在自由市場中決定的價格,正是言論自由的一種形式。這方面,我們需要憲法第一修正案的相對版本:

國會不得制定法律,剝奪商品或勞力的賣方訂定產品或勞務價格的自由。

職業證照核發

極少事情比我們可以從事的職業,能對我們的生活產生更大的影響。要擴大這個領域的選擇自由,必須限制各州的權力。在這方面,我們的憲法相對條文,是在它禁止各州若干行動的部分或第十四條修正案。我們之中一人建議:

各州不得制定或實施任何法律,剝奪任何美國公民選擇從事任何職業或專業的權利。

自由貿易綜合修正案

前面三條修正案，可以仿效憲法第二條修正案，用單一的修正案加以取代（保證人民持有和攜帶武器的權利）：

國會或任何州不得侵犯人民以彼此能夠接受的條件，買賣合法商品與勞務的權利。

稅賦

一般普遍認為，個人所得稅亟需改革。稅制應該往「支付能力」的方向調整，也就是對富人課比較重的稅，少課窮人的稅，並且考量每個人的特殊狀況。目前的稅制並沒有做這些事情。表面上，稅率的累進程度很高，從14%到70%不等。但是稅法充斥許多漏洞和許多特權，高稅率幾乎只是門面裝飾而已。對於超過個人免稅額的所有所得，課徵低單一稅率——低於20%——而且除了單純的職業費用，不得列舉扣除，徵得的稅收會比目前笨重的結構要多。納稅人會過得更好——因為他們不需要再負擔所得避稅的成本；經濟會變得更好——因為在資源的配置上，稅負的考量會扮演比較小的角色。唯一的輸家是律師、會計師、公務員和議員——他們必須去找更有生產力的事來做，不能再做填寫稅單、設計稅務漏洞，以及試著填補那些漏洞的工作。

企業所得稅的瑕疵也很多。這是一種隱形稅，一般民眾花

錢購買商品和勞務時都要支付,卻不知道有這麼一回事。企業所得被政府課兩次稅——一次是對企業課稅,另一次是將所得分配給股東時,對股東課稅。這等於懲罰資本投資,因而阻礙生產力的成長。這種做法應該廢除。

雖然左派和右派都同意,降低稅率、減少漏洞、降低企業所得的雙重課稅是理想的做法,但是這種改革沒辦法經由立法程序來執行。左派擔心,如果他們接受降低稅率和減少累進級距,以交換消除漏洞,新的漏洞馬上又會浮現——他們有這層顧慮不無道理。右派擔心如果他們接受消除漏洞,以交換較低的稅率和較少的累進級距,稅率級距可能很快就會拉大——他們的憂慮是有道理的。

這是特別明顯的一個個案,唯一的希望只能寄託在憲法修正案。這個憲法修正案需要取得妥協,期待各方同表尊重。我們需要的修正案,是廢除目前授權課徵所得稅的第十六條修正案,以下列字詞取而代之:

> 國會應有權力向人民的所得課稅,不問來源為何,但不將權力分配給諸州,也不論任何人口統計或列舉,只需將同一稅率施用於超過職業和商業費用,以及個人固定寬減額的所有所得。所謂「人民」應排除公司和其他的法人。

健全的貨幣

美國憲法頒布實施時，賦予國會「鑄造貨幣，管理貨幣和外幣的價值」之權力，指的是商品貨幣：規定美元合一定公克重量的白銀或黃金。有鑒於美國獨立戰爭期間，以及稍早之前各殖民地的紙幣通貨膨脹，憲法起草者拒絕將「鑄造貨幣；印行付款憑證（即紙幣）；使用金銀幣以外之物，以作為償還債務之法定貨幣」的權力交給各州。憲法沒有提到國會有權授權政府發行紙幣。一般普遍相信，第十條修正案說，「憲法未授予合眾國……的權力，由各州各自保留，或由人民保留」，使得紙幣的發行違憲。

南北戰爭期間，國會授權發行美元紙鈔，並以之為償還所有公共和民間債務的法定貨幣。戰後在著名的首件美鈔案例中，最高法院裁決發行美鈔違憲。「這個裁決有趣的一點，在於它是由首席大法官沙蒙・蔡斯（Salmon P. Chase）發出的。第一張美鈔發行的時候，他正好是財政部長。他不只自打嘴巴，更以他的首席大法官之職，宣告自己必須為自己在財政部長任內的違憲行為負責」❻。

後來經過擴大和改編的最高法院，以五比四推翻第一次的裁決，確定將美鈔訂為法定貨幣是合憲之舉。首席大法官蔡斯仍是持反對意見的法官之一。

回復金幣或銀幣本位制，既不可行，也不理想，但我們確實需要承諾有個健全的貨幣。目前最好的安排，是要求貨幣主

管當局維持貨幣基礎（monetary base）的成長率在固定的範圍
之內。這是特別難以起草的修正案，因為它和特定的機制性結
構，關係十分密切。其中一種版本可以這麼寫：

> 國會有權授權政府以通貨或記帳的形式承受不計息義
> 務，前提是流通在外總金額每年增加不超過5%，以及
> 不低於3%。

再加進一個條款可能更理想：國會兩院三分之二或者類似
的合格多數，可以在宣戰時暫時擱置這項規定，每年暫停適
用，直到恢復為止。

通貨膨脹保值

如果前面的修正案獲得採行，而且嚴格遵守，通貨膨脹可
望結束，並且確保物價水準相當穩定。如果是這樣的話，那就
不需要再用其他的措施來防止政府在缺乏民意監督下，課徵具
有通貨膨脹作用的稅收。但那是個很大的「如果」。消除政府
推升通貨膨脹誘因的修正案，需要得到廣泛的支持。相較之
下，一個比較技術性且有爭議的健全貨幣修正案，通過的機率
可能高得多。其實，我們需要的是擴延的第五修正案：「任何
人……不經正當法律程序，不得被剝奪生命、自由或財產；未
給予公平賠償，私有財產不得充作公用。」

一個人的收入如果剛好趕上通貨膨脹，卻必須適用較高的

稅率級距，等於未經正當程序便被剝奪財產。政府發行的債券，一部分的實質價值因為通貨膨脹而消失，等於是將私有財產充作公用，卻沒有給予公平的賠償。

和這方面有關的修正案可以規定：

美國政府和其他各方之間以美元表示的所有契約，以及聯邦法律載明的所有美元金額，都應該每年調整，將前一年整體物價水準的變化考慮在內。

和貨幣修正案一樣，這也很難起草，原因正是出在它的技術性特質。國會必須明定精確的程序，包括應該使用何種指數數字，以估計「整體物價水準」。但修正案至少說明了根本原則。

這張清單很難寫得周全──我們還需要三條，才能向權利法案的十條修正案看齊。而且上面各條的遣詞用字，需要每個領域的專家和憲法法律專家來推敲琢磨。但我們相信這些提案至少指出從憲法修正案著手是可行之道。

小結

人的自由和經濟自由這兩個觀念攜手並進，在美國產生了十分豐碩的成果。我們仍然大致持有這些觀念。我們所有的人都被灌輸這些觀念。它們是我們存在的一部分。但我們和它們

漸行漸遠。我們已經忘了基本的真理：人的自由會遭遇的最大威脅，是權力集中在政府或其他任何人手中。我們已經說服自己相信，只要是基於良好的目的，把權力交給某些人是安全的。

幸好，我們正在覺醒。我們再度認清，受到過度管理的社會很危險；我們也了解到，好目標會被壞手段搞砸；依賴人的自由，根據他們本身的價值去控制自己的生活，是充分實現偉大社會的完整潛力，最牢靠的做法。

也幸好，身而為人，我們仍然能夠自由選擇應該走哪條路——是否繼續走政府愈來愈大的路，還是喊停和改變方向。

註釋

導論

❶ Adam Smith, *The Wealth of Nations* (1776)。係參考Edwin Cannan編訂版第5版（London: Methuen & Co., Ltd., 1930）。

❷ *On Liberty*, People's ed. (London: Longmans, Green & Co., 1865), p.6。

❸ *Wealth of Nations*, vol. I, p. 325 (Book II, Chap. III).

第1章

❶ 參考Hedrick Smith, *The Russians* (New York: Quadrangle Books/ New York Times Book Co., 1976) 和Robert G. Kaiser, *Russia: The People and the Power* (New York: Atheneum, 1976)。

❷ *Freeman*, December 1958。

❸ *Wealth of Nations*, vol. II, pp. 184-85。

第2章

❶ *Wealth of Nations*, vol. I, pp. 422 and 458。

❷ 參考George J. Stigler, *Five Lectures on Economic Problems* (New York: Macmillan, 1950), pp. 26-34。

❸ "A New Holiday," *Newsweek*, August 5, 1974, p.56。

第 3 章

❶ Lester V. Chandler, *Benjamin Strong, Central Banker* (Washington, D.C.: Brookings Institution, 1958), p. 465 。

❷ Milton Friedman and Anna J. Schwartz, *A Monetary History of the United States, 1867-1960* (Princeton: Princeton University Press, 1963), p. 310 。

❸ *The Memoirs of Herbert Hoover*, vol. III: *The Great Depression, 1929-1941* (New York: Macmillan, 1952), p. 212 。

❹ *Annual Report*, 1933, pp. 1 and 20-21 。

❺ 更詳細的內容請參考Friedman and Schwartz, *Monetary History*, pp. 362-419 。

第 4 章

❶ 原文的完整句子值得我們摘錄於此，因為它準確地描述了我們正在走的方向，以及無意中指責它產生的影響：「不再有人為自己和為子女的明天擔憂，因為國家保證每位公民從搖籃到墳墓，將得到撫養、教育和舒適的生活。」Edward Bellamy, *Looking Backward* (New York: Modern Library, 1917；初版日期是1887 年), p. 70 。

❷ *An Over-Governed Society* (New York: The Free Press, 1976), p.235 。

❸ A. V. Dicey, *Lectures on the Relation between Law and Public Opinion in England during the Nineteenth Century*, 2d ed. (London: Macmillan, 1914), p. xxxv 。

❹ 同上，pp. xxxvi-xxxvii 。

❺ 同上，pp. xxxvii-xxxix。

❻ Cecil Driver, *Tory Radical* (New York: Oxford University Press, 1946)。

❼ Ken Auletta, *The Streets Were Paved with Gold* (New York: Random House, 1979), p. 255 提到華格納的這段話。

❽ 同上，p. 253。

❾ 這些數字只包含老年、遺屬、傷殘及健康保險（OASDHI）和州失業保險；不計鐵路和公務員的退休金、退役軍人給付、勞工薪酬，因為這些項目被視為自願性雇用合約中薪酬的一部分。

❿ 社會安全管理局（Social Security Administration）發行的《你的社會安全》（*Your Social Security*）小冊，衛生教育福利部出版品編號（SSA）77-10035（1977年6月），第24頁。我們見過的這本小冊子，最早的版本是1969年發行的，但我們推測，這本小冊子應該早在更多年以前就開始發行了。1978年2月的版本改變了遣詞用字。這個時候，「信託基金」扮演重要角色的迷思已經為人所知。

修改後的版本這麼寫道：「社會安全的基本觀念很簡單：員工、他們的雇主，以及自力營生的人，在有工作的年頭中提存社會安全儲金。這筆錢只用於3,300多萬人的給付，以及支付這個計畫的行政管理費用。之後，當今天的勞工因為退休、死亡或傷殘，不再有收入，或者收入減少時，將從當時投保的受雇勞工和自力營生者的提存金額提供給付。這些給付可以彌補家庭失去的一部分收入。」

這麼說，當然遠比從前更站得住腳，只是仍將「稅」（taxes）

說成是「提存」（contributions）。我們一發現文字有所更動，
起初認為可能和我們之中的一人1971年在《新聞周刊》
（*Newsweek*）專欄為文批評，以及同一年和前衛生教育福利部
長威爾柏‧柯恩（Wilbur J. Cohen）再度言詞交鋒的結果。不
過，經過六年才更動文字，推翻了我們的臆測。

⓫ George Orwell, *Nineteen Eighty-four* (New York: Harcourt Brace, 1949)。

⓬ 社會安全管理局（Social Security Administration）發行的《你的社會安全》（*Your Social Security*）小冊，衛生教育福利部出版品編號（SSA）79-10035（1979年1月），第5頁。這句話是在1973年更動，以「取得」（earning）替代「正在建立」（now building）。

⓭ J. A. Pechman, H. J. Aaron, and M. K. Taussig, *Social Security: Perspectives for Reform* (Washington, D.C.: Brookings Institution, 1968), p. 69。

⓮ John A. Brittain, *The Payroll Tax for Social Security* (Washington, D.C.: Brookings Institution, 1972).

⓯ George J. Stigler, "Director's Law of Public Income Redistribution," *Journal of Law and Economics*, vol. 13 (April 1970), p. 1。

⓰ Martin Anderson 所著 *Welfare* (Stanford, Calif.: Hoover Institution, Stanford University, 1978) 一書第1章，有估計貧窮狀況的精闢討論。

⓱ 同上，第39頁。

⓲ 同上，第91頁；根據他先前所著*The Federal Bulldozer: A*

Critical Analysis of Urban Renewal, 1949-1962 (Cambridge, Mass.: The MIT Press, 1964) 一書。

❶❾ "The FTC Discovers HUD," *Wall Street Journal*, March 21, 1979, p. 22 。

❷⓿ 摘自1976年在芝加哥大學未發表的一篇論文「How to Be a Clinician in a Socialist Country」。

❷❶ Max Gammon, *Health and Security: Report on Public Provision for Medical Care in Great Britain* (London: St. Michael's Organization, December 1976), pp. 19, 18 。

❷❷ 用二乘二的表格來表達文內的觀念，是和我們電視節目的副製片人艾班・威爾遜（Eben Wilson）討論的結果。這種方式相當不錯。

❷❸ 但是最近的一種發明，是有一或多位受扶養子女的家庭，可能有資格領取低收入津貼（earned income credit）。這和負所得稅類似。

❷❹ 稅法有個條款，可以根據多年所得的平均值計算稅額，但條件相當嚴格，結果所得起伏不定的人，繳納的稅額比平均所得一樣但穩定的人要多。此外，所得起伏不定的人，大多不適用這個條款。

❷❺ 我們在*Capitalism and Freedom*（Chicago: University of Chicago Press, 1962）一書第12章提出建議；至於米爾頓・傅利曼的證詞，請參考U.S. Congress, House, Committee on Ways and Means, *Social Security and Welfare Proposals, Hearings*, 91st Congress, 1st session, November 7, 1969, part 6, pp. 1944-1958 。

❷❻ 關於福利官僚機構令尼克森總統的計畫窒礙難行一事，請參考 Daniel P. Moynihan, *The Politics of a Guaranteed Income: The Nixon Administration and the Family Assistance Plan* (New York: Random House, 1973)。

❷❼ Anderson, *Welfare*, p. 135。

❷❽ 同上，p. 135。

❷❾ 同上，p. 142。

第 5 章

❶ 參考 J. R. Pole, *The Pursuit of Equality in American History* (Berkeley and Los Angeles: University of California Press, 1978), pp. 51-58。

❷ Alexis de Tocqueville, *Democracy in America*, 2 vols., 2d ed., trans. Henry Reeve, ed. Francis Bowen (Boston: John Allyn, Publisher, 1863), vol. I, pp. 66-67.（法文初版1835年印行。）

❸ 同上，pp. 67-68。

❹ 參考 Smith, *The Russians*，以及 Kaiser, *Russia: The People and the Power*。Nick Eberstadt, "Has China Failed?" *The New York Review of Books*, April 5, 1979, p. 37, 指出：「在中國……所得分配似乎自1953年以來便大抵相同。」

❺ Helen Lefkowitz Horowitz, *Culture and the City* (Lexington: University Press of Kentucky, 1976), pp. ix-x。

❻ 同上，pp. 212 and 31。

❼ "The Forgotten Man," in Albert G. Keller and Maurice R. Davis, eds., *Essays of William G. Sumner* (New Haven: Yale University Press, 1934), vol. I, pp. 466-96。

❽ Robert Nozick, "Who Would Choose Socialism?" *Reason*, May 1978, pp. 22-23。

❾ *Wealth of Nations*, vol. I, p. 325 (Book II, Chap. III)。

❿ 參考Smith, *The Russians*, and Kaiser, *Russia: The People and the Power*。

⓫ Nick Eberstadt, "China: How Much Success," *New York Review of Books*, May 3, 1979, pp. 40-41。

⓬ John Stuart Mill, *The Principles of Political Economy* (1848), 9th ed. (London: Longmans, Green & Co., 1886), vol. II, p. 332 (Book IV, Chap. VI)。

第6章

❶ Leonard Billet, *The Free Market Approach to Educational Reform*, Rand Paper P-6141 (Santa Monica, Calif.: The Rand Corporation, 1978), pp. 27-28。

❷ 摘自*The Good Society*，Wallis 在*An Over-Governed Society*, p. viii引用。

❸ E. G. West, "The Political Economy of American Public School Legislation," *Journal of Law and Economics*, vol. 10 (October 1967), pp. 101-28引用。此處摘自p. 106。

❹ 同上，p. 108。

❺ 請注意那些容易誤導人的字詞。此處的「公共」(public) 等同

於「政府」（governmental）。但在其他方面，例如「公用設施」（public utilities）、「公共圖書館」（public libraries），則非如此。就學校教育來說，哈佛學院（Harvard College）比麻州大學（University of Massachusetts）較不「公共」嗎？

❻ 同上，p. 110。

❼ R. Freeman Butts, *Encyclopaedia Britannica*, vol. 7 (1970), p. 992。

❽ W. O. L. Smith, *Encyclopaedia Britannica*, vol. 7 (1970), p. 988.

❾ 同上，pp. 988-89。

❿ E. G. West, *Education and the State* (London: The Institute of Economic Affairs, 1965)。

⓫ Gammon, *Health and Security*, p. 27。

⓬ 感謝Market Data Retrieval的Herbert Lobsenz 和Cynthia Savo從他們的Education Data Bank，提供這些資料供我們使用。

⓭ 這些公立學校其實有許多可以說是財稅漏洞。私立學校的學費不能在申報聯邦所得稅時列舉扣除。公立學校的資金來源是地方稅收，學費可以申報扣除。

⓮ 我們的其中一人，在Robert A. Solo 主編的 *Economics and the Public Interest* (New Brunswick, N.J.: Rutgers University Press, 1955) 書中所收錄的米爾頓・傅利曼（Milton Friedman）所著 "The Role of Government in Education" 一文，首次提到這種教育券辦法。這篇文章改寫後，收為《資本主義與自由》（*Capitalism and Freedom*）一書的第6章。

⓯ 同上，p. 86。

⓰ 參考Christopher Jencks and associates, *Education Vouchers; A*

Report on Financing Elementary Education by Grants to Parents (Cambridge, Mass.: Center for the Study of Public Policy, December 1970); John E. Coons and Stephen D. Sugarman, *Education by Choice: The Case for Family Control* (Berkeley: University of California Press, 1978)。

❶ Coons and Sugarman, *Education by Choice*, p. 191 。

❶ 同上，p. 130 。

❶ *Wealth of Nations*, vol. II, p. 253 (Book V, Chap. 1)。

❷ 例如教育自由公民（the Citizens for Educational Freedom）、全國個人教育權利協會（the National Association for Personal Rights in Education）。

❷ 1979 年5 月在密西根州登記成立的教育券研究所（Education Voucher Institute）。

❷ Kenneth B. Clark, "Alternative Public School Systems," in the special issue on *Equal Educational Opportunity of the Harvard Educational Review*, vol. 38, no. 1 (Winter 1968), pp. 100-113 ；這段話摘自pp. 110-11 。

❷ Daniel Weiler, *A Public School Voucher Demonstration: The First Year at Alum Rock*, Rand Report No. 1495 (Santa Monica, Calif.: The Rand Corporation, 1974).

❷ Henry M. Levin, "Aspects of a Voucher Plan for Higher Education," Occasional Paper 72-7, School of Education, Stanford University, July 1972, p. 16 。

❷ Carnegie Commission on Higher Education, *Higher Education:*

Who Pays? Who Benefits? Who Should Pay? (McGraw-Hill, June 1973), pp. 2-3。

㉖ 同上，p. 4。

㉗ 同上，p. 4。

㉘ 同上，p. 15。

㉙ Carnegie Foundation for the Advancement of Teaching, *More than Survival: Prospects for Higher Education in a Period of Uncertainty* (San Francisco: Jossey Bass Publishers, 1975), p. 7。

㉚ Carnegie Commission, *Higher Education*, p. 176。我們不是根據卡內基報告內文的附表計算百分比，而是根據它引用的資料來源，Table 14, U.S. Census Reports Series P-20 for 1971, no. 241, p. 40加以計算的。結果我們發現，卡內基報告中的百分比數字略有錯誤。

　　我們列舉的數字可能會有點誤導，因為已婚且和配偶共同生活的學生，是按照他們本身與配偶的家庭所得分類，而不是依照父母的所得分類。如果剔除已婚學生，其效應更顯著：家庭所得低於5,000美元，有22%的學生進私立學校，所得介於5,000和10,000美元之間的家庭為17%，所得超過10,000美元的家庭為25%。

㉛ 根據美國統計調查局（U.S. Bureau of the Census）的數字，1971年，公立院校大學部錄取的十八歲到二十四歲學生，不到14%來自年所得低於5,000美元的家庭。但是所有的十八歲到二十四歲學生，有超過22%來自這些低所得家庭。57%的錄取學生來自年所得高於10,000美元的家庭，但是十八歲到二十四

歲的學生，來自這些高所得家庭的比率低於40%。

同樣地，這些數字因為和配偶共同生活的已婚學生而產生偏差。公立院校錄取的非已婚學生，只有9%來自所得低於5,000美元的家庭，但十八歲到二十四歲的所有這類學生，有18%來自這些低所得家庭。公立院校錄取的其他婚姻狀態學生，約65%來自所得高於10,000美元的家庭，但十八歲到二十四歲的所有這類學生，來自高所得家庭者只占50%略高一些。

順便一提，關於本條和前一條註釋，卡內基委員會在它談到這些數字的總結報告中，甚至沒有提及它將已婚和未婚學生混為一談，而這麼做，很明顯使他們得到的結果，偏向於低估政府的高等教育支出將所得從較低所得者移轉到較高所得者的程度。

❸❷ 道格拉斯・溫德姆（Douglas M. Windham）曾經兩次估計1967~68年四個所得類別中的每一個，從公立學校高等教育獲得的利益和承擔的成本（金額）之間的差異。他的估計顯示移轉金額較少，如下表所示。

年所得（美元）	總利益	總成本	淨成本 (−)或淨利益 (+)
$0 ~ 3,000	$10,419,600	$14,259,360	− $3,839,760
3,000 ~ 5,000	20,296,320	28,979,110	− 8,682,790
5,000 ~10,000	70,395,980	82,518,780	− 12,122,800
10,000 以上	64,278,490	39,603,440	+ 24,675,050

Douglas M. Windham, *Education, Equality and Income Redistribution* (Lexington, Mass.: Heath Lexington Books, 1970), p. 43.

❸❸ W. Lee Hansen and Burton A. Weisbrod, *Benefits, Costs, and Finance of Public Higher Education* (Chicago: Markom Publishing Co., 1969), p.76 ，但下表中的第5列是我們計算的。請注意第3 列的稅額，和佛羅里達州的成本數字不同，它是把所有的稅款 包括在內，不只是用於支付高等教育的稅款。

	所有家庭	無子女在加州公立高等學校就讀的家庭	有子女在加州公立高等學校就讀的家庭			
			合計	專科學校	州立學院	加州大學
1. 平均家庭所得	$8,000	$7,900	$9,560	$8,800	$10,000	$12,000
2. 平均每年高等教育補貼		0	880	720	1,400	1,700
3. 平均繳納州稅和地方稅總額	620	650	740	680	770	910
4. 淨移轉（第2列減第3列）		− 650	+ 140	+ 40	+ 630	+ 790
5. 淨移轉占平均所得的比率		− 8.2%	+ 1.5	+ 0.5	+ 6.3	+ 6.6

❸❹ Carnegie Commission, *Higher Education*, p. 7 。

❸❺ 原出自 Milton Friedman, "The Role of Government in Education" ， 略加修訂後，收入《資本主義與自由》（*Capitalism and Freedom*） 一書；這段話摘自該書第105頁。

❸❻ *Educational Opportunity Bank*, a Report of the Panel on Educational Innovation to the U.S. Commissioner of Education and the Director of the National Science Foundation (Washington, D.C.: U.S. Government Printing Office, August 1967). Supporting material was presented in K. Shell, F. M. Fisher, D. K. Foley, A. F. Friedlaender (in association with J. Behr, S. Fischer, K. Mosenson), "The Educational Opportunity Bank: An Economic Analysis of a Contingent Repayment Loan Program for Higher Education," *National Tax Journal*, March 1968, pp. 2-45, as well as in unpublished documents of the Zacharias Panel。

❸ 關於該協會的聲明，請參考National Association of State Universities and Land Grant Colleges, *Proceedings, November 12-15, 1967*, pp. 67-68。至於所引用亞當斯密的話，請參考 *Wealth of Nations*, vol. I, p. 460 (Book IV, Chap III)，原文談的是貿易商尋求政府保護，以對抗外國產品。

❸ Carnegie Commission, *Higher Education*, p. 121。

❸ 摘自《資本主義與自由》, pp. 99-100。

第7章

❶ Marcia B. Wallace and Ronald J. Penoyer, "Directory of Federal Regulatory Agencies," Working Paper No. 36, Center for the Study of American Business, Washington University, St. Louis, September 1978, p. ii。

❷ *Evaluation of the 1960-1963 Corvair Handling and Stability* (Washington, D.C.: U.S. Department of Transportation, National Highway Traffic Safety Administration, July 1972), p. 2.

❸ 參考 Mary Bennett Peterson, *The Regulated Consumer* (Los Angeles: Nash Publishing, 1971), p. 164 。

❹ Matthew Josephson, *The Politicos* (New York: Harcourt Brace, 1938), p. 526 。

❺ Thomas Gale Moore, "The Beneficiaries of Trucking Regulation," *Journal of Law and Economics*, vol. 21 (October 1978), p. 340 。

❻ 同上，pp. 340, 342 。

❼ Gabriel Kolko, *The Triumph of Conservatism* (The Free Press of Glencoe, 1963)，引文摘自第99頁。

❽ Richard Harris, *The Real Voice* (New York: Macmillan, 1964), p. 183 。

❾ William M. Wardell and Louis Lasagna, *Regulation and Drug Development* (Washington, D.C.: American Enterprise Institute for Public Policy Research, 1975), p. 8 。

❿ Sam Peltzman, *Regulation of Pharmaceutical Innovation* (Washington, D.C.: American Enterprise Institute for Public Policy Research, 1974), p. 9 。

⓫ 1950 年代和1960 年代初的估計值，是摘自 Wardell and Lasagna, *Regulation and Drug Development*, p. 46 ；至於1978年，則參考 Louis Lasagna, "The Uncertain Future of Drug Development," *Drug Intelligence and Clinical Pharmacy*, vol. 13 (April 1979), p. 193 。

⓬ Peltzman, *Regulation of Pharmaceutical Innovation*, p. 45 。

⓭ U.S. Consumer Products Safety Commission, *Annual Report, Fiscal Year 1977* (Washington, D.C., January 1978), p. 4 。

❹ Wallace and Penoyer, "Directory of Federal Regulatory Agencies," p. 14。

❺ Murray L. Weidenbaum, *The Costs of Government Regulation*, Publication No. 12 (St. Louis: Center for the Study of American Business, Washington University, February 1977), p. 9。

❻ 同上。

❼ Wallace and Penoyer, "Directory of Federal Regulatory Agencies," p. 19。

❽ A. Myrick Freeman III and Ralph H. Haveman, "Clean Rhetoric and Dirty Water," *The Public Interest*, No. 28 (Summer 1972), p. 65。

❾ Herbert Asbury, *The Great Illusion, An Informal History of Prohibition* (Garden City, N.Y.: Doubleday, 1950), pp. 144-45。

第8章

❶ 希波克拉底誓言有許多不同的翻譯版本。此處引用的文字，摘自John Chadwick and W. N. Mann, *The Medical Works of Hippocrates* (Oxford: Blackwell, 1950), p. 9。

❷ George E. Hopkins, *The Airline Pilots: A Study in Elite Unionization* (Cambridge: Harvard University Press, 1971), p. 1。

❸ Milton Friedman, "Some Comments on the Significance of Labor Unions for Economic Policy," in David McCord Wright, ed., *The Impact of the Union* (New York: Harcourt Brace, 1951), pp. 204-34。十餘年後，H. G. Lewis 做了遠為詳盡和廣泛的研究，得

到相近的估計值，請參考 Unionism and Relative Wages in the United States (Chicago: University of Chicago Press, 1963), p. 5。

❹ Hopkins, *The Airline Pilots*, p. 2。

❺ John P. Gould, *Davis-Bacon Act*, Special Analysis No. 15 (Washington, D.C.: American Enterprise Institute, November 1971), p. 10。

❻ 同上，pp. 1, 5。

❼ 參考 Yale Brozen and Milton Friedman, *The Minimum Wage Rate* (Washington, D.C.: The Free Society Association, April 1966); Finis Welch, *Minimum Wages: Issues and Evidence* (Washington, D.C.: American Enterprise Institute, 1978); and *Economic Report of the President*, January 1979, p. 218。

❽ 參考 Milton Friedman and Simon Kuznets, *Income from Independent Professional Practice* (New York: National Bureau of Economic Research, 1945), pp. 8-21。

❾ Michael Pertschuk, "Needs and Incomes," *Regulation*, March/April 1979。

❿ Melvyn Dubofsky and Warren Van Tine, *John L. Lewis: A Biography* (New York: Quadrangle/New York Times Book Co., 1977), p. 377，引用谷營煤業公司（Valley Camp Coal Company）執行副總裁威廉・泰勒（William Taylor）說的話。

⓫ Karen Elliott House, "Balky Bureaus: Civil Service Rule Book May Bury Carter's Bid to Achieve Efficiency," *Wall Street Journal*, September 26, 1977, p. 1, col. 1。

第 9 章

❶ John Stuart Mill, *Principles of Political Economy*, vol. II, p. 9 (Book III, chap. VII)。

❷ Andrew White, *Money and Banking* (Boston: Ginn & Co., 1896), pp. 4 and 6。

❸ Robert Chalmers, *A History of Currency in the British Colonies* (London: Printed for H. M. Stationery Office by Eyre & Spottiswoode, 1893), p. 6 fn.，引用自更早之前的出版品。

❹ A. Hinston Quiggin, *A Survey of Primitive Money* (London: Methuen, 1949), p. 316.

❺ White, *Money and Banking*, pp. 9-10.

❻ C. P. Nettels, *The Money Supply of the American Colonies before 1720* (Madison: University of Wisconsin, 1934), p. 213。

❼ White, *Money and Banking*, p. 10.

❽ Paul Einzig, *Primitive Money*, 2d ed., rev. and enl. (Oxford and New York: Pergamon Press, 1966), p. 281。

❾ 參考第 2 章。

❿ 參考 Phillip Cagan, "The Monetary Dynamics of Hyperinflation," in Milton Friedman, ed., *Studies in the Quantity Theory of Money* (Chicago: University of Chicago Press, 1956), p. 26。

⓫ Eugene M. Lerner, "Inflation in the Confederacy, 1861-65," in M. Friedman, *Studies in the Quantity Theory of Money*, p. 172.

⓬ Elgin Groseclose, *Money and Man* (New York: Frederick Ungar Publishing Co., 1961), p. 38。

⓭ John Maynard Keynes, *The Economic Consequences of the Peace* (New York: Harcourt, Brace & Howe, 1920), p. 236 。

⓮ Robert L. Schuettinger and Eamon F. Butler, *Forty Centuries of Wage and Price Controls* (Washington, D.C.: Heritage Foundation, 1979) 。

⓯ 原因是：日本政府的政策是，試圖維持日圓兌美元的固定匯率。日圓承受上升壓力。為了抑制這個壓力，日本當局用新創造的日圓買進美元，使得貨幣供給增加。原則上，他們可以用其他的措施沖銷增加的貨幣供給，他們卻沒這麼做。

第10章

❶ Raoul Berger, *Government by Judiciary* (Cambridge: Harvard University Press, 1977), pp. 1, 408 。

❷ *Lectures on the Relation between Law and Public Opinion* (1914 ed.), p. 302 。

❸ "Boom Industry" *Wall Street Journal*, June 12, 1979, p.1, col. 5 。

❹ *Lectures on the Relation between Law and Public Opinion* (1914 ed.), pp. 257-58 。

❺ Milton Friedman, "Monumental Folly," *Newsweek*, June 25, 1973.

❻ Friedman and Schwartz, *Monetary History*, p. 46 。

書　號	書　　　名	作　　者	定價
QB1008	殺手級品牌戰略：高科技公司如何克敵致勝	保羅・泰柏勒、李國彰	280
QB1015X	六標準差設計：打造完美的產品與流程	舒伯・喬賀瑞	360
QB1016X	我懂了！六標準差設計：產品和流程一次OK！	舒伯・喬賀瑞	260
QB1021X	最後期限：專案管理101個成功法則	湯姆・狄馬克	360
QB1023	人月神話：軟體專案管理之道	Frederick P. Brooks, Jr.	480
QB1024X	精實革命：消除浪費、創造獲利的有效方法（十週年紀念版）	詹姆斯・沃馬克、丹尼爾・瓊斯	550
QB1026X	與熊共舞：軟體專案的風險管理（經典紀念版）	湯姆・狄馬克、提摩西・李斯特	480
QB1027X	顧問成功的祕密（10週年智慧紀念版）：有效建議、促成改變的工作智慧	傑拉爾德・溫伯格	400
QB1028X	豐田智慧：充分發揮人的力量（經典暢銷版）	若松義人、近藤哲夫	340
QB1041	要理財，先理債	霍華德・德佛金	280
QB1042	溫伯格的軟體管理學：系統化思考（第1卷）	傑拉爾德・溫伯格	650
QB1044	邏輯思考的技術：寫作、簡報、解決問題的有效方法	照屋華子、岡田惠子	300
QB1045	豐田成功學：從工作中培育一流人才！	若松義人	300
QB1051X	從需求到設計：如何設計出客戶想要的產品（十週年紀念版）	唐納德・高斯、傑拉爾德・溫伯格	580
QB1052C	金字塔原理：思考、寫作、解決問題的邏輯方法	芭芭拉・明托	480
QB1053X	圖解豐田生產方式	豐田生產方式研究會	300
QB1055X	感動力	平野秀典	250
QB1058	溫伯格的軟體管理學：第一級評量（第2卷）	傑拉爾德・溫伯格	800
QB1059C	金字塔原理Ⅱ：培養思考、寫作能力之自主訓練寶典	芭芭拉・明托	450
QB1062X	發現問題的思考術	齋藤嘉則	450
QB1063	溫伯格的軟體管理學：關照全局的管理作為（第3卷）	傑拉爾德・溫伯格	650
QB1069X	領導者，該想什麼？：運用MOI（動機、組織、創新），成為真正解決問題的領導者	傑拉爾德・溫伯格	450
QB1070X	你想通了嗎？：解決問題之前，你該思考的6件事	唐納德・高斯、傑拉爾德・溫伯格	320
QB1071X	假說思考：培養邊做邊學的能力，讓你迅速解決問題	內田和成	360

書　號	書　　　名	作　　者	定價
QB1075X	學會圖解的第一本書：整理思緒、解決問題的20堂課	久恆啟一	360
QB1076X	策略思考：建立自我獨特的insight，讓你發現前所未見的策略模式	御立尚資	360
QB1080	從負責到當責：我還能做些什麼，把事情做對、做好？	羅傑·康納斯、湯姆·史密斯	380
QB1082X	論點思考：找到問題的源頭，才能解決正確的問題	內田和成	360
QB1089	做生意，要快狠準：讓你秒殺成交的完美提案	馬克·喬那	280
QB1091	溫伯格的軟體管理學：擁抱變革（第4卷）	傑拉爾德·溫伯格	980
QB1092	改造會議的技術	宇井克己	280
QB1093	放膽做決策：一個經理人1000天的策略物語	三枝匡	350
QB1094	開放式領導：分享、參與、互動——從辦公室到塗鴉牆，善用社群的新思維	李夏琳	380
QB1095X	華頓商學院的高效談判學（經典紀念版）：讓你成為最好的談判者！	理查·謝爾	430
QB1098	CURATION策展的時代：「串聯」的資訊革命已經開始！	佐佐木俊尚	330
QB1100	Facilitation引導學：創造場域、高效溝通、討論架構化、形成共識，21世紀最重要的專業能力！	堀公俊	350
QB1101	體驗經濟時代（10週年修訂版）：人們正在追尋更多意義，更多感受	約瑟夫·派恩、詹姆斯·吉爾摩	420
QB1102X	最極致的服務最賺錢：麗池卡登、寶格麗、迪士尼都知道，服務要有人情味，讓顧客有回家的感覺	李奧納多·英格雷利、麥卡·所羅門	350
QB1105	CQ文化智商：全球化的人生、跨文化的職場——在地球村生活與工作的關鍵能力	大衛·湯瑪斯、克爾·印可森	360
QB1107	當責，從停止抱怨開始：克服被害者心態，才能交出成果、達成目標！	羅傑·康納斯、湯瑪斯·史密斯、克雷格·希克曼	380
QB1108X	增強你的意志力：教你實現目標、抗拒誘惑的成功心理學	羅伊·鮑梅斯特、約翰·堤爾尼	380
QB1109	Big Data大數據的獲利模式：圖解·案例·策略·實戰	城田真琴	360
QB1110X	華頓商學院教你看懂財報，做出正確決策	理查·蘭柏特	360

書 號	書 名	作 者	定價
QB1111C	V型復甦的經營：只用二年，徹底改造一家公司！	三枝匡	500
QB1112	如何衡量萬事萬物：大數據時代，做好量化決策、分析的有效方法	道格拉斯·哈伯德	480
QB1114X	永不放棄：我如何打造麥當勞王國（經典紀念版）	雷·克洛克、羅伯特·安德森	380
QB1117X	改變世界的九大演算法：讓今日電腦無所不能的最強概念（暢銷經典版）	約翰·麥考米克	380
QB1120X	Peopleware：腦力密集產業的人才管理之道（經典紀念版）	湯姆·狄馬克、提摩西·李斯特	460
QB1121	創意，從無到有（中英對照×創意插圖）	楊傑美	280
QB1123	從自己做起，我就是力量：善用「當責」新哲學，重新定義你的生活態度	羅傑·康納斯、湯姆·史密斯	280
QB1124	人工智慧的未來：揭露人類思維的奧祕	雷·庫茲威爾	500
QB1125	超高齡社會的消費行為學：掌握中高齡族群心理，洞察銀髮市場新趨勢	村田裕之	360
QB1126	【戴明管理經典】轉危為安：管理十四要點的實踐	愛德華·戴明	680
QB1127	【戴明管理經典】新經濟學：產、官、學一體適用，回歸人性的經營哲學	愛德華·戴明	450
QB1129	系統思考：克服盲點、面對複雜性、見樹又見林的整體思考	唐內拉·梅多斯	450
QB1132	本田宗一郎自傳：奔馳的夢想，我的夢想	本田宗一郎	350
QB1133	BCG頂尖人才培育術：外商顧問公司讓人才發揮潛力、持續成長的祕密	木村亮示、木山聰	360
QB1134	馬自達Mazda技術魂：駕馭的感動，奔馳的祕密	宮本喜一	380
QB1135	僕人的領導思維：建立關係、堅持理念、與人性關懷的藝術	麥克斯·帝普雷	300
QB1136	建立當責文化：從思考、行動到成果，激發員工主動改變的領導流程	羅傑·康納斯、湯姆·史密斯	380
QB1137	黑天鵝經營學：顛覆常識，破解商業世界的異常成功個案	井上達彥	420
QB1138	超好賣的文案銷售術：洞悉消費心理，業務行銷、社群小編、網路寫手必備的銷售寫作指南	安迪·麥斯蘭	320
QB1139	我懂了！專案管理（2017年新增訂版）	約瑟夫·希格尼	380

書　號	書　　　名	作　　者	定價
QB1140	策略選擇：掌握解決問題的過程，面對複雜多變的挑戰	馬丁・瑞夫斯、納特・漢拿斯、詹美賈亞・辛哈	480
QB1141X	說話的本質：好好傾聽、用心說話，話術只是技巧，內涵才能打動人	堀紘一	340
QB1143	比賽，從心開始：如何建立自信、發揮潛力，學習任何技能的經典方法	提摩西・高威	330
QB1144	智慧工廠：迎戰資訊科技變革，工廠管理的轉型策略	清威人	420
QB1145	你的大腦決定你是誰：從腦科學、行為經濟學、心理學，了解影響與說服他人的關鍵因素	塔莉・沙羅特	380
QB1146	如何成為有錢人：富裕人生的心靈智慧	和田裕美	320
QB1147	用數字做決策的思考術：從選擇伴侶到解讀財報，會跑 Excel，也要學會用數據分析做更好的決定	GLOBIS商學院著、鈴木健一執筆	450
QB1148	向上管理・向下管理：埋頭苦幹沒人理，出人頭地有策略，承上啟下、左右逢源的職場聖典	蘿貝塔・勤斯基・瑪圖森	380
QB1149	企業改造（修訂版）：組織轉型的管理解謎，改革現場的教戰手冊	三枝匡	550
QB1150	自律就是自由：輕鬆取巧純屬謊言，唯有紀律才是王道	喬可・威林克	380
QB1151	高績效教練：有效帶人、激發潛力的教練原理與實務（25週年紀念增訂版）	約翰・惠特默爵士	480
QB1152	科技選擇：如何善用新科技提升人類，而不是淘汰人類？	費維克・華德瓦、亞歷克斯・沙基佛	380
QB1153	自駕車革命：改變人類生活、顛覆社會樣貌的科技創新	霍德・利普森、梅爾芭・柯曼	480
QB1154	U型理論精要：從「我」到「我們」的系統思考，個人修練、組織轉型的學習之旅	奧圖・夏默	450
QB1155	議題思考：用單純的心面對複雜問題，交出有價值的成果，看穿表象、找到本質的知識生產術	安宅和人	360
QB1156	豐田物語：最強的經營，就是培育出「自己思考、自己行動」的人才	野地秩嘉	480
QB1157	他人的力量：如何尋求受益一生的人際關係	亨利・克勞德	360

書　號	書　　　名	作　者	定價
QB1158	2062：人工智慧創造的世界	托比·沃爾許	400
QB1159	機率思考的策略論：從消費者的偏好，邁向精準行銷，找出「高勝率」的策略	森岡毅、今西聖貴	550
QB1160	領導者的光與影：學習自我覺察、誠實面對心魔，你能成為更好的領導者	洛麗·達絲卡	380
QB1161	右腦思考：善用直覺、觀察、感受，超越邏輯的高效工作法	內田和成	360
QB1162	圖解智慧工廠：IoT、AI、RPA如何改變製造業	松林光男審閱、川上正伸、新堀克美、竹內芳久編著	420
QB1163	企業的惡與善：從經濟學的角度，思考企業和資本主義的存在意義	泰勒·柯文	400
QB1164	創意思考的日常練習：活用右腦直覺，重視感受與觀察，成為生活上的新工作力！	內田和成	360
QB1165	高說服力的文案寫作心法：為什麼你的文案沒有效？教你潛入顧客內心世界，寫出真正能銷售的必勝文案！	安迪·麥斯蘭	450
QB1166	精實服務：將精實原則延伸到消費端，全面消除浪費，創造獲利（經典紀念版）	詹姆斯·沃馬克、丹尼爾·瓊斯	450
QB1167	助人改變：持續成長、築夢踏實的同理心教練法	理查·博雅吉斯、梅爾文·史密斯、艾倫·凡伍思坦	380
QB1168	刪到只剩二十字：用一個強而有力的訊息打動對方，寫文案和說話都用得到的高概念溝通術	利普舒茲信元夏代	360
QB1169	完全圖解物聯網：實戰·案例·獲利模式　從技術到商機、從感測器到系統建構的數位轉型指南	八子知礼編著；杉山恒司等合著	450
QB1170	統計的藝術：如何從數據中了解事實，掌握世界	大衛·史匹格哈特	580
QB1171	解決問題：克服困境、突破關卡的思考法和工作術	高田貴久、岩澤智之	450
QB1172	Metadata後設資料：精準搜尋、一找就中，數據就是資產！教你活用「描述資料的資料」，加強資訊的連結和透通	傑福瑞·彭蒙藍茲	420

國家圖書館出版品預行編目資料

選擇的自由／米爾頓·傅利曼（Milton Friedman），
羅絲·傅利曼（Rose Friedman）著；羅耀宗譯.
-- 二版. -- 臺北市：經濟新潮社出版：英屬蓋
曼群島商家庭傳媒股份有限公司城邦分公司發
行, 2021.12
面； 公分. --（經濟趨勢；26）
譯自：Free to choose : a personal statement.
ISBN 978-626-95077-5-7（平裝）

1.資本主義 2.福利國家 3.工業政策

541.96 . 110019706